WiSo-Team

WiSo-Training

nach den aktuellen KMK-Elementen

Prüfungsbuch Wirtschafts- und Sozialkunde für gewerblich-technische Berufe

Dritte Auflage

Verlag Beruf und Schule

Lösungen zu allen Aufgaben in diesem Buch und Lösungshilfen (Auszüge aus Gesetzestexten) zu einigen Aufgaben stehen zum kostenlosen Download auf der Website **www.wiso-training.de** bereit.

Die Aufgaben in diesem Buch entsprechen Gesetzgebung und Rechtsprechung nach dem Stand vom März 2014. Spätere Rechtsänderungen können möglicherweise dazu führen, dass einzelne Aufgaben nicht mehr sinnvoll lösbar sind. Aktualisierungen finden Sie bei bei Bedarf auf der Website zum Buch.

Die Veröffentlichung aller Informationen geschieht mit größter Sorgfalt; dennoch können Fehler nicht vollständig ausgeschlossen werden. Autoren, Herausgeber und Verlag übernehmen deshalb für fehlerhafte Angaben und deren Folgen weder juristische Verantwortung noch irgendeine Haftung. Sie sind jedoch dankbar für Verbesserungsvorschläge, Ergänzungen und Korrekturen.

Dritte Auflage, 2014
Überarbeitet und aktualisiert

Herausgeber: Roland Golpon, Itzehoe
www.vbus.de, www.pruefungshelfer.de
Druck: AALEXX Buchproduktion GmbH, 30938 Großburgwedel, Germany

ISBN 978-3-88013-696-0

Bitte lesen!

Konzept dieses Buchs

WiSo-Training ist als reines Arbeitsbuch konzipiert, also weder zum Durchlesen noch zum Nachschlagen, sondern zum Durch*arbeiten*. Hinter diesem Konzept stecken drei einfache Überlegungen:

- Vorhandenes Wissen wird durch aktive Anwendung gefestigt. Was Sie beim Lösen der Übungsaufgaben durchdenken und aufschreiben, bleibt nachhaltiger im Gedächtnis als Gelesenes oder Gehörtes.
- Beim Bearbeiten der Übungsaufgaben werden Wissenslücken aufgespürt, die sich bis zur Prüfung noch schließen lassen.
- In der Prüfung kommt es darauf an, Wissen unter Zeitdruck zu Papier zu bringen. Das sollte vorher noch einmal trainiert werden.

Im ersten Teil dieses Buchs finden Sie nach Prüfgebieten und Themenbereichen geordnete Aufgaben zum systematischen Üben, zur Festigung des Wissens und zum Erkennen von Wissenslücken.
Im zweiten Teil folgt das Prüfungstraining: Zehn thematisch gemischte Aufgabensätze im Umfang realer Abschlussprüfungen im Prüfungsbereich Wirtschafts- und Sozialkunde.

Prüfgebiete und Themenbereiche

Inhalt und Aufbau dieses Arbeitsbuchs entsprechen den von der Kultusministerkonferenz beschlossenen *Elementen für den Unterricht der Berufsschule im Bereich Wirtschafts- und Sozialkunde gewerblich-technischer Ausbildungsberufe* vom 07. 05. 2008, kurz *KMK-Elemente* genannt.
Die KMK-Elemente benennen drei Prüfgebiete, die in insgesamt zwölf Themenbereiche untergliedert sind. Genau so ist der erste Teil dieses Buchs aufgebaut – nur die Überschriften sind hier etwas kürzer gefasst als die zum Teil sehr langen und etwas umständlichen Formulierungen in den KMK-Elementen.
Achtung! Die KMK-Elemente sind ausschließlich für überregional entwickelte Prüfungsaufgaben verbindlich. Falls es in Ihrem Beruf bzw. Bundesland regional entwickelte Prüfungsaufgaben gibt, können Themenbereiche hinzukommen, die in diesem Buch nicht behandelt sind. Fragen Sie Ihre Lehrer(innen) oder Ausbilder(innen)!

Aufgabentypen

Dieses Buch enthält zwei Aufgabentypen:

- Gebundene Aufgaben (Multiple-Choice-, Mehrfachauswahl-Aufgaben) haben fünf Auswahlantworten und werden durch Ankreuzen gelöst.
- Ungebundene (offene) Aufgaben sind in der Regel kurz und knapp in eigenen Worten zu lösen. Zu einigen Aufgaben gibt es Auszüge aus Gesetzestexten als Lösungshilfen.

Diese beiden Typen finden sich auch in den überregional entwickelten Prüfungsaufgaben für zahlreiche gewerblich-technische Berufe mit drei- oder dreieinhalbjähriger Ausbildungszeit.

???

Enthält dieses Buch garantiert alles, was in der Abschlussprüfung im Prüfungsbereich Wirtschafts- und Sozialkunde drankommen kann?
Die Autoren haben sich selbstverständlich bemüht, alle prüfungswichtigen Themenbereiche und Inhalte abzudecken. Garantie ist aber nicht möglich – die genauen Aufgabenstellungen zukünftiger Prüfungen sind nicht vorhersehbar.

In der Berufsschule habe ich aber auch Sachen gelernt, die in diesem Buch gar nicht vorkommen. Fehlt also doch was?
Berufsschullehrpläne sind Länderangelegenheit und unterscheiden sich von Bundesland zu Bundesland. Maßgeblich für überregional entwickelte Prüfungsaufgaben sind die bundeseinheitlichen, von der Kultusministerkonferenz beschlossenen *Elemente für den Unterricht der Berufsschule im Bereich Wirtschafts- und Sozialkunde gewerblich-technischer Ausbildungsberufe (KMK-Elemente)*. Zusätzliche Gebiete und Inhalte können nur hinzukommen, falls es in Ihrem Beruf bzw. Bundesland regionale Prüfungsaufgaben gibt.

Dieses Buch enthält ja gar keine Lösungen!?
Vollständige Lösungen zu allen Aufgaben gibt's als PDF-Datei zum kostenlosen Download *(www.wiso-training.de)*. Die Lösungen zum ersten Teil des Buchs enthalten sogar zusätzliche Hinweise und Erläuterungen.

Kann ich mich auf die Aktualität dieses Buchs verlassen? Gesetze werden doch oft geändert!
Alle Aufgaben entsprechen dem Stand von Gesetzgebung und Rechtsprechung bei Erscheinen des Buchs. Aktualisierungen werden bei Bedarf auf der Website zum Buch veröffentlicht *(www.wiso-training.de)*.

Wie soll ich es bloß schaffen, alle Aufgaben in diesem Buch auswendig zu lernen?
Sie sollten noch nicht einmal eine davon auswendig lernen – keine dieser Aufgaben wird wortgetreu in Ihrer Prüfung vorkommen. Entscheidend ist nicht die einzelne Aufgabe, sondern das prüfungsrelevante Wissen, das Sie zur Lösung dieser und anderer Aufgaben befähigt.

Einige Aufgaben in diesem Buch erscheinen mir lächerlich einfach, andere sind verdammt schwierig. Was soll das?
Auch in Ihrer Prüfung wird es Aufgaben mit geringem, mittlerem und höherem Schwierigkeitsgrad geben. Die Autoren haben sich bemüht, auch in dieser Hinsicht ein möglichst realistisches Abbild der Prüfungsanforderungen zu liefern.

Wie kann ich herausfinden, was genau in meiner Prüfung drankommt?
Überhaupt nicht! Prüfungsaufgaben unterliegen strikter Geheimhaltung – da sickert nichts durch. Verschwenden Sie keine Zeit auf die Suche nach heißen Insider-Tipps, die sich hinterher regelmäßig als heiße Luft erweisen!

Verfasser, Herausgeber und Verlag wünschen Ihnen viel Glück und Erfolg bei der Prüfung!

Inhalt

Teil 1 – Systematische Übung ***5***

Prüfgebiet 1 – Der Jugendliche in Ausbildung und Beruf ***6***

Themenbereich 1.1 – Ausbildungsbetrieb, Begründung von Berufsausbildungs- und Arbeitsverhältnissen 6

Themenbereich 1.2 – Duales System, Rechte und Pflichten der Beteiligten 18

Themenbereich 1.3 – Betriebliche Mitbestimmung, Partizipationsstrategien 35

Themenbereich 1.4 – Lebenslanges Lernen, Wandlung der Arbeitswelt 54

Themenbereich 1.5 – Leben, Lernen und Arbeiten in Europa 59

Prüfgebiet 2 – Nachhaltige Existenzsicherung ***65***

Themenbereich 2.1 – Grundzüge des sozialen Sicherungssystems 65

Themenbereich 2.2 – Zielkonflikte sozialer Sicherung 78

Themenbereich 2.3 – Berufs- und Lebensplanung 87

Prüfgebiet 3 – Unternehmen und Verbraucher ***91***

Themenbereich 3.1 – Unternehmensanalyse 91

Themenbereich 3.2 – Rolle der Verbraucher, Rechtsgeschäfte und ihre Folgen 106

Themenbereich 3.3 – Berufliche Entwicklung und Existenzsicherung, Unternehmensgründung 118

Themenbereich 3.4 – Rolle Deutschlands in der Weltwirtschaft, Auswirkungen der weltwirtschaftlichen Arbeitsteilung 126

Teil 2 – Prüfungstraining ***137***

Aufgabensatz 01 *139*

Aufgabensatz 02 *145*

Aufgabensatz 03 *151*

Aufgabensatz 04 *157*

Aufgabensatz 05 *163*

Aufgabensatz 06 *169*

Aufgabensatz 07 *175*

Aufgabensatz 08 *181*

Aufgabensatz 09 *187*

Aufgabensatz 10 *193*

Lösungshilfen (Auszüge aus Gesetzen) ***www.wiso-training.de***

Lösungen zu allen Aufgaben ***www.wiso-training.de***

Teil 1

Systematische Übung

So geht's

Die Aufgaben sind nach Prüfgebieten und Themenbereichen geordnet. Zu jedem Themenbereich gibt es sowohl Aufgaben zum Ankreuzen (Mehrfachauswahl-, Multiple-Choice-Aufgaben) als auch ungebundene, die in eigenen Worten zu beantworten sind. Zu einigen ungebundenen Aufgaben stehen Auszüge aus Gesetzestexten als Lösungshilfen zur Verfügung (Download: *www.wiso-training.de*).

- Bei den gebundenen Aufgaben ist jeweils nur eine der fünf Auswahllösungen anzukreuzen. Falls Sie mehr als eine Lösung ankreuzen, gilt die Aufgabe als fehlerhaft gelöst – auch wenn ein Kreuz an der richtigen Stelle steht.
- Die ungebundenen Aufgaben sollen, soweit nichts anderes angegeben ist, kurz und knapp mit eigenen Worten gelöst werden. Wichtig sind klare und eindeutige Formulierungen – stilistische Eleganz ist nicht nötig.

Beim Bearbeiten der Aufgaben können Sie – je nach persönlich bevorzugtem Lernstil – auf unterschiedliche Arten vorgehen.

- Ohne Hilfsmittel: Versuchen Sie, die Aufgaben anhand des in ihrem Kopf präsenten Wissens zu lösen. Benutzen Sie dabei ausschließlich die als Lösungshilfen zur Verfügung gestellten Gesetzestexte. Überspringen Sie Aufgaben, die Sie auf diese Weise nicht lösen können. Raten bringt keinen Lernerfolg.
  Vorteil: Sie arbeiten ähnlich wie in der Prüfungssituation; Wissenslücken werden schonungslos aufgedeckt.
- Mit Hilfsmitteln: Schlagen Sie in Lehrbüchern, Aufzeichnungen aus dem Unterricht und Gesetzestexten nach oder recherchieren Sie im Web, soweit Sie das nötige Wissen nicht im Kopf haben.
  Vorteil: Sie erarbeiten sich das bislang fehlende Wissen bereits beim Bearbeiten der Aufgaben.

Bevor Sie eine Auswahllösung ankreuzen oder die Lösung einer ungebundenen Aufgabe niederschreiben, sollten Sie die Aufgabe sehr sorgfältig durchlesen. Überfliegen reicht nicht aus – jedes Wort kann wichtig sein. Falsche Lösungen sind in vielen Fällen nicht auf fehlendes Wissen zurückzuführen, sondern auf mangelnde Gründlichkeit beim Lesen der Aufgaben.

Besondere „Gemeinheit" bei gebundenen Aufgaben: Gelegentlich ist nicht die zutreffende Lösung gesucht, sondern die unzutreffende. Achten Sie also auf Formulierungen wie zum Beispiel „Welche Aussage entspricht **nicht** ..." oder „Welche Aussage ist **falsch**?".

Achten Sie bei den ungebundenen Aufgaben auf Wörter wie „nennen", „aufzählen", „erläutern" oder „beschreiben". Von ihnen hängt es ab, wie ausführlich die Lösung sein sollte.

Auswertung

Vergleichen Sie Ihre Lösungen mit den Angaben in der Lösungsdatei zu diesem Buch (PDF, Download unter *www.wiso-training.de*).

- Kennzeichnen Sie die von Ihnen bearbeiteten gebundenen Aufgaben als richtig ☺ bzw. falsch ☹ gelöst.
- Bei frei formulierten Lösungen ungebundener Aufgaben kommt es natürlich nicht auf den genauen Wortlaut, sondern auf den Inhalt an. Kennzeichnen Sie Ihre Lösung als richtig und vollständig ☺, teils/teils 😐 bzw. falsch ☹.

Lesen Sie in jedem Fall auch die in kursiver Schrift gesetzten Hinweise und Erläuterungen zu den Lösungen. Denn beim Lernen kommt es nicht nur darauf an, *dass* eine Lösung richtig oder falsch ist, sondern vor allem *warum*.

Notieren Sie, auf welchen Gebieten Sie Schwächen oder Unsicherheiten entdeckt haben. Schließen Sie Ihre Wissenslücken, indem Sie sich bis zur Prüfung noch einmal über die entsprechenden Sachgebiete informieren.

Gesetze und Paragrafen

In den Erläuterungen der Lösungen werden viele Gesetze und Paragrafen genannt. Das bedeutet nicht, dass Sie alle gesetzlichen Vorschriften im Kopf haben oder noch auswendig lernen sollten. Oft lohnt es sich jedoch, direkt im Gesetz nachzuschlagen – die zuverlässigste Auskunft über den Inhalt einer gesetzlichen Vorschrift liefert das Gesetz selbst.

Achten Sie immer auf die Aktualität von Gesetzestexten! Ältere Textsammlungen können, ebenso wie ältere Lehrbücher, in die Irre führen, weil das Gesetz inzwischen geändert wurde. Alle aktuellen Gesetzestexte finden Sie auf der Website des Bundesministeriums der Justiz *(www.gesetze-im-internet.de)*.

Prüfgebiet 1
Der Jugendliche in Ausbildung und Beruf

Themenbereich 1.1
Ausbildungsbetrieb
Begründung von Berufsausbildungs- und Arbeitsverhältnissen

001

Artikel 12 Absatz 1 des Grundgesetzes garantiert allen Deutschen das Recht auf ...

1. Arbeit und Berufsbildung.
2. Arbeit unter menschenwürdigen Bedingungen.
3. freie Wahl von Beruf, Arbeitsplatz und Ausbildungsstätte.
4. allgemeine und berufliche Bildung.
5. angemessene staatliche Unterstützung während der Berufsausbildung.

002

In welchen Gesetzen ist die Berufsausbildung geregelt?

1. Handwerksordnung und Gewerbeordnung
2. Gewerbeordnung und Handelsgesetzbuch
3. Berufsbildungsgesetz und Jugendarbeitsschutzgesetz
4. Schulgesetze der Bundesländer
5. Berufsbildungsgesetz und Handwerksordnung

003

Ausbildender ist, wer ...

1. über die erforderlichen Kenntnisse verfügt, um andere Personen beruflich auszubilden.
2. als Lehrer(in) an einer beruflichen Schule arbeitet.
3. anderen Personen berufliche Kenntnisse und Fertigkeiten vermittelt.
4. andere Personen zur Berufsausbildung einstellt.
5. seine Befähigung zum Ausbilden in einer Eignungsprüfung nachgewiesen hat.

004

Wie werden Personen, die von Ausbildenden mit der Ausbildung von Auszubildenden beauftragt sind, nach dem Berufsbildungsgesetz genannt?

1. Ausbilderinnen und Ausbilder
2. Ausbildungsassistentinnen und -assistenten
3. Ausbildungsbeauftragte
4. Ausbildungshelferinnen und -helfer
5. Ausbildungsverantwortliche

005

Nach § 1 Absatz 3 des Berufsbildungsgesetzes hat die Berufsausbildung die für die Ausübung einer qualifizierten beruflichen Tätigkeit in einer sich wandelnden Arbeitswelt notwendigen beruflichen Fertigkeiten, Kenntnisse und Fähigkeiten zu vermitteln und ferner …

1. den Erwerb der erforderlichen Berufserfahrungen zu ermöglichen.
2. zu Sorgfalt, Fleiß und Pünktlichkeit zu erziehen.
3. zur Erweiterung der Allgemeinbildung beizutragen.
4. den beruflichen Aufstieg zu ermöglichen.
5. den Auszubildenden existenzsichernde Einkommen zu garantieren.

006

Der in der Handwerksordnung (HwO) verwendete Begriff *Lehrling* bedeutet dasselbe wie der Begriff …

1. Praktikant.
2. Ausbilder.
3. Gehilfe.
4. Ausbildender.
5. Auszubildender.

007

Wie heißen die Vertragsparteien des Berufsausbildungsvertrags nach dem Berufsbildungsgesetz (BBiG)?

1. Auszubildender und Ausbildender
2. Auszubildender und Ausbilder
3. Ausbilder und Ausbildender
4. Auszubildender und Arbeitgeber
5. Lehrling und Lehrherr

008

Welche Aussage über Form und Wirksamkeit des Berufsausbildungsvertrags ist richtig?

1. Mündlich geschlossene Berufsausbildungsverträge sind unwirksam.
2. Der Ausbildende hat den wesentlichen Vertragsinhalt unverzüglich nach Vertragsabschluss schriftlich niederzulegen.
3. Der Vertrag wird erst durch die Eintragung in das Verzeichnis der Berufsausbildungsverhältnisse (Lehrlingsrolle) wirksam.
4. Der Vertrag ist nur wirksam, wenn er von der für die Berufsbildung zuständigen Stelle geprüft, genehmigt und registriert wurde.
5. Für die Niederschrift des Vertrags muss das Formular der für die Berufsbildung zuständigen Stelle verwendet werden.

009

§ 11 des Berufsbildungsgesetzes (BBiG) enthält eine Reihe von Regelungen zur Niederschrift der wesentlichen Bedingungen des Berufsausbildungsvertrags durch den Ausbildenden. Welche Regelung aber **nicht**?

1. Die Niederschrift muss u. a. Angaben über Art, sachliche und zeitliche Gliederung sowie Ziel der Berufsausbildung enthalten.
2. Die elektronische Form ist ausgeschlossen.
3. Die Niederschrift hat unverzüglich nach Abschluss des Berufsausbildungsvertrages zu erfolgen, spätestens vor Beginn der Berufsausbildung.
4. Die Niederschrift muss von der zuständigen Stelle beglaubigt werden.
5. Die Niederschrift muss einen Hinweis auf anzuwendende Tarifverträge, Betriebs- oder Dienstvereinbarungen enthalten.

010

Welche Angabe kann, muss aber **nicht** in die Niederschrift des wesentlichen Inhalts des Berufsausbildungsvertrags aufgenommen werden?

1. Beginn und Dauer der Ausbildung
2. Dauer der regelmäßigen täglichen Ausbildungszeit
3. Dauer der Probezeit
4. Dauer des Urlaubs
5. Beginn und Ende der täglichen Ausbildungszeit und Lage der Pausen

011

Ein Ausbildender schließt einen Berufsausbildungsvertrag mit einem 17-Jährigen. Von wem muss die Niederschrift des wesentlichen Vertragsinhalts unterschrieben werden?

1. Nur vom Ausbildenden und vom gesetzlichen Vertreter des Auszubildenden
2. Nur vom Ausbildenden und vom Auszubildenden
3. Vom Ausbildenden, vom Auszubildenden und von dessen gesetzlichem Vertreter
4. Nur vom Ausbildenden
5. Vom Ausbildenden, vom Auszubildenden und von einem Vertreter der zuständigen Stelle (Industrie- und Handelskammer oder Handwerkskammer)

012

Welche Vereinbarung im Berufsausbildungsvertrag ist nach dem Berufsbildungsgesetz (BBiG) **nichtig**?

1. Die tägliche Ausbildungszeit beträgt acht Stunden.
2. Die Ausbildungsvergütung wird jeweils am vorletzten Arbeitstag des Monats gezahlt.
3. Bei Abbruch der Ausbildung zahlt der Auszubildende eine Vertragsstrafe von 2000 Euro.
4. Während der Probezeit kann das Ausbildungsverhältnis jederzeit gekündigt werden.
5. Die Probezeit dauert drei Monate.

013

Welche Aussage zur Ausbildungsvergütung entspricht dem Berufsbildungsgesetz?

1. Sie muss mindestens 50 % des tariflichen Ecklohns für Facharbeiter(innen) betragen.
2. Sie ist so zu bemessen, dass sie mit fortschreitender Berufsausbildung ansteigt.
3. Während der Probezeit muss keine Vergütung gezahlt werden.
4. Lohnsteuer und Sozialversicherungsbeiträge werden in voller Höhe vom Ausbildenden getragen.
5. Ausbilder und Auszubildender können vereinbaren, dass keine Vergütung gezahlt wird.

014

Das Berufsausbildungsverhältnis beginnt mit der Probezeit. Wie lange dauert sie nach dem Berufsbildungsgesetz?

1. Genau vier Wochen
2. Genau drei Monate
3. Mindestens zwei Wochen, höchstens drei Monate
4. Mindestens einen, höchstens vier Monate
5. Mindestens drei, höchstens sechs Monate

015

Das Berufsausbildungsverhältnis endet …

1. am Tag der schriftlichen Abschlussprüfung.
2. grundsätzlich mit Ablauf der vertraglich vereinbarten Ausbildungszeit, bei bestandener Abschlussprüfung vor Ablauf der Ausbildungszeit jedoch bereits mit Bekanntgabe des Prüfungsergebnisses.
3. in jedem Fall am Tag der Aushändigung oder Zusendung des Prüfungszeugnisses durch die zuständige Kammer.
4. grundsätzlich mit Ablauf der vertraglich vereinbarten Ausbildungszeit, bei nicht bestandener Abschlussprüfung jedoch erst mit Bekanntgabe des Ergebnisses der Wiederholungsprüfung.
5. unabhängig von Prüfungstermin und -ergebnis immer mit Ablauf der vertraglich vereinbarten Ausbildungszeit.

016

Ein Auszubildender hat die Abschlussprüfung nicht bestanden. Welche Aussage ist richtig?

1. Das Ausbildungsverhältnis verlängert sich auf Verlangen des Auszubildenden bis zur nächstmöglichen Wiederholungsprüfung, höchstens um ein Jahr.
2. Das Ausbildungsverhältnis kann nur mit Einverständnis des Ausbildenden bis zur nächstmöglichen Wiederholungsprüfung verlängert werden.
3. Das Ausbildungsverhältnis verlängert sich automatisch bis zur nächstmöglichen Wiederholungsprüfung, höchstens um ein Jahr.
4. Das Ausbildungsverhältnis ist beendet, Verlängerung ist nicht möglich.
5. Das Ausbildungsverhältnis verlängert sich ohne Einschränkung so lange, bis der Auszubildende eine Wiederholungsprüfung bestanden hat.

017

Nach Beendigung der Berufsausbildung hat der Ausbildende dem Auszubildenden ein Zeugnis auszustellen.
Welche Angabe(n) ist (sind) nur auf ausdrückliches Verlangen des Auszubildenden aufzunehmen?

1. Dauer der Berufsausbildung
2. Art der Berufsausbildung
3. Ziel der Berufsausbildung
4. Verhalten und Leistung des Auszubildenden
5. Erworbene Fertigkeiten, Kenntnisse und Fähigkeiten des Auszubildenden

018

Welche Aussage zur ordentlichen (fristgerechten) Kündigung des Ausbildungsverhältnisses durch Auszubildende nach Ablauf der Probezeit trifft **nicht** zu?

1. Auszubildende können nur kündigen, wenn sie die Berufsausbildung aufgeben oder sich für einen anderen Beruf ausbilden lassen wollen.
2. Die Kündigungsfrist beträgt vier Wochen.
3. Die Kündigung muss schriftlich erfolgen.
4. Es müssen die Kündigungsgründe angeben werden.
5. Der dem Ausbildenden durch die Kündigung entstehende finanzielle Schaden ist in jedem Fall in voller Höhe zu ersetzen.

019

Welche Frist ist bei der Kündigung des Ausbildungsverhältnisses während der Probezeit einzuhalten?

1. Keine
2. Drei Tage
3. Eine Woche
4. Zwei Wochen
5. Vier Wochen

020

Welche Aussage zur ordentlichen (fristgerechten) Kündigung des Ausbildungsverhältnisses durch den Ausbildenden nach Ablauf der Probezeit ist zutreffend?

1. Die Kündigungsfrist beträgt vier Wochen.
2. Eine ordentliche Kündigung ist nicht möglich.
3. Die Kündigung muss schriftlich unter Angabe der Gründe erfolgen.
4. Die Kündigungsfrist beträgt drei Monate.
5. Eine ordentliche Kündigung ist nur möglich, wenn dem Auszubildenden ein anderer Ausbildungsplatz zur Fortsetzung der Ausbildung nachgewiesen wird.

021

Eine Auszubildende wird unmittelbar nach dem Ende des Berufsausbildungsverhältnis weiter beschäftigt, ohne dass hierüber ausdrücklich etwas vereinbart wurde.
Welche Feststellung trifft zu?

1. Die Beschäftigung kann jederzeit fristlos beendet werden.
2. Die Bedingungen des Berufsausbildungsvertrags, insbesondere über die Höhe der Vergütung, gelten fort.
3. Es gilt ein unbefristetes Arbeitsverhältnis als begründet.
4. Eine Weiterbeschäftigung ohne ausdrückliche Vereinbarung ist rechtlich gar nicht möglich.
5. Es gilt ein auf sechs Monate befristetes Probearbeitsverhältnis als begründet.

022

Wenige Tage vor Ende der Berufsausbildung sagt der Ausbildende einer Auszubildenden, dass sie nicht in ein Arbeitsverhältnis übernommen wird. Ist das rechtlich zulässig?

1. Nein, die Nichtübernahme in ein Arbeitsverhältnis muss in schriftlicher Form mitgeteilt werden.
2. Nein, denn diese Mitteilung muss mindestens drei Monate vor dem Ende der Berufsausbildung erfolgen.
3. Nein, die Auszubildende hat Anspruch auf mindestens sechsmonatige Weiterbeschäftigung nach dem Ende der Ausbildung.
4. Ja, wenn der Ausbildende eine angemessene Abfindung zahlt.
5. Ja, denn es gibt keine gesetzliche Verpflichtung zur Übernahme in ein Arbeitsverhältnis.

023

Welches Gesetz untersagt u. a. die Benachteiligung von Bewerber(inne)n um einen Arbeitsplatz aus Gründen der Rasse oder wegen der ethnischen Herkunft, des Geschlechts, der Religion oder Weltanschauung, einer Behinderung, des Alters oder der sexuellen Identität?

1. Allgemeines Gleichbehandlungsgesetz
2. Antidiskriminierungsgesetz
3. Arbeitsschutzgesetz
4. Bürgerliches Gesetzbuch
5. Gewerbeordnung

024

Welche gesetzliche Formvorschrift gilt für Arbeitsverträge?

1. Arbeitsverträge bedürfen der Schriftform, die elektronische Form ist ausgeschlossen.
2. Keine – jede beliebige Form (mündlich, telefonisch schriftlich, per E-Mail usw.) ist möglich.
3. Arbeitsverträge bedürfen der Schriftform, die elektronische Form ist ebenfalls zulässig.
4. Arbeitsverträge müssen schriftlich geschlossen werden oder mündlich in Anwesenheit von zwei Zeugen.
5. Arbeitsverträge müssen schriftlich geschlossen und bei der zuständigen Kammer registriert werden.

025

Das Nachweisgesetz verpflichtet den Arbeitgeber, die wesentlichen Vertragsbedingungen schriftlich niederzulegen und dem Arbeitnehmer auszuhändigen, wenn kein schriftlicher Arbeitsvertrag geschlossen wurde.
Welche Aussage dazu entspricht dem Nachweisgesetz?

1. Die Niederschrift ist von beiden Vertragsparteien zu unterzeichnen.
2. Bei Einverständnis des Arbeitnehmers kann auf die Niederschrift verzichtet werden.
3. Die Niederschrift ist dem Arbeitnehmer spätestens einen Monats nach dem vereinbarten Beginn des Arbeitsverhältnisses auszuhändigen.
4. Bei befristeten Arbeitsverhältnissen ist keine Niederschrift erforderlich.
5. Niederschrift und Aushändigung sind auch in elektronischer Form zulässig, zum Beispiel per E-Mail.

026

Welche Frage muss eine Bewerberin beim Einstellungsgespräch wahrheitsgemäß beantworten?

1. Sind Sie Mitglied einer Gewerkschaft?
2. Sind Sie schwanger oder haben Sie vor, demnächst schwanger zu werden?
3. Welche Krankheiten hatten Sie als Kind?
4. Mit welcher Prüfungsnote haben Sie Ihre Berufsausbildung abgeschlossen?
5. Welcher Partei haben Sie bei der letzten Bundestagswahl Ihre Stimme gegeben?

027

Arbeitsbedingungen werden durch unterschiedliche Rechtsquellen geregelt.
Welche gehören **nicht** dazu?

1. Gesetze
2. Tarifverträge
3. Arbeitsverträge
4. Betriebsvereinbarungen
5. Erlasse der Industrie- und Handelskammern

028

Welche Aussage zu den im Arbeitsvertrag vereinbarten Arbeitsbedingungen trifft zu?

1. Sie dürfen nicht zuungunsten des Arbeitnehmers von gesetzlichen Vorschriften abweichen.
2. Sie dürfen weder zugunsten noch zuungunsten des Arbeitnehmers von gesetzlichen Vorschriften abweichen.
3. Sie dürfen zuungunsten des Arbeitnehmers von gesetzlichen Vorschriften abweichen, wenn dieser schriftlich sein Einverständnis erklärt.
4. Die Gestaltungsfreiheit ist nicht eingeschränkt.
5. Sie dürfen zuungunsten des Arbeitnehmers von gesetzlichen Vorschriften abweichen, wenn die Beschäftigung zu gesetzlichen Bedingungen dem Arbeitgeber nicht zuzumuten oder wirtschaftlich nicht möglich ist.

029

Wodurch wird das Arbeitsverhältnis **nicht** beendet?

1. Fristgerechte (ordentliche) Kündigung
2. Fristlose (außerordentliche) Kündigung aus wichtigem Grund
3. Auflösungsvertrag
4. Verkauf des Betriebs
5. Zeitablauf beim befristeten Arbeitsverhältnis

030

Mit welcher gesetzlichen Frist und zu welchem Termin kann ein Arbeitnehmer das Arbeitsverhältnis kündigen, wenn es seit mehr als fünf Jahren besteht?

1. Zwei Wochen zum Fünfzehnten oder zum Ende eines Kalendermonats
2. Vier Wochen zum Fünfzehnten oder zum Ende eines Kalendermonats
3. Sechs Wochen zum Ende eines Kalendermonats
4. Zwei Monate zum Ende eines Kalendermonats
5. Zwei Monate zum Ende eines Kalendervierteljahrs

031

Für die arbeitgeberseitige Kündigung von Arbeitsverhältnissen, die bereits seit längerer Zeit bestehen, gelten verlängerte Kündigungsfristen. Welche Aussage ist **falsch**?

1. Die Kündigungsfristen sind in § 622 BGB geregelt.
2. Durch Tarifvertrag können Kündigungsfristen vereinbart werden, die von den gesetzlichen Regelungen abweichen.
3. Ab einer Dauer des Arbeitsverhältnisses von fünf Jahren beträgt die Kündigungsfrist zwei Monate.
4. Die Fristen für arbeitnehmerseitige und arbeitgeberseitige Kündigung sind in jedem Fall gleich.
5. Arbeitsvertraglich vereinbarte Fristen für arbeitnehmerseitige Kündigung dürfen nicht länger sein als die Fristen für arbeitgeberseitige Kündigung.

032

Welche Aussage gilt ohne Ausnahme für jede Kündigung eines Arbeits- oder Ausbildungsverhältnisses?

1. Die Kündigungsfrist beträgt vier Wochen.
2. Ohne Angabe der Kündigungsgründe ist sie nicht wirksam.
3. Sie muss schriftlich erfolgen.
4. Sie ist nur wirksam, wenn sie von der jeweils anderen Vertragspartei bestätigt wird.
5. Ohne wichtigen Grund ist keine Kündigung möglich.

033

Kalendermäßig befristete Arbeitsverhältnisse enden mit Ablauf der vereinbarten Zeit. Können sie auch schon vorher durch ordentliche Kündigung beendet werden?

1. Nur wenn die Möglichkeit zur Kündigung einzelvertraglich oder durch Tarifvertrag vereinbart wurde
2. Ja, ohne Einschränkung
3. Nur wenn die Dauer der Befristung mindestens sechs Monate beträgt
4. Nein, in keinem Fall
5. Nur ausnahmsweise durch den Arbeitnehmer, wenn dadurch der Wechsel in unbefristete Beschäftigung ermöglicht wird

034

Der Arbeitgeber will einen Arbeitnehmer wegen eines tätlichen Angriffs fristlos entlassen.
Welche Aussage ist richtig?

1. Der Arbeitgeber muss zunächst eine Abmahnung aussprechen; fristlose Kündigung ist nur im Wiederholungsfall zulässig.
2. Der Arbeitgeber kann die fristlose Kündigung nur innerhalb von zwei Wochen nach Bekanntwerden des Vorfalls aussprechen.
3. Wenn der Arbeitnehmer das Opfer des Angriffs um Entschuldigung bittet, muss ihm der Arbeitgeber noch eine Chance geben.
4. Die fristlose Kündigung kann auch mündlich ausgesprochen werden.
5. Wegen der Schwere der Verfehlung ist die Anhörung des Betriebsrat vor der Kündigung nicht erforderlich.

035

Nach welcher Wartezeit ab Beginn des Arbeitsverhältnisses gilt der allgemeine Kündigungsschutz nach dem ersten Abschnitt des Kündigungsschutzgesetzes?

1. Sechs Wochen
2. Drei Monate
3. Sechs Monate
4. Ein Jahr
5. Drei Jahre

036

Bis zu welcher Dauer ist die kalendermäßige Befristung eines Arbeitsvertrages im Normalfall zulässig, wenn kein sachlicher Grund für die Befristung vorliegt?

1. Sechs Monate
2. Zwölf Monate
3. Achtzehn Monate
4. Zwei Jahre
5. Drei Jahre

037

Für welchen Arbeitnehmer gilt **kein** besonderer gesetzlicher Kündigungsschutz, sondern nur der allgemeine Kündigungsschutz nach dem ersten Abschnitt des Kündigungsschutzgesetzes?

1. Mitglied der Jugend- und Auszubildendenvertretung
2. Schwangere Arbeitnehmerin
3. Mitglied des Betriebsrats
4. Schwerbehinderter Arbeitnehmer
5. Arbeitnehmer mit mehr als 15-jähriger Betriebszugehörigkeit

038

Eine entlassene Arbeitnehmerin will vom Arbeitsgericht feststellen lassen, dass die Kündigung ihres Arbeitsverhältnisses rechtsunwirksam ist.
Innerhalb welcher Frist muss sie die Klage einreichen?

1. Eine Woche nach Zugang der Kündigung
2. Drei Wochen nach Zugang der Kündigung
3. Drei Monate nach Zugang der Kündigung
4. Eine Woche nach dem Kündigungstermin
5. Drei Wochen nach dem Kündigungstermin

039

Welche Aussage zur Mitbestimmung des Betriebsrats bei Kündigungen ist **unzutreffend**?

1. Der Betriebsrat ist vor jeder Kündigung zu hören.
2. Eine Kündigung ohne vorherige Anhörung des Betriebsrats ist unwirksam.
3. Der Betriebsrat kann der ordentlichen Kündigung innerhalb einer Woche widersprechen.
4. Wenn sich der Betriebsrat nicht innerhalb einer Woche zur ordentlichen Kündigung äußert, gilt seine Zustimmung als erteilt.
5. Eine entgegen dem Widerspruch des Betriebsrats ausgesprochene Kündigung ist unwirksam.

040

Welchen Arbeitnehmer(innen) darf der Arbeitgeber weder fristgerecht noch fristlos aus wichtigem Grund kündigen?

1. Schwangeren Arbeitnehmerinnen
2. Mitgliedern des Betriebsrats
3. Auszubildenden
4. Schwerbehinderten Arbeitnehmern
5. Arbeitnehmern, die infolge Krankheit arbeitsunfähig sind und Entgeltfortzahlung erhalten

041

Vor der Kündigung des Arbeitsverhältnisses eines schwerbehinderten Menschen muss der Arbeitgeber …

1. mindestens drei Abmahnungen ausgesprochen haben.
2. die Zustimmung des Integrationsamts einholen.
3. die einvernehmliche Auflösung des Arbeitsverhältnisses anbieten.
4. die örtlich zuständige Arbeitsagentur über die geplanten Kündigung unterrichten.
5. sich um einen Arbeitsplatz für die/den Betroffene(n) in einem anderen Unternehmen bemühen.

042

In einem Betrieb mit 200 Arbeitnehmern sollen innerhalb eines Monats 50 Arbeitnehmer wegen Auftragsmangels entlassen werden. Welche Aussage trifft **nicht** zu?

1. Die Entlassungen müssen der Agentur für Arbeit vorher angezeigt werden.
2. Der Betriebsrat ist rechtzeitig schriftlich zu unterrichten.
3. Der Arbeitgeber hat der Agentur für Arbeit eine Abschrift der Mitteilung an den Betriebsrat zuzuleiten.
4. Die Agentur für Arbeit kann bestimmen, dass die Entlassungen nicht vor Ablauf von zwei Monaten nach Eingang der Anzeige wirksam werden.
5. Die Agentur für Arbeit kann die Entlassungen endgültig untersagen.

043

Worin besteht der wesentliche Unterschied zwischen einfachem und qualifiziertem Arbeitszeugnis?

1. Das qualifizierte Zeugnis wird nur nach mehr als fünfjähriger Beschäftigung ausgestellt.
2. Das qualifizierte Zeugnis enthält immer eine besonders detaillierte Beschreibung der Tätigkeit.
3. Das qualifizierte Zeugnis wird nur beruflich hoch qualifizierten Arbeitnehmern ausgestellt.
4. Nur das qualifizierte Zeugnis enthält Angaben zu Leistung und Verhalten des Arbeitnehmers.
5. Nur das qualifizierte Zeugnis ist verständlich formuliert und entspricht in allen Punkten der Wahrheit.

044

Welcher Satz im Zeugnis deutet auf sehr gute Arbeitsleistungen hin?

1. Sie hat alle Arbeiten stets zu unserer vollsten Zufriedenheit ausgeführt.
2. Sie hat sich stets bemüht, die Arbeit zu unserer Zufriedenheit zu erledigen.
3. Sie hat sich den ihr übertragenen Aufgaben mit Fleiß und Ausdauer gewidmet.
4. Sie hat die ihr übertragenen Aufgaben zufriedenstellend erfüllt.
5. Sie hat alle Arbeiten durchweg zu unserer Zufriedenheit erledigt.

045

Bewertung

Nach § 11 des Berufsbildungsgesetzes muss der Ausbildende den wesentlichen Inhalt des Berufsausbildungsvertrags schriftlich niederlegen.

1 Wann hat der Ausbildende diese Niederschrift anzufertigen?

2 Von wem ist die Niederschrift zu unterzeichnen?

3 Besteht bereits ein wirksamer Berufsausbildungsvertrag, solange die Niederschrift noch nicht angefertigt und unterzeichnet ist? Begründen Sie Ihre Antwort kurz.

Lösungshilfe: Auszug aus dem Berufsbildungsgesetz (www.wiso-training.de)

046

Bewertung

Auf ihre Bewerbung erhält eine Ausbildungsplatzsuchende die Antwort, dass die Ausbildung wegen der schwierigen wirtschaftlichen Lage nur infrage komme, wenn sie auf eine Vergütung verzichte und eine monatliche Entschädigung von 150 Euro für die Kosten der Ausbildung zahle.

Ist ein Ausbildungsvertrag unter diesen Voraussetzungen überhaupt möglich? Begründen Sie Ihre Antwort.

Lösungshilfe: Auszug aus dem Berufsbildungsgesetz (www.wiso-training.de)

047

Bewertung

Die Inhaberin eines kleinen Betriebs will einen Ausbildungsplatz anbieten. Die Beratung durch die Industrie- und Handelskammer ergibt, dass sie persönlich und fachlich zum Ausbilden geeignet ist. Wegen fehlender technischer Ausstattung können in ihrem Betrieb aber nicht alle geforderten Fertigkeiten, Kenntnisse und Fähigkeiten vermittelt werden.

Unter welchen Voraussetzungen darf sie dennoch ausbilden? Erläutern Sie zwei Möglichkeiten.

Lösungshilfe: Auszug aus dem Berufsbildungsgesetz (www.wiso-training.de)

048

Bewertung

Erläutern Sie jeweils, ob und ggf. mit welcher Frist die/der Auszubildende das Ausbildungsverhältnis durch Kündigung beenden kann. Geben Sie außerdem an, in welcher Form die Kündigung ggf. erfolgen und ob der Kündigungsgrund genannt werden muss.

1 Eine Auszubildende stellt während der Probezeit fest, dass ihre Berufswahl ein Fehlgriff war.

2 Ein Auszubildender stellt erst nach dem Ende der Probezeit fest, dass seine Berufswahl ein Fehlgriff war.

Lösungshilfe: Auszug aus dem Berufsbildungsgesetz (www.wiso-training.de)

049

Bewertung

Die Niederschrift des Berufsausbildungsvertrags muss bestimmte Angaben enthalten.
Kennzeichnen Sie diese Pflichtangaben in der Tabelle mit dem Buchstaben *P*.

Außerdem gibt es Angaben und Klauseln, die in die Vertragsniederschrift aufgenommen werden können, aber nicht gesetzlich vorgeschrieben sind.
Kennzeichnen Sie diese Klauseln in der Tabelle mit dem Buchstaben *K*.

Bestimmte Vertragsklauseln sind unzulässig und deshalb nichtig.
Kennzeichnen Sie diese Klauseln in der Tabelle mit dem Buchstaben *N*.

Angabe in der Vertragsniederschrift, Vertragsklausel	P/K/N
Art, sachliche und zeitliche Gliederung der Berufsausbildung	
Ausbildungsmaßnahmen außerhalb der Ausbildungsstätte	
Ausschluss oder Beschränkung von Schadensersatzansprüchen	
Beginn und Dauer der Berufsausbildung	
Dauer der Probezeit	
Dauer der regelmäßigen täglichen Ausbildungszeit	
Dauer des Urlaubs	
Festsetzung der Höhe eines Schadensersatzes in Pauschbeträgen	
Hinweis auf anzuwendende Tarifverträge und Betriebsvereinbarungen	
Hinweis auf Pflichten des Auszubildenden nach dem Berufsbildungsgesetz	
Regelungen über die Verhütung von Arbeitsunfällen und Berufskrankheiten	
Verpflichtung des Auszubildenden, für die Ausbildung eine Entschädigung zu zahlen	
Vergütungsfortzahlung bei Krankheit und für gesetzliche Feiertage	
Vertragsstrafen	
Voraussetzungen, unter denen der Berufsausbildungsvertrag gekündigt werden kann	
Zahlung und Höhe der Vergütung	
Ziel der Berufsausbildung, insbesondere die Berufstätigkeit, für die ausgebildet werden soll	
Zuschuss des Ausbildenden für Fahrtkosten zum Betrieb und zur Berufsschule	

Lösungshilfe: Auszug aus dem Berufsbildungsgesetz (www.wiso-training.de)

050

Bewertung

Wenn der Arbeitsvertrag nicht schriftlich geschlossen wurde, ist der Arbeitgeber verpflichtet, die wesentlichen Vertragsbedingungen schriftlich niederzulegen, die Niederschrift zu unterzeichnen und dem Arbeitnehmer auszuhändigen.

1 Innerhalb welcher Frist hat er dieser Pflicht nachzukommen?

2 In welchem besonderen Fall besteht diese Pflicht nicht?

3 Nennen Sie vier Angaben, die in der Niederschrift enthalten sein müssen.

Lösungshilfe: Auszug aus dem Nachweisgesetz (www.wiso-training.de)

051

Bewertung

Ein Arbeitnehmer wird bei einem Diebstahlsversuch im Betrieb erwischt und vom Arbeitgeber mündlich zurechtgewiesen. Drei Wochen später sendet ihm der Arbeitgeber eine fristlose Kündigung als E-Mail-Anhang zu.

1 Hat der Arbeitgeber die gesetzlich vorgeschriebene Form der Kündigung eingehalten?

2 Ist die fristlose Kündigung zum genannten Zeitpunkt möglich?

Lösungshilfe: Auszug aus dem Bürgerlichen Gesetzbuch (www.wiso-training.de)

052

Bewertung

Eine Kündigung aus dringenden betrieblichen Erfordernissen ist nach dem Kündigungsschutzgesetz nur rechtswirksam, wenn der Arbeitgeber bei der Auswahl des zu kündigenden Arbeitnehmers soziale Gesichtspunkte berücksichtigt hat.

1 Nennen Sie die vier sozialen Gesichtspunkte, die der Arbeitgeber zu berücksichtigen hat.

2 Ein Arbeitnehmer ist der Meinung, dass die sozialen Gesichtspunkte bei seiner Kündigung nicht korrekt berücksichtigt wurden. Bei welchem Gericht kann er gegen die Kündigung klagen? Innerhalb welcher Frist muss er die Klage einreichen?

Lösungshilfe: Auszug aus dem Kündigungsschutzgesetz (www.wiso-training.de)

053

Bewertung

Ordnen Sie den genannten Sachverhalten jeweils das richtige Gesetz zu, indem Sie den Kennbuchstaben in das Kästchen schreiben.

- Allgemeiner Kündigungsschutz für alle Arbeitnehmer ☐
- Allgemeine Kündigungsfristen für alle Arbeitsverhältnisse ☐
- Kündigungsschutz für werdende Mütter ☐
- Kündigungsschutz für schwerbehinderte Arbeitnehmer ☐
- Kündigungsschutz für Betriebsratsmitglieder und Mitglieder der Jugend- und Auszubildendenvertretung ☐

A Betriebsverfassungsgesetz
B Bürgerliches Gesetzbuch
C Gewerbeordnung
D Kündigungsschutzgesetz
E Mutterschutzgesetz
F Sozialgesetzbuch IX

054

Bewertung

Eine Arbeitnehmerin erhält beim Ausscheiden aus dem Betrieb unaufgefordert
ein Zeugnis, das ihre Arbeitsleistung als gerade noch ausreichend bewertet.
Sie muss leider zugeben, dass diese Beurteilung zutrifft.

Hat sie Anspruch auf ein Zeugnis, das keine Beurteilung der Arbeitsleistung enthält?
Begründen Sie Ihre Antwort.

Lösungshilfe: Auszug aus der Gewerbeordnung (www.wiso-training.de)

055

Bewertung

Eine Arbeitnehmerin ist seit sieben Jahren im Betrieb beschäftigt.

1 Mit welcher gesetzlichen Frist und zu welchem Termin kann die Arbeitnehmerin das Arbeitsverhältnis kündigen?

2 Mit welcher gesetzlichen Frist und zu welchem Termin kann der Arbeitgeber das Arbeitsverhältnis kündigen?

3 Können für die Kündigung durch den Arbeitgeber kürzere als die gesetzlichen Fristen vereinbart werden?

Lösungshilfe: Auszug aus dem Bürgerlichen Gesetzbuch (www.wiso-training.de)

056

Bewertung

Kreuzen Sie jeweils an, ob die Befristung des Arbeitsvertrags nach dem Teilzeit- und Befristungsgesetz zulässig, nur unter bestimmten Voraussetzungen zulässig oder in jedem Fall unzulässig ist.

	immer zulässig	zulässig unter best. Voraussetzungen	immer unzulässig
Befristung auf drei Jahre, Beschäftigung zur Vertretung eines anderen Arbeitnehmers			
Befristung auf 18 Monate, kein sachlicher Befristungsgrund			
Befristung auf vier Jahre, kein sachlicher Befristungsgrund			
Befristung auf sieben Jahre, kein sachlicher Befristungsgrund			
Verlängerung eines ohne sachlichen Grund auf 18 Monate befristeten Arbeitsverhältnisses um weitere 18 Monate			
Dritte Verlängerung eines seit 12 Monaten bestehenden, ohne sachlichen Grund befristeten Arbeitsverhältnisses um weitere vier Monate			
Fünfte Verlängerung eines seit 21 Monaten bestehenden, ohne sachlichen Grund befristeten Arbeitsverhältnisses um weitere drei Monate			

Lösungshilfe: Auszug aus dem Teilzeit- und Befristungsgesetz (www.wiso-training.de)

Themenbereich 1.2
Duales System
Rechte und Pflichten der Beteiligten

057

Wenn im Zusammenhang mit beruflicher Bildung vom *dualen System* gesprochen wird, geht es um die Dualität (Zweiheit) von …

1. betrieblicher und schulischer Berufsbildung.
2. kaufmännischen und gewerblich-technischen Ausbildungsberufen.
3. allgemeiner und beruflicher Bildung.
4. privatwirtschaftlich organisierter Ausbildung und staatlicher Aufsicht.
5. beruflichen Zwischen- und Abschlussprüfungen.

058

Was wird **nicht** durch das Berufsbildungsgesetz geregelt?

1. Berufsausbildungsvorbereitung
2. Berufsausbildung
3. Berufliche Umschulung
4. Berufliche Fortbildung
5. Berufsqualifizierendes Hochschulstudium

059

Staatlich anerkannte Ausbildungsberufe sind in Ausbildungsordnungen geregelt.
Wichtiger Bestandteil der Ausbildungsordnung ist/sind …

1. der Rahmenlehrplan.
2. die Prüfungsordnung.
3. das Ausbildungsberufsbild.
4. Höhe und Fälligkeit Ausbildungsvergütung.
5. Rechte und Pflichten von Auszubildenden und Ausbildenden.

060

Welche Stelle(n) oder Einrichtung(en) ist (sind) für die staatliche Anerkennung von Ausbildungsberufen und den Erlass von Ausbildungsordnungen zuständig?

1. Bundesministerium für Wirtschaft und Technologie (BMWi)
2. Kultusministerkonferenz (KMK)
3. Deutscher Industrie- und Handelskammertag (DIHK) und Deutscher Handwerkskammertag (DHKT)
4. Bundesinstitut für Berufsbildung (BIBB)
5. Bundesagentur für Arbeit (BA)

061

Jede Ausbildungsordnung enthält eine Anleitung zur sachlichen und zeitlichen Gliederung der Vermittlung der beruflichen Fertigkeiten, Kenntnisse und Fähigkeiten.
Wie wird diese Anleitung kurz genannt?

1. Ausbildungsanleitung
2. Ausbildungsrahmenplan
3. Ausbildungsberufsbild
4. Ausbildungsrichtlinie
5. Rahmenlehrplan

062

Welche Aufgabe(n) haben die Berufsschulen im Rahmen der dualen Berufsausbildung?

1. Vermittlung der im Ausbildungsplan festgelegten Fertigkeiten, Kenntnisse und Fähigkeiten
2. Vermittlung fachtheoretischer Kenntnisse sowie Abnahme beruflicher Prüfungen
3. Vorbereitung auf allgemeine schulische Abschlüsse
4. Vermittlung fachtheoretischer Kenntnisse und Erweiterung der allgemeinen Bildung
5. Beratung bei der Berufswahl und Vermittlung fachtheoretischer Kenntnisse

063

Welche Institution erlässt die bundesweit gültigen Rahmenlehrpläne für den Berufsschulunterricht?

1. Bundesrat
2. Kultusministerkonferenz
3. Bundesministerium für Arbeit und Soziales
4. Bundestag
5. Bundesministerium für Bildung und Forschung

064

Was bedeutet der Begriff *Lernortkooperation* im Berufsbildungsgesetz?

1. Zusammenwirken von Betrieben, beruflichen Schulen und sonstigen Berufsbildungseinrichtungen bei der Durchführung der Berufsbildung
2. Grenzüberschreitende Zusammenarbeit der für die Berufsbildung zuständigen Stellen in den Ländern der Europäischen Union
3. Erfahrungsaustausch und Zusammenarbeit von Ausbildungsbetrieben aus unterschiedlichen Regionen in Deutschland
4. Zusammenarbeit von mehreren Ausbildungsbetrieben in einem Ausbildungsverbund
5. Erfahrungsaustausch und Zusammenarbeit von beruflichen Schulen aus unterschiedlichen Bundesländern

065

Zuständige Stellen für die Berufsbildung in handwerklichen Berufen und in nichthandwerklichen Gewerbeberufen sind nach dem Berufsbildungsgesetz die …

1. Handwerkskammern bzw. Gewerbeaufsichtsämter.
2. Innungen bzw. Industrie- und Handelskammern.
3. Arbeitgeberverbände des Handwerks bzw. des nichthandwerklichen Gewerbes.
4. Handwerkskammern bzw. Industrie- und Handelskammern.
5. Berufsgenossenschaften.

066

Was gehört **nicht** zu den Aufgaben der Industrie- und Handelskammern oder Handwerkskammern im Rahmen ihrer Zuständigkeit für die Berufsbildung?

1. Überwachung der Eignung von Ausbildungsstätten
2. Überwachung der Eignung von Ausbildenden und Ausbildern
3. Ständige Anpassung und Weiterentwicklung von Ausbildungsrahmenplänen und Rahmenlehrplänen
4. Führung des Verzeichnisses der Berufsausbildungsverhältnisse (Lehrlingsrolle)
5. Errichtung von Prüfungsausschüssen für Zwischen- und Abschlussprüfungen

067

Welche Rechtsform haben Industrie- und Handelskammern und Handwerkskammern?

1. Aktiengesellschaft
2. Körperschaft des öffentlichen Rechts
3. Genossenschaft
4. Gesellschaft des bürgerlichen Rechts
5. Stiftung

068

Was gehört **nicht** zu den gesetzlichen Pflichten des Ausbildenden?

1. Wesentlichen Inhalt des Berufsausbildungsvertrags schriftlich niederlegen
2. Eintragung in das Verzeichnis der Berufsausbildungsverhältnisse beantragen
3. Auszubildende zum Besuch der Berufsschule anhalten
4. Auszubildende für die Teilnahme an Prüfungen freistellen
5. Auszubildende nach bestandener Abschlussprüfung mindestens sechs Monate lang weiter beschäftigen

069

Welche Aussage über die Pflichten von Auszubildenden ist **falsch**?
Auszubildende müssen im Rahmen der Berufsausbildung …

1. die ihnen übertragenen Aufgaben sorgfältig ausführen.
2. Werkzeuge und Maschinen pfleglich behandeln.
3. die Weisungen von Ausbildenden, Ausbildern und anderen weisungsberechtigten Personen befolgen.
4. über Betriebs- und Geschäftsgeheimnisse Stillschweigen bewahren.
5. sich die erforderlichen Werkzeuge auf eigene Kosten anschaffen.

070

Eine Auszubildende hat den Eindruck, dass der Ausbildungsbetrieb ihr nicht alles vermittelt, was zum Bestehen der Prüfung und zur späteren Ausübung des Berufs nötig ist.
Wo ist festgelegt, was der Ausbildungsbetrieb mindestens vermitteln muss?

1. Im Rahmenlehrplan für den Berufsschulunterricht
2. Im Manteltarifvertrag
3. In der Ausbildungsordnung ihres Ausbildungsberufs
4. In der Prüfungsordnung
5. Im Berufsbildungsgesetz

071

Eine Auszubildende beantragt die vorzeitige Zulassung zur Abschlussprüfung. Die Industrie- und Handelskammer hält jedoch die Voraussetzungen nicht für erfüllt.
Wer entscheidet in diesem Fall endgültig über den Antrag?

1. Prüfungsausschuss
2. Arbeitsgericht
3. Berufsbildungsausschuss der Industrie- und Handelskammer
4. Präsident der Industrie- und Handelskammer
5. Berufsschule nach Rücksprache mit dem Ausbildenden

072

Welche Aussage zur Prüfungsordnung für die Abschlussprüfung/Gesellenprüfung trifft **nicht** zu?

1. Sie regelt u. a. die Zulassung zur Prüfung.
2. Sie wird von der nach dem Berufsbildungsgesetz für die Berufsbildung zuständigen Stelle erlassen.
3. Der Hauptausschuss des Bundesinstituts für Berufsbildung erlässt Richtlinien für die Prüfungsordnung.
4. Sie enthält u. a. die Prüfungsanforderungen für alle staatlich anerkannten Ausbildungsberufe.
5. Sie regelt u. a. die Erteilung der Prüfungszeugnisse.

073

Welche Aussage zur Zwischenprüfung ist richtig?

1. Die Berufsschulen sind für die Abnahme von Zwischenprüfungen zuständig.
2. Wer in der Zwischenprüfung nicht mindestens die Note „ausreichend" erreicht hat, darf nicht an der Abschlussprüfung teilnehmen.
3. Die Teilnahme an der Zwischenprüfung ist freiwillig.
4. Zwischenprüfungen dienen zur Ermittlung des Ausbildungsstands.
5. Das Nichtbestehen der Zwischenprüfung berechtigt den Ausbildenden zur Kündigung des Ausbildungsvertrags.

074

Welche Aussage zur Abschlussprüfung entspricht **nicht** dem Berufsbildungsgesetz?

1. Prüfungsanforderungen sind in den Ausbildungsordnungen geregelt.
2. Durch die Prüfung wird festgestellt, ob der Prüfling berufliche Handlungsfähigkeit erworben hat.
3. Dem Prüfungszeugnis ist auf Antrag eine englisch- und eine französischsprachige Übersetzung beizufügen.
4. Die Prüfung ist für Auszubildende gebührenfrei.
5. Die Prüfung kann bei Nichtbestehen beliebig oft wiederholt werden.

075

Wer beschließt über die Prüfungsnoten sowie über das Bestehen oder Nichtbestehen der Abschlussprüfung?

1. Lehrerkonferenz der Berufsschule
2. Abteilung Berufsbildung der für die Berufsbildung zuständigen Stelle (Kammer)
3. Prüfungsausschuss
4. Vorsitzender des Prüfungsausschusses
5. Prüfungsausschuss im Einvernehmen mit der Lehrerkonferenz der Berufsschule

076

Die Ausbildungszeit kann nach § 8 des Berufsbildungsgesetzes verkürzt werden, wenn zu erwarten ist, dass das Ausbildungsziel in der gekürzten Zeit erreicht wird.
Wer muss den Antrag stellen?

1. Die/der Auszubildende
2. Die/der Ausbildende
3. Die Berufsschule
4. Auszubildende(r) und Ausbildende(r) gemeinsam
5. Ausbildende(r) und Berufsschule gemeinsam

077

Die Ausbildungszeit kann nach § 8 des Berufsbildungsgesetzes verlängert werden, wenn die Verlängerung erforderlich ist, um das Ausbildungsziel zu erreichen.
Wer muss den Antrag stellen?

1. Die/der Auszubildende
2. Die/der Ausbildende
3. Die Berufsschule
4. Auszubildende(r) und Ausbildende(r) gemeinsam
5. Ausbildende(r) und Berufsschule gemeinsam

078

Aus dem Arbeitsverhältnis ergibt sich für den Arbeitnehmer neben der Hauptpflicht zur Arbeitsleistung eine Reihe von Nebenpflichten. Zu diesen Nebenpflichten gehört u. a. …

1. Stillschweigen über Betriebs- und Geschäftsgeheimnisse.
2. Unterlassen gewerkschaftlicher Betätigung im Betrieb.
3. telefonische Erreichbarkeit auch an Sonn- und Feiertagen sowie während des Urlaubs.
4. Unterlassen kritischer Äußerungen über den Arbeitgeber.
5. die Teilnahme an Betriebsratswahlen.

079

Was gehört **nicht** zu den Nebenpflichten, die sich für den Arbeitgeber aus dem Arbeitsverhältnis ergeben?

1. Menschengerechte Gestaltung der Arbeitsbedingungen
2. Aufklärung des Arbeitnehmers über Gesundheits- und Unfallgefahren am Arbeitsplatz
3. Korrektes Berechnen und Abführen von Lohnsteuer und Sozialversicherungsbeiträgen
4. Ausstellung eines schriftlichen Zeugnisses bei Beendigung des Arbeitsverhältnisses
5. Vermittlung eines neuen Arbeitsplatzes bei betriebsbedingter Kündigung

080

Unter welcher Voraussetzung ist der Arbeitgeber verpflichtet, erkrankten Arbeitnehmern das Arbeitsentgelt für eine begrenzte Zeit weiter zu zahlen?

1. Die Krankheit muss im ursächlichen Zusammenhang mit der Arbeit stehen.
2. Die Krankheit muss ansteckend sein.
3. Die Krankheit muss zur Arbeitsunfähigkeit führen, den Arbeitnehmer darf kein Verschulden treffen.
4. Die Krankheit muss eine Dauer von mindestens drei Tagen haben.
5. Die Krankheit muss nach höchstens drei Wochen beendet sein.

081

Wegen plötzlicher Erkrankung erscheint ein Arbeitnehmer nicht im Betrieb, sondern sucht seinen Hausarzt auf. Wann muss er dem Arbeitgeber die Arbeitsunfähigkeit und deren voraussichtliche Dauer mitteilen?

1. Unverzüglich
2. Spätestens am nächsten Arbeitstag
3. Bei Gelegenheit
4. Spätestens am übernächsten Arbeitstag
5. Sobald er vom Arbeitgeber danach gefragt wird

082

Nach dem Entgeltfortzahlungsgesetz hat der Arbeitnehmer dem Arbeitgeber eine ärztliche Bescheinigung über das Bestehen der Arbeitsunfähigkeit sowie deren voraussichtliche Dauer vorzulegen, wenn die Arbeitsunfähigkeit …

1. auf einen Unfall zurückzuführen ist.
2. länger als einen Tag andauert.
3. vom Arbeitnehmer selbst verschuldet wurde.
4. länger als drei Kalendertage andauert.
5. länger als eine Woche andauert.

083

Wann muss ein erkrankter Arbeitnehmer die ärztliche Bescheinigung über die Arbeitsunfähigkeit nach § 5 des Entgeltfortzahlungsgesetzes spätestens dem Arbeitgeber vorlegen?

1. Unverzüglich nach Aushändigung durch den Arzt
2. Am ersten Arbeitstag nach Beginn der Arbeitsunfähigkeit
3. Sobald es ihm gesundheitlich möglich ist
4. Am auf den dritten Tag der Arbeitsunfähigkeit folgenden Arbeitstag
5. Am ersten Arbeitstag nach Ende der Arbeitsunfähigkeit

084

Bis zu welcher Dauer hat ein unverschuldet arbeitsunfähig erkrankter Arbeitnehmer grundsätzlich Anspruch auf Fortzahlung des Arbeitsentgelts?

1. Drei Wochen
2. Sechs Wochen
3. Neun Wochen
4. Drei Monate
5. Sechs Monate

085

In welchem Gesetz ist die Zahlung des Entgelts für Arbeitszeit geregelt, die infolge eines gesetzlichen Feiertags ausfällt?

1. Feiertagslohnzahlungsgesetz
2. Bundesurlaubsgesetz
3. Bürgerliches Gesetzbuch
4. Gewerbeordnung
5. Entgeltfortzahlungsgesetz

086

In welchem Fall ist der Arbeitgeber **nicht** zur Zahlung des Arbeitsentgelts für die ausgefallene Arbeitszeit verpflichtet?

1. Ein Arbeitnehmer sucht die Sprechstunde des Betriebsrats auf.
2. Es kann nicht gearbeitet werden, weil die Energieversorgung des Betriebs durch Blitzschlag ausgefallen ist.
3. Ein Arbeitnehmer kann seinen Arbeitsplatz nicht erreichen, weil der Bahnverkehr vom Wohn- zum Arbeitsort wegen eines Unfalls unterbrochen ist.
4. Wegen Feuer in einem benachbarten Gebäude wird der Betrieb evakuiert.
5. Die Produktion muss vorübergehend eingestellt werden, weil wegen technischer Probleme in einem Zulieferbetrieb kein Material verfügbar ist.

087

Nach dem Bundesurlaubsgesetz hat jeder Arbeitnehmer Anspruch auf bezahlten Erholungsurlaub.
Der jährliche Urlaub beträgt nach dem Gesetz mindestens …

1. 18 Werktage.
2. 24 Werktage.
3. 24 Arbeitstage.
4. fünf Wochen.
5. sechs Wochen.

088

Nach welcher Wartezeit ab Antritt eines neuen Arbeitsverhältnisses hat ein Arbeitnehmer erstmalig den vollen gesetzlichen Urlaubsanspruch erworben?

1. Nach sechs Wochen
2. Nach drei Monaten
3. Nach sechs Monaten
4. Nach Ablauf der vereinbarten Probezeit
5. Nach einem Jahr

089

Ein Arbeitnehmer, der am 1. Januar ein neues Arbeitsverhältnis aufgenommen hatte, kündigt zum 30. April. Im Arbeitsvertrag ist ein Urlaub von 30 Arbeitstagen jährlich vereinbart. Welchen Urlaubsanspruch hat der Arbeitnehmer?

1. Keinen, da die Wartezeit nicht erfüllt ist.
2. Keinen, da er selbst gekündigt hat.
3. Er hat Anspruch auf die Hälfte des gesetzlichen Mindesturlaubs, also zwölf Werktage.
4. Er hat Anspruch auf die Hälfte des vereinbarten Urlaubs, also 15 Arbeitstage.
5. Er hat Anspruch auf vier Zwölftel des vereinbarten Urlaubs, also zehn Arbeitstage.

090

Welche Aussage über die zeitliche Festlegung des Urlaubs trifft **nicht** zu?

1. Die Urlaubswünsche des Arbeitnehmers sind vom Arbeitgeber zu berücksichtigen.
2. Der Urlaubswunsch des Arbeitnehmers muss nicht berücksichtigt werden, wenn dringende betriebliche Belange entgegenstehen.
3. Der Urlaub ist normalerweise zusammenhängend zu gewähren.
4. Der Urlaub kann auf Verlangen des Arbeitgebers oder des Arbeitnehmers ohne Einschränkung auf das folgende Jahr übertragen werden.
5. Auf Verlangen des Arbeitnehmers muss der Urlaub unmittelbar im Anschluss an eine medizinische Vorsorge- oder Rehabilitationsmaßnahme gewährt werden.

091

In welchem Fall wird Erholungsurlaub durch Geldzahlung abgegolten?

1. Wenn er wegen Beendigung des Arbeitsverhältnisses nicht mehr gewährt werden kann
2. Wenn er wegen dringender betrieblicher Belange nicht gewährt werden kann
3. Wenn ein Restanspruch von weniger als sechs Werktagen besteht
4. Wenn der Arbeitnehmer die Abgeltung verlangt
5. Abgeltung ist in keinem Fall zulässig; Urlaub muss immer gewährt und genommen werden.

092

Welche Aussage zur Arbeitsunfähigkeit aufgrund Krankheit während des Erholungsurlaubs ist richtig?
Die Tage der Arbeitsunfähigkeit werden …

1. nicht auf den Urlaub angerechnet, wenn sie durch ärztliches Zeugnis nachgewiesen sind.
2. nur zur Hälfte auf den Urlaub angerechnet.
3. nur dann nicht auf den Urlaub angerechnet, wenn sich der Arbeitnehmer an seinem Heimatort aufhält.
4. nur dann nicht auf den Urlaub angerechnet, wenn sich der Arbeitnehmer in stationärer Behandlung befindet.
5. immer in voller Höhe auf den Urlaub angerechnet.

093

Welche Arbeitnehmer(innen) haben Anspruch auf zusätzlichen bezahlten Urlaub von fünf Arbeitstagen?

1. Arbeitnehmer(innen) ab dem 58. Lebensjahr
2. Mit Akkordarbeit beschäftigte Arbeitnehmer(innen)
3. Schwangere Arbeitnehmerinnen
4. Schwerbehinderte Arbeitnehmer(innen)
5. In Wechselschicht beschäftigte Arbeitnehmer(innen)

094

Die Mindestdauer des Erholungsurlaubs ist im Bundesurlaubsgesetz geregelt.
Welche Arbeitnehmer(innen) haben jedoch aufgrund eines anderen Gesetzes einen höheren Urlaubsanspruch?

1. Alle Auszubildenden
2. Jugendliche Arbeitnehmer(innen)
3. Mit Akkordarbeit beschäftigte Arbeitnehmer(innen)
4. Arbeitnehmer(innen) ab dem 58. Lebensjahr
5. In Nachtarbeit beschäftigte Arbeitnehmer(innen)

095

Welche Dauer darf die werktägliche Arbeitszeit von Arbeitnehmer(inne)n normalerweise nicht überschreiten?

1. 7 Stunden
2. 8 Stunden
3. 9 Stunden
4. 10 Stunden
5. 11 Stunden

096

Nach dem Arbeitszeitgesetz darf die tägliche Arbeitszeit auf bis zu zehn Stunden verlängert werden, wenn …

1. die Mehrarbeitstunden mit einem angemessenen Zuschlag vergütet werden.
2. die Mehrarbeit im Laufe des Kalenderjahrs durch Freizeit ausgeglichen wird.
3. im Durchschnitt von sechs Kalendermonaten oder 24 Wochen acht Stunden werktäglich nicht überschritten werden.
4. keine Gesundheitsschäden zu befürchten sind..
5. ein allgemeinverbindlicher Tarifvertrag das ausdrücklich erlaubt.

097

Nach höchstens wie viel Arbeitsstunden muss nach dem Arbeitszeitgesetz eine Ruhepause eingelegt werden?

1. 3 Stunden
2. 4 Stunden
3. 5 Stunden
4. 6 Stunden
5. 7 Stunden

098

Was wird vom Arbeitszeitgesetz grundsätzlich untersagt, in bestimmten Ausnahmefällen jedoch zugelassen?

1. Sonn- und Feiertagsarbeit
2. Nachtarbeit
3. Schichtarbeit
4. Arbeit an Samstagen
5. Teilzeitarbeit

99

Wie viel Pausenzeit schreibt das Arbeitszeitgesetz bei achtstündiger täglicher Arbeitszeit vor?

1. 15 Minuten
2. 20 Minuten
3. 30 Minuten
4. 45 Minuten
5. 60 Minuten

100

Die Ruhezeit zwischen Ende und Beginn der Arbeitszeit beträgt nach dem Arbeitszeitgesetz grundsätzlich mindestens …

1. 7 Stunden.
2. 8 Stunden.
3. 9 Stunden.
4. 11 Stunden.
5. 12 Stunden.

101

Für welche Personen ist die Arbeitszeit **nicht** im Arbeitszeitgesetz, sondern in einem anderen Gesetz geregelt?

1. Arbeitnehmer in Kleinbetrieben mit weniger als fünf Beschäftigten
2. Arbeitnehmer im öffentlichen Dienst
3. Verkaufspersonal im Einzelhandel
4. Arbeitnehmer unter 18 Jahren
5. Beschäftigte in Krankenhäusern und Pflegeeinrichtungen

102

Das Arbeitssicherheitsgesetz verpflichtet Arbeitgeber …

1. zu besonderen Sicherheitsvorkehrungen bei der Arbeit mit gefährlichen Stoffen.
2. zur Bestellung von Betriebsärzten und Fachkräften für Arbeitssicherheit.
3. zur Unterweisung der Arbeitnehmer über Sicherheit und Gesundheitsschutz.
4. zum Schutz der nicht rauchenden Beschäftigten vor Gesundheitsgefahren durch Tabakrauch.
5. zur Benennung von Beschäftigten, die Aufgaben der Ersten Hilfe, Brandbekämpfung und Evakuierung übernehmen.

103

Mehrere Gesetze und Verordnungen verpflichten den Arbeitgeber zur Unterrichtung der Arbeitnehmer über Gesundheits- und Unfallgefahren. Welches Gesetz oder welche Verordnung enthält aber **keine** solche Vorschrift?

1. Betriebsverfassungsgesetz
2. Arbeitsschutzgesetz
3. Jugendarbeitsschutzgesetz
4. Gefahrstoffverordnung
5. Gewerbeordnung

104

Aus dem Anhang zur Arbeitsstättenverordnung: „Der Beurteilungspegel darf … höchstens 85 dB (A) betragen …" Worum geht es hier?

1. Lärm
2. Nässe
3. Staub
4. Strahlung
5. Gase und Dämpfe

105

Aufgabe des Jugendarbeitsschutzgesetzes ist …

1. der Schutz jugendlicher Arbeitnehmer(innen) vor Benachteiligungen am Arbeitsplatz.
2. die Schaffung von Arbeits- und Ausbildungsplätzen für Jugendliche.
3. der Schutz Jugendlicher vor Überforderung, Überbeanspruchung und Gefahren am Arbeitsplatz.
4. die altersgerechte Anwendung des ursprünglich für Erwachsene entwickelten Arbeitsrechts.
5. der Schutz jugendlicher Arbeitnehmer(innen) vor ungerechtfertigter Entlassung.

106

Jugendlicher im Sinne des Jugendarbeitsschutzgesetzes ist, wer …

1. noch nicht 15 Jahre alt ist.
2. noch nicht 21 Jahre alt ist
3. 12, aber noch nicht 18 Jahre alt ist.
4. 15, aber noch nicht 18 Jahre alt ist.
5. 16, aber noch nicht 21 Jahre alt ist.

107

Welche tägliche und wöchentliche Höchstarbeitszeit legt das Jugendarbeitsschutzgesetz grundsätzlich für jugendliche Arbeitnehmer(innen) fest?

1. 7 Stunden täglich, 35 Stunden wöchentlich
2. 7 Stunden täglich, 42 Stunden wöchentlich
3. 8 Stunden täglich, 40 Stunden wöchentlich
4. 8 Stunden täglich, 48 Stunden wöchentlich
5. 9 Stunden täglich, 45 Stunden wöchentlich

108

Wann muss die vom Jugendarbeitsschutzgesetz vorgeschriebene ärztliche Erstuntersuchung eines Jugendlichen, der in das Berufsleben eintritt, erfolgt sein oder erfolgen?

1. Innerhalb der letzten 14 Monate vor Beginn der Beschäftigung
2. Unmittelbar vor Beginn der Beschäftigung
3. Spätestens einen Monats nach Beginn der Beschäftigung
4. Im Laufe des ersten Beschäftigungsjahrs
5. Am Ende des ersten Beschäftigungsjahrs

109

Wie lang müssen die Ruhepausen für jugendliche Arbeitnehmer(innen) bei achtstündiger Arbeitszeit mindestens sein?

1. 30 Minuten
2. 45 Minuten
3. 60 Minuten
4. 75 Minuten
5. 90 Minuten

110

Welche Arbeit ist für Jugendliche verboten?

1. Akkordarbeit
2. Arbeit an Maschinen
3. Monotone Arbeit mit ständiger Wiederholung gleicher Handgriffe
4. Bildschirmarbeit
5. Arbeit im Hotel- und Gaststättengewerbe

111

Welche Aussage entspricht dem Jugendarbeitsschutzgesetz? Auch in Ausnahmefällen darf **kein** Jugendlicher …

1. länger als acht Stunden täglich beschäftigt werden.
2. vor 6 Uhr und nach 20 Uhr beschäftigt werden.
3. an Samstagen beschäftigt werden.
4. an Sonn- und Feiertagen beschäftigt werden.
5. länger als viereinhalb Stunden hintereinander ohne Ruhepause beschäftigt werden.

112

In welchem Zeitraum dürfen werdende Mütter nicht beschäftigt werden, es sei denn, dass sie sich zur Arbeitsleistung ausdrücklich bereit erklären?
In den letzten …

1. drei Wochen vor der Entbindung
2. vier Wochen vor der Entbindung
3. sechs Wochen vor der Entbindung
4. acht Wochen vor der Entbindung
5. zwölf Wochen vor der Entbindung

113

Das Beschäftigungsverbot für Mütter gilt nach dem Mutterschutzgesetz grundsätzlich bis zum Ablauf von …

1. drei Wochen nach der Entbindung.
2. vier Wochen nach der Entbindung.
3. sechs Wochen nach der Entbindung.
4. acht Wochen nach der Entbindung.
5. zwölf Wochen nach der Entbindung.

114

Wie viel Prozent der Arbeitsplätze müssen Arbeitgeber, die im Jahresdurchschnitt 60 und mehr Arbeitsplätze haben, mit schwerbehinderten Menschen besetzen?

1. 1 Prozent
2. 2 Prozent
3. 5 Prozent
4. 8 Prozent
5. 10 Prozent

115

Wenn ein Arbeitgeber nicht die gesetzlich vorgeschriebene Zahl schwerbehinderter Menschen beschäftigt, …

1. muss er für jeden unbesetzten Pflichtarbeitsplatz eine Ausgleichsabgabe zahlen.
2. droht ihm ein Bußgeld von bis zu 50 000 Euro.
3. erhält er weder Subventionen, steuerliche Vergünstigungen noch öffentliche Aufträge.
4. muss er schwerbehinderte Menschen einstellen, die ihm die Arbeitsagentur vermittelt.
5. muss er dem Integrationsamt nachweisen, warum ihm die Besetzung der Pflichtarbeitsplätze trotz intensiver Bemühungen nicht gelungen ist.

116

Ein schwerbehinderter Arbeitnehmer möchte sich informieren, wie viel Urlaub ihm gesetzlich zusteht. In welchen zwei Gesetzen muss er nachschlagen?

1. Bundesurlaubsgesetz und Bürgerliches Gesetzbuch
2. Bundesurlaubsgesetz und Neuntes Buch des Sozialgesetzbuchs
3. Entgeltfortzahlungsgesetz und Neuntes Buch des Sozialgesetzbuchs
4. Entgeltfortzahlungsgesetz und Gewerbeordnung
5. Gewerbeordnung und Bürgerliches Gesetzbuch

117

Für welchen Streitgegenstand ist das Arbeitsgericht zuständig?

1. Höhe des Krankengelds
2. Höhe der Entgeltfortzahlung bei krankheitsbedingter Arbeitsunfähigkeit
3. Anspruch auf Kindergeld
4. Vorzeitige Zulassung zur Abschlussprüfung in einem staatlich anerkannten Ausbildungsberuf
5. Anspruch auf Arbeitslosengeld II

118

Welche Aussage zum Urteilsverfahren in der Arbeitsgerichtsbarkeit ist richtig?

1. Vor der eigentlichen Verhandlung findet eine Güteverhandlung statt.
2. Die Verhandlung ist nicht öffentlich.
3. Kläger und Beklagte müssen sich durch Rechtsanwälte vertreten lassen.
4. Das Verfahren ist für Kläger und Beklagte in jedem Fall kostenfrei.
5. Bei einem Streitwert von mehr als 50 000 Euro findet die Verhandlung vor dem Landesarbeitsgericht statt.

119

In welchem Fall ist das Arbeitsgericht **nicht** zuständig?

1. Anfechtung einer Betriebsratswahl
2. Streit zwischen Gewerkschaft und Arbeitgeberverband über das Bestehen eines Tarifvertrags
3. Klage nach dem Kündigungsschutzgesetz
4. Klage gegen einen Bescheid der Arbeitsagentur
5. Klage des Betriebsrats auf Zurverfügungstellung eines Büroraums

120

Wie sind die Kammern des Arbeitsgerichts besetzt?

1. Drei Berufsrichter
2. Ein Richter und zwölf Geschworene
3. Ein Berufsrichter und zwei ehrenamtliche Richter
4. Zwei Berufsrichter und drei ehrenamtliche Richter
5. Ein Berufsrichter und sieben Beisitzer

121

In welchem Beispiel sind Gericht und Verfahren einander richtig zugeordnet?

1. Arbeitsgericht – Verfahren des ersten Rechtszugs
2. Landesarbeitsgericht – Verfahren des ersten Rechtszugs
3. Landesarbeitsgericht – Revisionsverfahren
4. Bundesarbeitsgericht – Berufungsverfahren
5. Oberlandesarbeitsgericht – Revisionsverfahren

122

Welche Aussage entspricht Artikel 97 des Grundgesetzes? Richter sind unabhängig und …

1. nur ihrem Gewissen verantwortlich.
2. ausschließlich an Weisungen des Justizministeriums gebunden.
3. nur der öffentlichen Meinung verpflichtet.
4. nur der Gerechtigkeit verpflichtet.
5. nur dem Gesetz unterworfen.

123

Bewertung

Was gehört nach dem Berufsbildungsgesetz zu den Pflichten des Ausbildenden? Tragen Sie die entsprechenden Buchstaben in die unten stehenden Kästchen ein.

A Wesentlichen Bedingungen des Ausbildungsvertrags schriftlich niederlegen
B Angemessene Ausbildungsvergütung zahlen
C Fahrtkosten zur Ausbildungsstätte und zur Berufsschule erstatten
D Auszubildende für die Teilnahme am Berufsschulunterricht und an Prüfungen freistellen
E Auszubildende zum Führen der schriftlichen Ausbildungsnachweise (Berichtsheft) anhalten
F Am Ende jedes Ausbildungsjahrs schriftliches Zwischenzeugnis ausstellen
G Gesetzliche Vertreter jugendlicher Auszubildender regelmäßig über Leistung und Verhalten der Auszubildenden unterrichten
H Schriftliches Zeugnis bei Beendigung des Ausbildungsverhältnisses ausstellen
I Auszubildende nach bestandener Abschlussprüfung für mindestens sechs Monate weiterbeschäftigen.

☐ ☐ ☐ ☐ ☐

Lösungshilfe: Auszug aus dem Berufsbildungsgesetz (www.wiso-training.de)

124

Bewertung

Nennen Sie zwei Vorteile und zwei Nachteile der dualen Berufsausbildung im Vergleich zur rein schulischen Berufsausbildung.

125

Bewertung

Staatlich anerkannte Ausbildungsberufe sind in Ausbildungsordnungen geregelt. Das Berufsbildungsgesetz legt fest, welche Inhalte in jeder Ausbildungsordnung vorhanden sein müssen und welche darüber hinaus vorgesehen sein können. Vervollständigen Sie die Tabelle, indem Sie alternativ ankreuzen, dass der jeweilige Punkt in jedem Fall in der Ausbildungsordnung enthalten ist, dass er enthalten sein kann bzw. nicht Bestandteil von Ausbildungsordnungen ist.

Inhalt	immer enthalten	kann enthalten sein	nicht enthalten
Anleitung zur sachl. und zeitl. Gliederung der Vermittlung der beruflichen Fertigkeiten, Kenntnisse und Fähigkeiten			
Anrechnung einer anderen einschlägigen Berufsausbildung			
Ausbildungdauer			
Beruflichen Fertigkeiten, Kenntnisse und Fähigkeiten, die mindestens Gegenstand der Berufsausbildung sind			
Bezeichnung des Ausbildungsberufs			
Dauer der Probezeit			
Dauer der täglichen Ausbildungszeit			
Durchführung der Abschlussprüfung in zwei zeitlich auseinander fallenden Teilen			
Durchführung der Berufsausbildung in sachlich und zeitlich besonders gegliederten, aufeinander aufbauenden Stufen			
Durchführung von Teilen der Berufsausbildung in geeigneten Einrichtungen außerhalb der Ausbildungsstätte			
Fachtheoretische und allgemeinbildende Inhalte des Berufsschulunterrichts			
Fortsetzung der Berufsausbildung im Ausbildungsberuf unter Anrechnung der bereits zurückgelegten Ausbildungszeit			
Führung von Ausbildungsnachweisen			
Höhe der Ausbildungsvergütung, gestaffelt nach Ausbildungsjahren			
Persönliche und fachliche Eignung von Ausbildenden und Ausbilder(inne)n			
Prüfungsanforderungen			
Vermittlung zusätzlicher beruflicher Fertigkeiten, Kenntnisse und Fähigkeiten			
Voraussetzungen für die Verkürzung der Ausbildungsdauer			

Lösungshilfe:* *Auszug aus dem Berufsbildungsgesetz (www.wiso-training.de)

126

Bewertung

Erläutern Sie, warum im Arbeitsvertrag nur zugunsten, nicht aber zuungunsten des Arbeitnehmers von gesetzlichen Regelungen abgewichen werden darf.

127

Bewertung

Welche der folgenden Gesetze enthalten arbeitsrechtliche Normen?
Tragen Sie die entsprechenden Buchstaben in die unten stehenden Kästchen ein.

A Arbeitszeitgesetz
B Arbeitssicherheitsgesetz
C Bürgerliches Gesetzbuch
D Bundesausbildungsförderungsgesetz
E Bundesurlaubsgesetz
F Einkommensteuergesetz
G Genossenschaftsgesetz
H Gewerbeordnung
I Jugendarbeitsschutzgesetz
K Nachweisgesetz
L Sozialgesetzbuch, Neuntes Buch

128

Bewertung

In einigen Gebieten des Arbeitsrechts gelten für Jugendliche andere gesetzliche Vorschriften als für Erwachsene. Tragen Sie die anzuwendenden Gesetze in die freien Tabellenfelder ein:

- ArbZG (Arbeitszeitgesetz)
- BUrlG (Bundesurlaubsgesetz)
- EFZG (Entgeltfortzahlungsgesetz)
- JArbSchG (Jugendarbeitsschutzgesetz)

Sachverhalt	Jugendlicher Arbeitnehmer	Erwachsener Arbeitnehmer
Höchstdauer der täglichen Arbeitszeit		
Mindestdauer der Pausen		
Entgeltfortzahlung bei Arbeitsunfähigkeit		
Mindestdauer des Erholungsurlaubs		

129

Bewertung

Eine 17-jährige Auszubildende wird für den Blockunterricht an der Berufsschule mit sechs Unterrichtsstunden täglich von Montag bis Freitag freigestellt.
Nach ihrem Ausbildungsvertrag beträgt die wöchentliche Ausbildungszeit 40 Stunden.

Muss sie nach dem Unterricht noch im Betrieb erscheinen, um die wöchentliche Ausbildungszeit von 40 Stunden zu erfüllen? Begründen Sie Ihre Antwort.

Lösungshilfe: Auszug aus dem Jugendarbeitsschutzgesetz (www.wiso-training.de)

130

Bewertung

1 Schreiben Sie Ihre Lösungen rechts in die leeren Tabellenfelder.
Alle Fragen beziehen sich auf erwachsene Arbeitnehmer(innen).

Wie lang darf die werktägliche Arbeitszeit im Normalfall höchstens sein?	
Wie viel Zeit für Ruhepausen ist bei dieser Arbeitszeit vorgeschrieben?	
Wie lang muss die einzelne Pause mindestens sein, wenn die Pausenzeit auf mehrere Pausen verteilt wird?	
Auf wie viel Stunden darf die werktägliche Arbeitszeit unter bestimmten Voraussetzungen höchstens verlängert werden?	
Wie viel Pausenzeit ist vorgeschrieben, wenn die höchstens zulässige Verlängerung der Arbeitszeit voll ausgeschöpft wird?	
Wie lange dürfen Arbeitnehmer(innen) höchstens ohne Pause beschäftigt werden?	
Wie lang muss die Ruhezeit nach Beendigung der täglichen Arbeitszeit im Normalfall mindestens sein?	

2 Wie viele Stunden pro Woche dürfen erwachsene Arbeitnehmer im Normalfall höchstens arbeiten? Auf wie viele Stunden kann diese Arbeitszeit unter bestimmten Voraussetzungen höchstens verlängert werden? Begründen Sie Ihre Antworten kurz.

Lösungshilfe: Auszug aus dem Arbeitszeitgesetz (www.wiso-training.de)

131

Bewertung

In einem Betrieb wird montags bis donnerstags jeweils 7,5 Stunden und am Freitag 5 Stunden lang gearbeitet.

1 Wie lang muss die Gesamtpausenzeit am Montag für erwachsene Arbeitnehmer mindestens sein?

2 Wie lang muss die Gesamtpausenzeit am Montag für jugendliche Arbeitnehmer mindestens sein?

3 Am Freitag sollen jugendliche und erwachsene Arbeitnehmer ohne Pause durcharbeiten. Ist das zulässig?

Lösungshilfe: Auszüge aus Arbeitszeitgesetz und Jugendarbeitsschutzgesetz (www.wiso-training.de)

132

Bewertung

Eine Arbeitnehmerin sucht wegen eines grippalen Infekts ihren Hausarzt auf, der eine voraussichtlich acht Tage dauernde Arbeitsunfähigkeit feststellt.

1 Welche Anzeige- und Nachweispflichten muss die Arbeitnehmerin nach dem Entgeltfortzahlungsgesetz gegenüber ihrem Arbeitgeber erfüllen?

2 Welche Fristen oder Termine muss sie dabei beachten?

Lösungshilfe: Auszug aus dem Entgeltfortzahlungsgesetz (www.wiso-training.de)

133

Bewertung

Ein Arbeitnehmer war im Januar drei Wochen lang arbeitsunfähig erkrankt, im März zwei Wochen lang und im Mai weitere vier Wochen. Von Juli bis Dezember des Vorjahres war er nicht arbeitsunfähig.

Wovon hängt es ab, ob der Arbeitgeber das Entgelt für die gesamten neun Wochen fortzahlen muss oder die Zahlungspflicht auf insgesamt sechs Wochen beschränkt ist?

Lösungshilfe: Auszug aus dem Entgeltfortzahlungsgesetz (www.wiso-training.de)

134

Bewertung

1 Erläutern Sie die Begriffe „Urlaubsentgelt“ und „Urlaubsgeld“.

2 Auf welche der beiden Leistungen besteht gesetzlicher Anspruch? Nach welchem Gesetz?

135

Bewertung

Geben Sie zu jeder Frage an, in welchem Gesetz Sie die Antwort finden.

Frage	Gesetz
Dürfen Arbeitnehmer ausnahmsweise, zum Beispiel wegen eiliger Aufträge, zwölf Stunden täglich beschäftigt werden?	
Wie lang muss die tägliche Pausenzeit eines 17-jährigen Arbeitnehmers mindestens sein?	
Nach welcher Wartezeit ab Beginn der Beschäftigung haben Arbeitnehmer Anspruch auf den vollen Jahresurlaub?	
Dürfen schwangere Arbeitnehmerinnen mit Akkordarbeit oder Fließarbeit mit vorgeschriebenem Arbeitstempo beschäftigt werden?	
Mit welcher Frist kann der Arbeitgeber kündigen, wenn der Arbeitnehmer 5 Jahre im Betrieb beschäftigt ist?	
Wie hoch ist das Arbeitsentgelt für arbeitsfreie gesetzliche Feiertage, die auf Wochentage fallen?	
Welche Angaben müssen mindestens im Arbeitszeugnis enthalten sein und welche sind auf Verlangen des Arbeitnehmers aufzunehmen?	
Wie hoch ist das Arbeitsentgelt, das Arbeitnehmer während des Urlaubs erhalten?	
Darf das Arbeitsverhältnis auf zwei Jahre befristet werden, wenn kein sachlicher Grund für die Befristung vorliegt?	

136

Bewertung

Ein Arbeitnehmer verklagt seinen ehemaligen Arbeitgeber nach Beendigung des Arbeitsverhältnisses auf Zahlung von ausstehendem Arbeitsentgelt.

1 Welches Gericht ist für die Klage zuständig?

2 Das gerichtliche Verfahren beginnt mit einer Güteverhandlung. Welche Aufgabe hat sie?

3 Wie geht das Verfahren weiter, wenn die Güteverhandlung erfolglos bleibt?

4 Welche Möglichkeit hat die unterlegene Partei, wenn sie die richterliche Entscheidung für falsch hält und ein anderes Urteil erreichen will?

Themenbereich 1.3
Betriebliche Mitbestimmung
Partizipationsstrategien

137

Artikel 9 Absatz 3 des Grundgesetzes garantiert die Koalitionsfreiheit. Wofür steht hier der Begriff *Koalition?*

1. Vereine und Gesellschaften jeder Art
2. Gewerkschaften und Arbeitgeberverbände
3. Alle Vereinigungen mit wirtschaftlicher Zielsetzung
4. Nur für Zusammenschlüsse (Dachverbände) von Arbeitnehmer- und Arbeitgeberorganisationen
5. Alle Vereinigungen mit politischer Zielsetzung

138

Welche Aussage über Arbeitnehmer- und Arbeitgeberorganisationen trifft zu?

1. Sie können bei der Vorbereitung von Gesetzen durch Vorschläge und Stellungnahmen mitwirken.
2. Ihre Arbeit wird überwiegend durch Zuschüsse aus öffentlichen Mitteln finanziert.
3. Sie unterstehen der Aufsicht des Bundesministriums für Wirtschaft.
4. Sie sollen stets die Interessen der gesamten Bevölkerung vertreten.
5. Sie müssen öffentlich Rechenschaft über Herkunft und Verwendung ihrer finanziellen Mittel ablegen.

139

Wie kommt die Mitgliedschaft in einer Gewerkschaft zustande?

1. Automatisch beim Abschluss des Arbeitsvertrags
2. Durch freiwilligen Beitritt
3. Aufgrund eines Gesetzes oder einer Verordnung
4. Auf Anordnung des Arbeitgebers
5. Durch Tarifvertrag

140

Wer kann **nicht** Gewerkschaftsmitglied werden?

1. Angestellte
2. Beamtin
3. Ausländische Arbeitnehmerin
4. Heimarbeiterin
5. Arbeitgeberin

141

Welche Aussage über Gewerkschaften ist **falsch**?

1. Sie schließen Tarifverträge mit Arbeitgeberverbänden und einzelnen Arbeitgebern ab.
2. Sie vertreten die Interessen ihrer Mitglieder gegenüber den Arbeitgebern und dem Staat.
3. Sie sind in der Regel überbetrieblich organisiert.
4. Ihre Rechte und Aufgaben sind abschließend im Betriebsverfassungs- und im Tarifvertragsgesetz geregelt.
5. Bestand und Betätigung sind durch das Grundgesetz geschützt.

142

Die Mitgliedschaft in einer Gewerkschaft bringt abhängig Beschäftigten eine Reihe von Vorteilen.
Welchen aber **nicht**, weil er allen Beschäftigten zusteht?

1. Wahlberechtigung und Wählbarkeit bei Betriebsratswahlen
2. Kostenlose Beratung in arbeits- und sozialrechtlichen Fragen
3. Kostenlose Vertretung vor Arbeits- und Sozialgerichten
4. Finanzielle Unterstützung bei Streik und Aussperrung
5. Anspruch auf tarifvertragliche Leistungen gegenüber tarifgebundenen Arbeitgebern

143

Welche Aussage über den Deutschen Gewerkschaftsbund (DGB) ist richtig?
Der DGB …

1. schließt alle Tarifverträge ab.
2. ist nicht für Angestellte und Beamte zuständig.
3. vertritt die gemeinsamen Interessen seiner acht Mitgliedsgewerkschaften.
4. ist nicht berechtigt, Stellungnahmen zu sozialpolitischen Fragen abzugeben.
5. darf sich nicht zu allgemeinpolitischen Fragen äußern.

144

Nach welchem Kriterium sind die Organisationsbereiche der DGB-Gewerkschaften voneinander abgegrenzt?

1. Nach Berufen
2. Nach Branchen
3. Nach Art der Beschäftigungsverhältnisse (Arbeiter, Angestellte, Beamte)
4. Nach Qualifikationen
5. Nach politischer Richtung

145

Welcher Begriff trifft auf die Mitgliedsgewerkschaften des Deutschen Gewerkschaftsbunds zu?

1. Einheitsgewerkschaften
2. Sozialistische Gewerkschaften
3. Christlich-demokratische Gewerkschaften
4. Berufsständische Organisationen
5. Richtungsgewerkschaften

146

Welche Aussage zur Mitgliedschaft in einem Arbeitgeberverband ist richtig?

1. Jeder Arbeitgeber ist gesetzlich verpflichtet, einem Verband seiner Wahl beizutreten.
2. Nur Inhaber von Einzelunternehmen können als Mitglieder aufgenommen werden.
3. Die Verbände sind gesetzlich verpflichtet, jeden Arbeitgeber als Mitglied aufzunehmen.
4. Wer als Arbeitgeber keinem Verband angehört, kann keine Tarifverträge abschließen.
5. Die Mitgliedschaft im Arbeitgeberverband ist freiwillig.

147

Ein Hauptziel von Arbeitgeberverbänden ist …

1. die Humanisierung der Arbeitswelt.
2. die Stärkung von Arbeitnehmerorganisationen.
3. die Ausweitung der betrieblichen Mitbestimmung.
4. die Abwehr gewerkschaftlicher Forderungen.
5. das Verbot der Aussperrung.

148

Welche Organisationen gehören dem Bundesverband der Deutschen Industrie (BDI) an?

1. Industrie- und Handelskammern
2. Große Industrieunternehmen
3. Bundesfachverbände der Industrie
4. Regionale Arbeitgeberverbände
5. Industriegewerkschaften

149

Welche Aussage zur Bundesvereinigung der Deutschen Arbeitgeberverbände (BDA) trifft **nicht** zu?

1. Sie vertritt unternehmerische Interessen im Bereich der Sozialpolitik.
2. Sie wird durch Beiträge der Mitglieder finanziert.
3. Sie ist ein Zusammenschluss von Verbänden privater, gemeinnütziger und öffentlicher Arbeitgeber.
4. Die Mitgliedschaft ist freiwillig.
5. Mitglieder sind 52 Bundesfachspitzenverbände und 14 Landesvereinigungen.

150

Die Mitgliedschaft in Vereinen und Gesellschaften ist in der Regel freiwillig. Welcher Vereinigung oder Körperschaft gehören Gewerbetreibende aber kraft Gesetzes an?

1. Örtlicher Bürger- und Gewerbeverein
2. Bundesvereinigung der Selbständigen
3. Fachlich zuständiger Unternehmerverband
4. Örtlich zuständige Industrie- und Handelskammer oder Handwerkskammer
5. Fachlich zuständiger Arbeitgeberverband

151

Welche Aufgabe haben Industrie- und Handelskammern u. a. im Rahmen ihrer Zuständigkeit für die Berufsausbildung?

1. Organisation von Zwischen- und Abschlussprüfungen in gewerblich-technischen Berufen
2. Überwachung der Arbeitssicherheit in Ausbildungsbetrieben
3. Erlass von Ausbildungsordnungen
4. Abschluss von Tarifverträgen über Ausbildungsvergütungen
5. Erlass von Lehrplänen für den Berufsschulunterricht

152

Der Deutsche Industrie- und Handelskammertag ist …

1. die jährliche stattfindende Sitzung der Präsidenten aller Industrie- und Handelskammern.
2. eine öffentliche Veranstaltung, bei der die Industrie- und Handelskammern ihre Arbeit vorstellen.
3. die Dachorganisation der Industrie- und Handelskammern in Deutschland.
4. eine Sondersitzung des Deutschen Bundestages über industrie- und handelspolitische Themen.
5. die jährliche Mitgliederversammlung aller Industrie- und Handelskammern in Deutschland.

153

Welches Gesetz regelt die betriebliche Mitbestimmung der Arbeitnehmer?

1. Mitbestimmungsgesetz
2. Drittelbeteiligungsgesetz
3. Betriebsverfassungsgesetz
4. Grundgesetz
5. Gewerbeordnung

154

Was ist **nicht** im Betriebsverfassungsgesetz (BetrVG) geregelt?

1. Wahl des Betriebsrats
2. Mitbestimmung des Betriebsrats in sozialen Angelegenheiten
3. Abschluss von Betriebsvereinbarungen
4. Abschluss von Tarifverträgen
5. Aufgaben des Wirtschaftsausschusses

155

Welche Aussage zum Betriebsverfassungsgesetz ist richtig?

1. Das BetrVG regelt u. a. die Wahl des Betriebsrats und der Jugend- und Auszubildendenvertretung.
2. Das BetrVG gilt nur für Betriebe mit mehr als 20 Beschäftigten.
3. Das BetrVG regelt u. a. den besonderen Kündigungsschutz für Betriebsratsmitglieder.
4. Das BetrVG enthält auch die wesentlichen Regelungen für Arbeitskämpfe.
5. Das BetrVG regelt u. a. die Mitbestimmung der Arbeitnehmer in den Aufsichtsräten großer Kapitalgesellschaften.

156

Welche Person gehört **nicht** zu den Arbeitnehmern im Sinne des Betriebsverfassungsgesetzes?

1. Angestellter im Außendienst
2. Auszubildender
3. Heimarbeiter, der hauptsächlich für den Betrieb arbeitet
4. Teilzeitbeschäftigte Arbeitnehmerin
5. Vorstandsmitglied einer Aktiengesellschaft

157

Auch in kleinen Betrieben gilt das Betriebsverfassungsgesetz. Welche Voraussetzung muss aber mindestens erfüllt sein, damit ein Betriebsrat errichtet werden kann?

1. Drei ständig beschäftigte Arbeitnehmer(innen)
2. Fünf ständige wahlberechtigte Arbeitnehmer(innen), von denen drei wählbar sind
3. Sieben ständig beschäftigte Arbeitnehmer(innen)
4. Zehn ständige wahlberechtigte Arbeitnehmer(innen), von denen fünf wählbar sind
5. Zwölf ständig beschäftigte Arbeitnehmer(innen)

158

Die regelmäßigen Betriebsratswahlen finden … statt.

1. jährlich
2. alle zwei Jahre
3. alle drei Jahre
4. alle vier Jahre
5. alle fünf Jahre

159

Welche Arbeitnehmer(innen) sind bei Betriebsratswahlen **nicht** wahlberechtigt?

1. Jugendliche Arbeitnehmer(innen)
2. Befristet beschäftigte Arbeitnehmer(innen)
3. Ausländische Arbeitnehmer(innen)
4. Geringfügig beschäftigte Arbeitnehmer(innen)
5. Arbeitnehmer(innen), die vor weniger als sechs Monaten eingestellt wurden

160

Wählbar sind bei Betriebsratswahlen alle wahlberechtigten Arbeitnehmer(innen), die …

1. mindestens 21 Jahre alt sind.
2. dem Betrieb mindestens sechs Monate angehören.
3. deutsche Staatsangehörige sind.
4. unbefristet im Betrieb beschäftigt sind.
5. über ausreichende Kenntnisse des Arbeitsrechts verfügen, um das Amt wahrnehmen zu können.

161

Welche Aussage über die Betriebsratswahl ist richtig?

1. Der Arbeitgeber kann bestimmten Arbeitnehmern die Kandidatur untersagen.
2. Der Arbeitgeber ist verpflichtet, Arbeitnehmer auf mögliche Nachteile hinzuweisen, die ihnen durch die Kandidatur entstehen können.
3. Der Arbeitgeber kann bei der Einstellung von Arbeitnehmern verlangen, dass sie nicht für den Betriebsrat kandidieren werden.
4. Die durch die Betriebsratswahl verloren gegangene Arbeitszeit muss nachgeholt werden.
5. Die Beeinflussung der Betriebsratswahl durch Zufügung oder Androhung von Nachteilen oder Gewährung oder Versprechen von Vorteilen ist verboten und kann bestraft werden.

162

Welche Wahlvorschrift ist hier **falsch** wiedergegeben?

1. Der Betriebsrat wird in geheimer und unmittelbarer Wahl gewählt.
2. Die Wahl erfolgt nach den Grundsätzen der Verhältniswahl.
3. Die wahlberechtigten Arbeitnehmer und der Arbeitgeber können Wahlvorschläge machen.
4. Wenn nur ein Wahlvorschlag eingereicht wird, erfolgt die Wahl nach den Grundsätzen der Mehrheitswahl.
5. Für Kleinbetriebe mit bis zu 50 Wahlberechtigten ist ein vereinfachtes Wahlverfahren vorgesehen.

163

Welche Aussage über die Zusammenarbeit zwischen Arbeitgeber und Betriebsrat entspricht dem BetrVG?

1. Arbeitgeber und Betriebsrat haben über strittige Fragen mit dem ernsten Willen zur Einigung zu verhandeln.
2. Wenn es zu keiner Einigung über eine strittige Frage kommt, gilt das Wort des Arbeitgebers.
3. Betriebsratsmitglieder haben jede gewerkschaftliche Betätigung im Betrieb zu unterlassen.
4. Jede Seite kümmert sich um ihre eigenen Belange, Rücksichtnahme auf die Interessen der anderen Seite ist nicht erforderlich.
5. Wenn es zu keiner Einigung über eine strittige Frage kommt, wird der Konflikt in einem Arbeitskampf ausgetragen.

164

In welchem Beispiel verstößt der Arbeitgeber gegen eine Pflicht nach dem Betriebsverfassungsgesetz?

1. Er kritisiert die Tarifforderungen einer im Betrieb vertretenen Gewerkschaft.
2. Er tritt aus dem Arbeitgeberverband aus.
3. Er ruft zur Wahl einer bestimmten politischen Partei auf und legt ihr Wahlprogramm im Betrieb aus.
4. Er ist nicht bereit, über eine Verkürzung der Arbeitszeit zu verhandeln.
5. Er ist Mitglied einer politischen Partei, die sich hauptsächlich für die Interessen von Unternehmern einsetzt.

165

In welchem Beispiel verstößt der Betriebsrat gegen eine Pflicht nach dem Betriebsverfassungsgesetz?

1. Er kritisiert die harte Haltung des Arbeitgebers bei der Verhandlung über eine Betriebsvereinbarung.
2. Er lädt den Arbeitgeber nicht zu den Betriebsratssitzungen ein.
3. Er wirbt für die Mitgliedschaft in einer Gewerkschaft.
4. Er verweigert Verhandlungen über die Kürzung der Arbeitsentgelte.
5. Nach dem Scheitern der Verhandlung über eine Betriebsvereinbarung ruft er zum Streik auf.

166

Was gehört **nicht** zu den gesetzlichen Aufgaben des Betriebsrats?

1. Förderung der Eingliederung ausländischer Arbeitnehmer
2. Vorbereitung und Leitung von Tarifverhandlungen
3. Überwachung der Durchführung von Vorschriften zur Unfallverhütung
4. Bestellung des Wahlvorstands für die Wahl der Jugend- und Auszubildendenvertretung
5. Abschluss von Betriebsvereinbarungen

167

Welche Aussage über den Vorsitz im Betriebsrat ist richtig?

1. Wer bei der Betriebsratswahl die meisten Stimmen erhält, ist automatisch Vorsitzender des Betriebsrats.
2. Der Vorsitz wechselt nach dem Rotationsprinzip.
3. Das Betriebsratsmitglied mit der längsten Betriebszugehörigkeit führt den Vorsitz.
4. Der Betriebsrat wählt den Vorsitzenden und einen Stellvertreter aus seiner Mitte.
5. Der Vorsitzende des Betriebsrats und ein Stellvertreter werden von der Betriebsversammlung gewählt.

168

Mit welcher Mehrheit fasst der Betriebsrat seine Beschlüsse?

1. Mehrheit der Stimmen der anwesenden Mitglieder; bei Stimmengleichheit ist der Antrag abgelehnt.
2. Nur einstimmig
3. Mehrheit der Stimmen der anwesenden Mitglieder; bei Stimmengleichheit entscheidet das Los.
4. Zweidrittelmehrheit der Stimmen der anwesenden Mitglieder
5. Absolute Mehrheit der Stimmen aller Betriebsratsmitglieder; abwesende Mitglieder werden als Gegenstimmen gezählt.

169

Welche Aussage über Betriebsratssitzungen ist richtig?

1. Betriebsratssitzungen finden in der Regel während der Arbeitszeit statt.
2. Der Arbeitgeber ist zu jeder Betriebsratssitzung einzuladen.
3. Betriebsratssitzungen dürfen höchstens einmal pro Kalendervierteljahr einberufen werden.
4. Die Sitzungen des Betriebsrats sind öffentlich.
5. Dem Arbeitgeber ist unaufgefordert eine Kopie des Sitzungsprotokoll auszuhändigen.

170

Wer trägt die durch die Tätigkeit des Betriebsrats entstehenden Kosten?

1. Die im Betrieb beschäftigten Arbeitnehmer im Umlageverfahren
2. Der Arbeitgeber
3. Arbeitgeber und im Betrieb beschäftigte Arbeitnehmer je zur Hälfte
4. Die im Betrieb vertretenen Gewerkschaften
5. Das Arbeitsministerium des jeweiligen Bundeslands

171

Welche Aussage über die Sprechstunden des Betriebsrats ist **falsch**?

1. Der Betriebsrat kann während der Arbeitszeit Sprechstunden einrichten.
2. In Betrieben mit mehr als 50 jugendlichen Arbeitnehmern und Auszubildenden unter 25 Jahren kann die Jugend- und Auszubildendenvertretung eigene Sprechstunden einrichten.
3. Bei Versäumnis von Arbeitszeit wegen des Besuchs der Sprechstunden kann der Arbeitgeber das Arbeitsentgelt entsprechend kürzen.
4. Der Arbeitgeber muss Räume zur Durchführung der Sprechstunden zur Verfügung stellen.
5. Zeit und Ort der Sprechstunden sind mit dem Arbeitgeber zu vereinbaren.

172

Was ist eine Betriebsversammlung im Sinne des Betriebsverfassungsgesetzes?

1. Versammlung der Eigentümer (Gesellschafter oder Aktionäre) eines Unternehmens
2. Vom Geschäftsführer angeordnetes Zusammentreffen der Beschäftigten eines Unternehmens
3. Vom Betriebsrat einberufene Versammlung der Arbeitnehmer(innen) des Betriebs
4. Treffen der Betriebsräte aus derselben Branche oder Region
5. Gemeinsame Sitzung der Betriebsräte aus mehreren Betrieben desselben Unternehmens

173

Welche Aussage zur Betriebsversammlung ist richtig?

1. Sie wird vom Betriebsrat einberufen.
2. Sie findet grundsätzlich einmal pro Jahr statt.
3. Sie entscheidet über Anträge, die vom Betriebsrat und vom Arbeitgeber gestellt werden können.
4. Der Arbeitgeber ist grundsätzlich von der Teilnahme ausgeschlossen.
5. Nur wahlberechtigte Arbeitnehmer(innen) sind zur Teilnahme berechtigt.

174

Welche Aussage zur Betriebsversammlung ist **falsch**?

1. Die Betriebsversammlung ist nicht öffentlich.
2. Die Betriebsversammlung besteht aus den Arbeitnehmern des Betriebs.
3. Der Betriebsrat hat einmal in jedem Kalendervierteljahr eine Betriebsversammlung einzuberufen.
4. Die regelmäßigen Betriebsversammlungen finden grundsätzlich während der Arbeitszeit statt.
5. Die Betriebsversammlung wird vom Arbeitgeber geleitet.

175

Welche Aussage entspricht dem Betriebsverfassungsgesetz? Wenn in einem Unternehmen mehrere Betriebsräte bestehen, …

1. kann ein Konzernbetriebsrat errichtet werden.
2. ist ein Gesamtbetriebsrat zu errichten.
3. sollen sie ihre Arbeit aufeinander abstimmen.
4. werden die Betriebsräte aufgelöst und durch einen Gesamtbetriebsrat ersetzt.
5. beschließen die Vorsitzenden der Betriebsräte gemeinsame Richtlinien, die für die einzelnen Betriebsräte verbindlich sind.

176

Welche Arbeitnehmer(innen) des Betriebs sind bei der Wahl der Jugend- und Auszubildendenvertretung wahlberechtigt?

1. Alle jugendlichen Arbeitnehmer(innen) und alle Auszubildenden
2. Nur jugendliche Arbeitnehmer mit mindestens sechsmonatiger Betriebszugehörigkeit
3. Alle Jugendlichen Arbeitnehmer(innen) sowie Auszubildende, die noch nicht 25 Jahre alt sind
4. Alle Arbeitnehmer(innen), die noch nicht 25 Jahre alt sind
5. Alle Arbeitnehmer(innen), die noch nicht 30 Jahre alt sind

177

Welche Arbeitnehmer(innen) des Betriebs sind bei der Wahl der Jugend- und Auszubildendenvertretung wählbar?

1. Alle jugendlichen Arbeitnehmer(innen) und alle Auszubildenden, die nicht dem Betriebsrat angehören
2. Nur jugendliche Arbeitnehmer(innen) mit mindestens sechsmonatiger Betriebszugehörigkeit
3. Alle Jugendlichen Arbeitnehmer(innen) sowie Auszubildende, die noch nicht 25 Jahre alt sind
4. Alle Arbeitnehmer(innen), die noch nicht 25 Jahre alt sind und nicht dem Betriebsrat angehören
5. Alle Arbeitnehmer(innen), die noch nicht 30 Jahre alt sind und nicht dem Betriebsrat angehören

178

Eine Jugend- und Auszubildendenvertretung wird nach dem Betriebsverfassungsgesetz gewählt, wenn in der Regel mindestens ... wahlberechtigte Arbeitnehmer im Betrieb beschäftigt sind.

1. drei
2. fünf
3. zehn
4. zwanzig
5. fünfzig

179

Die regelmäßigen Wahlen der Jugend- und Auszubildendenvertretung finden nach dem Betriebsverfassungsgesetz ... statt.

1. halbjährlich
2. jährlich
3. alle zwei Jahre
4. alle drei Jahre
5. alle vier Jahre

180

Darf ein Vertreter der Jugend- und Auszubildendenvertretung an Sitzungen des Betriebsrats teilnehmen?

1. Nein, denn Betriebsratssitzungen sind nicht öffentlich
2. Ja, und zwar ohne Einschränkung an jeder Sitzung
3. Ja, aber nur auf ausdrückliche Einladung durch den Betriebsrat
4. Ja, aber nur, wenn Angelegenheiten beraten werden, die Jugendliche und Auszubildende betreffen
5. Ja, denn Mitglieder der Jugend- und Auszubildendenvertretung sind zugleich Betriebsratsmitglieder

181

Auf einer Betriebsratssitzung sollen Fragen des Jugendarbeitsschutzes behandelt werden. Welche Aussage trifft zu?

1. An dieser Sitzung kann ein Mitglied der Jugend- und Auszubildendenvertretung beratend (ohne Stimmrecht) teilnehmen.
2. An dieser Sitzung können alle Mitglieder der Jugend- und Auszubildendenvertretung beratend (ohne Stimmrecht) teilnehmen.
3. An dieser Sitzung können alle Jugendlichen und Auszubildenden als Gäste teilnehmen.
4. An dieser Sitzung können alle Mitglieder der Jugend- und Auszubildendenvertretung mit vollem Stimmrecht teilnehmen.
5. Es gelten dieselben Regeln wie in allen anderen Fällen; auf das behandelte Thema kommt es nicht an.

182

Welche Aussage über die Rechte der Jugend- und Auszubildendenvertretung (JAV) trifft **nicht** zu?

1. Die JAV hat ein Mitbestimmungsrecht bei Einstellung und Entlassung von jugendlichen Arbeitnehmern.
2. Die JAV kann beantragen, Beschlüsse des Betriebsrats auf die Dauer von einer Woche auszusetzen.
3. Die JAV kann verlangen, dass ihr der Betriebsrat die zur Durchführung ihrer Aufgaben erforderlichen Unterlagen zur Verfügung stellt.
4. Die JAV kann im Einvernehmen mit dem Betriebsrat betriebliche Jugend- und Auszubildendenversammlungen einberufen.
5. Falls die JAV keine eigenen Sprechstunden durchführt, kann ein Mitglied an den Sprechstunden des Betriebsrats teilnehmen.

183

Ist die Jugend- und Auszubildendenvertretung berechtigt, direkt und allein mit dem Arbeitgeber zu verhandeln?

1. Ja, aber nur zu Fragen, die ausschließlich Jugendliche und Auszubildende betreffen.
2. Nein, sie muss den Betriebsrat einschalten.
3. Ja, aber nur wenn der Betriebsrat vorher davon informiert wurde.
4. Ja, falls der Arbeitgeber damit einverstanden ist.
5. Ja, aber nur soweit die JAV-Mitglieder das 18. Lebensjahr vollendet haben.

184

Eine Arbeitnehmerin will die über sie geführten Personalakten einsehen. Welche Aussage ist richtig?

1. Die Einsicht muss mindestens vier Wochen vorher beantragt werden.
2. Die Arbeitnehmerin kann bei der Einsicht ein Betriebsratsmitglied hinzuziehen.
3. Die Arbeitnehmerin hat über den Inhalt ihrer Personalakten absolutes Stillschweigen zu bewahren.
4. Der Arbeitgeber darf vor der Einsichtnahme vertrauliche Teile aus den Personalakten entfernen.
5. Der Arbeitgeber kann die Einsichtnahme verweigern, wenn die Arbeitnehmerin nicht schlüssig darlegt, warum sie ihre Personalakten einsehen will.

185

Welche Personen, Gremien oder Gruppen können Betriebsvereinbarungen abschließen?

1. Arbeitgeber und Betriebsräte
2. Arbeitgeber und Arbeitnehmer des jeweiligen Betriebs
3. Arbeitgeber und im Betrieb vertretene Gewerkschaften
4. Betriebsrat und Beschäftigte des jeweiligen Betriebs
5. Arbeitgeber, Arbeitgeberverbände, Betriebsräte und Gewerkschaften

186

Für welche Personen gelten Betriebsvereinbarungen grundsätzlich?

1. Nur für im Betrieb beschäftigte Arbeitnehmer(innen), die der Vereinbarung zugestimmt haben
2. Nur für Arbeitnehmer(innen), die bei Abschluss der Vereinbarung bereits im Betrieb beschäftigt waren
3. Nur für Mitglieder von Betriebsrat und Jugend- und Auszubildendenvertretung
4. Für alle im Betrieb beschäftigten Arbeitnehmer(innen)
5. Nur für gewerkschaftlich organisierte Arbeitnehmer(innen)

187

Welche Angelegenheiten können durch Betriebsvereinbarungen geregelt werden?

1. Alle Arbeitsbedingungen, insbesondere Höhe von Arbeitsentgelten und Sonderzahlungen
2. Alle betrieblichen Angelegenheiten, soweit sie nicht durch Tarifvertrag geregelt sind oder üblicherweise geregelt werden
3. Betriebliche Angelegenheiten, soweit sie ausschließlich nicht organisierte Arbeitnehmer(innen) betreffen
4. Ausschließlich soziale Angelegenheiten
5. Nur herausragend wichtige Angelegenheiten, die über den Betrieb hinaus von Bedeutung sind

188

Betriebsvereinbarungen dürfen grundsätzlich nicht zum Nachteil der Arbeitnehmer von gesetzlichen Vorschriften abweichen. Welche Regelung in einer Betriebsvereinbarung ist daher **unzulässig**?

1. Die Arbeitszeit beginnt um 08.00 Uhr.
2. Die tägliche Arbeitszeit beträgt 7,5 Stunden.
3. Die Betriebskantine ist von 11.00 bis 15.00 geöffnet.
4. Die tägliche Arbeitszeit kann bei erhöhtem Auftragseingang auf bis zu zwölf Stunden ausgedehnt werden.
5. Arbeitnehmer mit schulpflichtigen Kindern sind bei der Urlaubsplanung für die Schulferien vorrangig zu berücksichtigen.

189

Was kann wirksam in einer Betriebsvereinbarung geregelt werden?

1. Rauchverbot in den Betriebsräumen
2. Kürzung der täglichen Pausenzeit auf 15 Minuten bei erhöhtem Arbeitsanfall
3. Entgeltfortzahlung bei krankheitsbedingter Arbeitsunfähigkeit für höchstens vier Wochen
4. Höhe des Stundenlohns für Facharbeiter
5. Verzicht der Arbeitnehmer auf gewerkschaftliche Betätigung im Betrieb

190

Nach dem Betriebsverfassungsgesetz hat der Betriebsrat unterschiedliche, abgestufte Rechte. Welches greift am wirksamsten in die Entscheidungen des Arbeitgebers ein?

1. Anhörungsrecht
2. Beratungsrecht
3. Mitbestimmungsrecht
4. Unterrichtungsrecht
5. Vorschlagsrecht

191

Der Arbeitgeber will Beginn und Ende der täglichen Arbeitszeit neu regeln. Welche Aussage ist richtig?

1. Es reicht aus, wenn er den Betriebsrat rechtzeitig darüber informiert.
2. Er muss sich darüber zwar mit dem Betriebsrat beraten, trifft die Entscheidung aber allein.
3. Der Betriebsrat hat ein Mitbestimmungsrecht.
4. Der Betriebsrat hat in dieser Angelegenheit überhaupt keine Rechte.
5. Beginn und Ende der Arbeitzeit können nur durch Tarifvertrag geregelt werden.

192

Was gehört **nicht** zu den mitbestimmungspflichtigen sozialen Angelegenheiten nach § 87 des Betriebsverfassungsgesetzes?

1. Fragen der Ordnung des Betriebs
2. Vorübergehende Verkürzung oder Verlängerung der täglichen Arbeitszeit
3. Aufstellung allgemeiner Urlaubsgrundsätze
4. Fragen der betrieblichen Lohngestaltung
5. Planung von technischen Anlagen, Arbeitsverfahren und Arbeitsabläufen

193

Wer entscheidet, wenn sich Betriebsrat und Arbeitgeber in einer mitbestimmungspflichtigen Angelegenheit nicht einigen können?

1. Landesarbeitsgericht
2. Einigungsstelle
3. Arbeitgeber
4. Agentur für Arbeit
5. Gewerbeaufsichtsamt

194

In welcher Angelegenheit hat der Betriebsrat ein Unterrichtungs- und Beratungsrecht, aber **kein** Mitbestimmungsrecht?

1. Fragen des Verhaltens der Arbeitnehmer im Betrieb
2. Regelungen über die Verhütung von Arbeitsunfällen und Berufskrankheiten
3. Personalplanung und daraus sich ergebende personelle Maßnahmen
4. Zeit, Ort und Art der Auszahlung des Arbeitsentgelts
5. Einführung und Anwendung technischer Einrichtungen zur Überwachung von Verhalten und Leistung der Arbeitnehmer

195

Der Betriebsrat verweigert die Zustimmung zu einer Einstellung. Kann der Bewerber unter bestimmten Voraussetzungen dennoch eingestellt werden? Wer entscheidet ggf. darüber?

1. Nein, die Zustimmungsverweigerung ist endgültig.
2. Ja; die Agentur für Arbeit entscheidet aufgrund arbeitsmarktpolitischer Gesichtspunkte.
3. Ja; das Arbeitsgericht kann die Zustimmung auf Antrag des Arbeitgebers ersetzen.
4. Ja; der Spruch der Einigungsstelle ersetzt die Zustimmung des Betriebsrats.
5. Ja; der Arbeitgeber entscheidet über die Einstellung, die Zustimmungsverweigerung ist nicht verbindlich.

196

Welche Aussage zum Mitbestimmungsrecht bei personellen Einzelmaßnahmen ist **falsch**?

1. Das Mitbestimmungsrecht gilt nur in Unternehmen mit mehr als 20 wahlberechtigten Arbeitnehmern.
2. Einstellungen, Eingruppierungen, Umgruppierungen und Versetzungen sind personelle Einzelmaßnahmen.
3. Der Arbeitgeber muss den Betriebsrat vor jeder personellen Einzelmaßnahme umfassend unterrichten.
4. Der Betriebsrat kann jeder personellen Einzelmaßnahme innerhalb von sechs Wochen nach der Unterrichtung widersprechen.
5. Der Widerspruch des Betriebsrats gegen eine personelle Einzelmaßnahme muss schriftlich erfolgen und begründet sein.

197

Der Betriebsrat hat der ordentlichen Kündigung eines Arbeitsverhältnisses durch den Arbeitgeber fristgerecht widersprochen. Welche Aussage ist richtig?

1. Die Kündigung darf nicht ausgesprochen werden.
2. Die Kündigung ist unwirksam.
3. Der Arbeitgeber kann beim Arbeitsgericht beantragen, die Zustimmung zur Kündigung zu ersetzen.
4. Der Arbeitgeber kann die Einigungsstelle anrufen; ihr Spruch ersetzt die Einigung zwischen Arbeitgeber und Betriebsrat.
5. Der Arbeitgeber kann trotz des Widerspruchs kündigen; die Kündigung ist wirksam.

198

Der Arbeitgeber hat einer Arbeitnehmerin fristgerecht gekündigt, ohne den Betriebsrat vorher anzuhören. Welche Konsequenz ergibt sich daraus?

1. Die Kündigung ist nur wirksam, wenn der Betriebsrat nachträglich zustimmt.
2. Die Kündigung ist unwirksam.
3. Der Betriebsrat kann beim Arbeitsgericht beantragen, die Kündigung aufzuheben.
4. Die Kündigungsfrist verlängert sich um einen Monat.
5. Die Kündigung ist uneingeschränkt wirksam.

199

Nach dem Betriebsverfassungsgesetz haben Arbeitgeber und Betriebsrat einen Sozialplan auszuarbeiten, wenn ein Betrieb oder wesentliche Betriebsteile eingeschränkt oder stillgelegt werden.
Für welche Unternehmen oder Betriebe gilt das aber **nicht**?

1. Unternehmen mit bis zu 20 wahlberechtigten Arbeitnehmern
2. Unternehmen mit bis zu 300 Arbeitnehmern
3. Unternehmen, die weniger als zehn Jahre bestehen
4. Alle Handwerksbetriebe
5. Alle Betriebe im Besitz von Einzelunternehmungen und Personengesellschaften

200

Arbeitgeber und Betriebsrat konnten sich nach langwierigen Verhandlungen nicht auf einen Sozialplan einigen. Welche Aussage ist richtig?

1. Das Landesarbeitsgericht entscheidet auf Antrag des Betriebsrats über den Sozialplan.
2. Die Einigungsstelle entscheidet über die Aufstellung des Sozialplans.
3. Arbeitgeber und Betriebsrat müssen so lange weiter verhandeln, bis sie sich geeinigt haben.
4. Es kommt kein Sozialplan zustande.
5. Es gilt der Muster-Sozialplan nach § 112 b BetrVG.

201

In welchem Gesetz sind die betrieblichen Mitwirkungsrechte der leitenden Angestellten geregelt?

1. Sprecherausschussgesetz
2. Mitbestimmungsgesetz
3. Betriebsverfassungsgesetz
4. Drittelbeteiligungsgesetz
5. Es gibt keine gesetzliche Regelung.

202

In welchen Unternehmen ist der Aufsichtsrat nach dem Mitbestimmungsgesetz je zur Hälfte mit Vertretern der Arbeitnehmer und der Anteilseigner besetzt?

1. In allen Unternehmen, die einen Aufsichtsrat haben
2. In allen Kapitalgesellschaften und Genossenschaften
3. Nur in Aktiengesellschaften mit mehr als 10 000 Arbeitnehmern
4. Nur in offenen Handelsgesellschaften und Kommanditgesellschaften mit mehr als 5000 Arbeitnehmern
5. Nur in Kapitalgesellschaften und Genossenschaften mit mehr als 2000 Arbeitnehmern

203

In einer Aktiengesellschaft mit 800 Arbeitnehmern ist der Aufsichtsrat zu einem Drittel mit Arbeitnehmervertretern besetzt. Nach welchem Gesetz?

1. Mitbestimmungsgesetz
2. Aktiengesetz
3. Drittelbeteiligungsgesetz
4. Betriebsverfassungsgesetz
5. Montan-Mitbestimmungsgesetz

204

Welche Bedeutung hat der Begriff *Tarifautonomie?*

1. Löhne und Gehälter steigen im gleichen Maße wie das Bruttoinlandsprodukt.
2. Alle Arbeitgeber sind verpflichtet, mindestens den Tariflohn zu zahlen.
3. Vom Tarifvertrag darf nur zugunsten der Arbeitnehmer abgewichen werden.
4. Alle gesetzlichen arbeitsrechtlichen Regelungen können durch Tarifverträge außer Kraft gesetzt werden.
5. Die Tarifvertragsparteien haben das Recht, Tarifverträge ohne staatliche Eingriffe auszuhandeln und abzuschließen.

205

Wer kann **nicht** Tarifvertragspartei sein?

1. Einzelner Arbeitgeber
2. Vereinigung von Arbeitgebern
3. Gewerkschaft
4. Betriebsrat
5. Zusammenschluss von Gewerkschaften oder Arbeitgebervereinigungen (Spitzenorganisation)

206

Welche Voraussetzung(en) muss (müssen) mindestens erfüllt sein, damit der Arbeitnehmer Anspruch auf das im Tarifvertrag festgelegte Entgelt hat?

1. Der Arbeitnehmer ist Mitglied der Gewerkschaft, die den Tarifvertrag geschlossen hat.
2. Arbeitnehmer und Arbeitgeber sind Mitglieder der vertragsschließenden Gewerkschaft bzw. des vertragsschließenden Arbeitgeberverbands.
3. Der Arbeitgeber ist Mitglied im vertragsschließenden Arbeitgeberverband.
4. Arbeitnehmer und Arbeitgeber sind Mitglieder der vertragsschließenden Verbände und der Tarifvertrag wurde für allgemein verbindlich erklärt.
5. Der Arbeitgeber ist Mitglied im vertragsschließenden Arbeitgeberverband und der Tarifvertrag wurde durch Betriebsvereinbarung in Kraft gesetzt.

207

Welche Aussage zur Allgemeinverbindlichkeit von Tarifverträgen trifft zu?

1. Jeder Tarifvertrag ist allgemeinverbindlich.
2. Tarifverträge sind allgemeinverbindlich, wenn die Tarifvertragsparteien das vereinbaren.
3. Tarifverträge können auf Antrag einer Tarifvertragspartei vom Bundesminister für Arbeit und Soziales für allgemeinverbindlich erklärt werden.
4. Es gibt keine allgemeinverbindlichen Tarifverträge.
5. Tarifverträge können auf Antrag einer Tarifvertragspartei von der Bundesagentur für Arbeit für allgemeinverbindlich erklärt werden.

208

Welche Vereinbarung in einem Tarifvertrag wäre **unwirksam**?

1. Die regelmäßige wöchentliche Arbeitszeit beträgt 35 Stunden.
2. Arbeitnehmer haben Anspruch auf betriebliche Weiterbildung.
3. Der Tarifvertrag hat eine Laufzeit von 24 Monaten.
4. Der jährliche Erholungsurlaub beträgt 18 Werktage.
5. Bei krankheitsbedingter Arbeitsunfähigkeit wird das Arbeitsentgelt 13 Wochen lang weitergezahlt.

209

Was wird **nicht** im Manteltarifvertrag geregelt?

1. Dauer des Erholungsurlaubs und Höhe des Urlaubsgelds
2. Berechnung des Urlaubsentgelts
3. Stundenlohn für Facharbeiter
4. Jahresleistung (Weihnachtsgeld)
5. Bezahlte Freistellung von der Arbeit aus persönlichen oder familiären Gründen

210

Haustarifvertrag ist ein …

1. Tarifvertrag in der Immobilienbranche.
2. Tarifvertrag, der zwischen Gewerkschaft und einzelnem Arbeitgeber geschlossen wurde und daher nur für die Beschäftigten eines Unternehmens gilt.
3. umgangssprachlicher Begriff für Betriebsvereinbarung.
4. Tarifvertrag über Bedingungen, zu denen betriebseigene Wohnungen oder Einfamilienhäuser an Arbeitnehmer vermietet werden.
5. rein betrieblicher Tarifvertrag, der zwischen Betriebsrat und Arbeitgeber abgeschlossen wurde.

211

Was ist mit dem Begriff *tarifliche Friedenspflicht* gemeint?

1. Bundesregierung und Regierungen der Bundesländer dürfen sich nicht in Tarifverhandlungen einmischen.
2. Arbeitnehmer sollen in wirtschaftlich schlechten Zeiten auf Lohnerhöhungen verzichten.
3. Die Bundesagentur für Arbeit darf bei Arbeitskämpfen keine Gruppe finanziell unterstützen.
4. Die Tarifvertragsparteien dürfen während der Laufzeit eines Tarifvertrags keinen Arbeitskampf zu seiner Änderung führen.
5. Arbeitgeber sollen in wirtschaftlich guten Zeiten großzügige Lohnerhöhungen anbieten, um langwierige Tarifverhandlungen und Arbeitskämpfe zu vermeiden.

212

Wenn Tarifverhandlungen zu keinem Ergebnis führen, können die Tarifvertragsparteien einen Schlichter berufen. Welche Aussage zur Schlichtung ist richtig?

1. Der Spruch des Schlichters ist für beide Seiten unmittelbar verbindlich.
2. Als Schlichter können nur neutrale Personen berufen werden, die nicht politisch aktiv sind oder waren.
3. Der Spruch des Schlichters ist ein Kompromissvorschlag, den beide Seiten entweder akzeptieren oder ablehnen können.
4. Das Schlichtungsverfahren ist im Tarifvertragsgesetz geregelt.
5. Wenn sich die Tarifvertragsparteien nicht auf einen Schlichter einigen können, wird ein staatlicher Schlichter eingesetzt.

213

Welche Aussage zur Urabstimmung vor einem Streik trifft zu?

1. Wenn sich die stimmberechtigten organisierten Arbeitnehmer nicht einstimmig für den Streik aussprechen, darf nicht gestreikt werden.
2. Sie erfolgt unter Aufsicht des Landeswahlleiters.
3. Sie erfolgt unter Aufsicht einer paritätischen Kommission aus Arbeitnehmern und Arbeitgebern.
4. Zeitpunkt und Einzelheiten ihrer Durchführung sind im Tarifvertragsgesetz geregelt.
5. Die Einzelheiten zur Durchführung sind in den Satzungen der Gewerkschaften festgelegt.

214

Welche Aussage über den Streik ist richtig?

1. Das Streikrecht wird durch Artikel 9 Absatz 3 des Grundgesetzes garantiert.
2. Das Streikrecht ist im Tarifvertragsgesetz geregelt.
3. Arbeitnehmer im öffentlichen Dienst, in der Energie- und Wasserversorgung, bei Bahn und Post sowie im Gesundheitswesen dürfen nicht streiken.
4. Streiks bedürfen der Zustimmung des Bundesministers für Arbeit und Soziales.
5. Der Bundesminister für Arbeit und Soziales kann den Streik nach dreizehnwöchiger Dauer durch Rechtsverordnung beenden.

215

In welchem Fall geht es um einen rechtlich zulässigen Streik?

1. Nach Ende der Friedenspflicht und Scheitern von Tarifverhandlungen führt die Gewerkschaft eine Urabstimmung durch und ruft zum Streik auf.
2. Wegen unerwartet hoher Preissteigerungen ruft die Gewerkschaft zum Streik auf, um Verhandlungen über den noch nicht kündbaren Entgelttarifvertrag zu erzwingen.
3. Arbeitnehmer eines Betriebs streiken spontan ohne Absprache mit ihrer Gewerkschaft, um die Entlassung eines Kollegen zu verhindern.
4. Die Gewerkschaft ruft ihre Mitglieder zum Solidaritätsstreik für die streikenden Kolleginnen und Kollegen in einem anderen Tarifgebiet auf.
5. Die Gewerkschaften rufen zum Streik auf, um besseren gesetzlichen Kündigungsschutz durchzusetzen.

216

Welche Aussage zur Aussperrung ist **falsch**?

1. Sie ist, ebenso wie der Streik, nicht gesetzlich geregelt.
2. Sie gilt als zulässiges Arbeitskampfmittel der Arbeitgeber.
3. Auch Arbeitnehmer, die nicht gewerkschaftlich organisiert sind, dürfen ausgesperrt werden.
4. Auch Arbeitnehmer, die sich nicht am Streik beteiligen, dürfen ausgesperrt werden.
5. Die Aussperrung führt in der Regel zur Beendigung der Arbeitsverhältnisse der ausgesperrten Arbeitnehmer.

217

Geben Sie zu jedem Gremium der betrieblichen Interessenvertretung an, für welche der im Betrieb beschäftigten Menschen es zuständig ist und in welchem Gesetz seine Aufgaben geregelt sind.

Bewertung

Gremium	Zuständig für …	Gesetz
Betriebsrat		
Jugend- und Auszubildendenvertretung		
Schwerbehindertenvertretung		
Sprecherausschuss		

218

Bewertung

Ob ein Betriebsrat und eine Jugend- und Auszubildendenvertretung gewählt werden, hängt von der Anzahl der wahlberechtigten und wählbaren Beschäftigten ab.
Erläutern Sie die genauen Voraussetzungen für die Wahl ...

1 des Betriebsrats.

2 der Jugend- und Auszubildendenvertretung.

Lösungshilfe: Auszug aus dem Betriebsverfassungsgesetz (www.wiso-training.de)

219

Bewertung

In einem Betrieb soll erstmals eine Jugend- und Auszubildendenvertretung gewählt werden.
Geben Sie zu den folgenden Beschäftigten jeweils an, ob sie wahlberechtigt und wählbar sind.

Beschäftigte	wahlberechtigt *(ja/nein)*	wählbar *(ja/nein)*
Erwin Erpel, Auszubildender, 17 Jahre		
Anna Amsel, Auszubildende, 19 Jahre		
Tina Taube, Umschülerin, 28 Jahre		
Gerold Ganter, Produktionshelfer, 17 Jahre		
Lisa Lerche, Buchhalterin, 24 Jahre		
Harald Hahn, Facharbeiter, 22 Jahre, Mitglied des Betriebsrats		

Lösungshilfe: Auszug aus dem Betriebsverfassungsgesetz (www.wiso-training.de)

220

Bewertung

1 Im Zusammenhang mit Wahlen wird vom *aktiven* und vom *passiven* Wahlrecht gesprochen.
Was ist damit gemeint?

2 Betriebsräte werden in *geheimer* und *unmittelbarer* Wahl gewählt.
Erläutern Sie die beiden Begriffe.

221

Bewertung

In vielen Betrieben gelten Betriebsvereinbarungen.

1 Wer schließt Betriebsvereinbarungen ab?

2 Welche Formvorschriften gelten für Betriebsvereinbarungen?

3 Wie können sich Arbeitnehmer über die in ihrem Betrieb geltenden Betriebsvereinbarungen informieren?

Lösungshilfe: Auszug aus dem Betriebsverfassungsgesetz (www.wiso-training.de)

222

Bewertung

In einem Unternehmen werden Arbeitsentgelte gezahlt, die um etwa 10 % über dem tariflichen Niveau liegen.
Auf einer Betriebsversammlung wird vorgeschlagen, die übertariflichen Entgelte durch eine Betriebsvereinbarung abzusichern, um künftige Kürzungen auszuschließen.

Ist das möglich? Erläutern Sie die Rechtslage.

Lösungshilfe: Auszug aus dem Betriebsverfassungsgesetz (www.wiso-training.de)

223

Bewertung

Ein Arbeitnehmer erscheint in der Sprechstunde des Betriebsrats, um sich wegen der Kündigung beraten zu lassen, die er am selben Tag erhalten hat. Dem Betriebsrat ist diese Kündigung noch gar nicht bekannt.

Erläutern Sie die Rechtslage.

Lösungshilfe: Auszug aus dem Betriebsverfassungsgesetz (www.wiso-training.de)

224

Bewertung

In einem Betrieb mit 30 Beschäftigten informiert der Arbeitgeber den Betriebsrat über eine geplante Einstellung. Der Bewerber ist ein stadtbekannter Neonazi, Mitglied einer so genannten Kameradschaft und schon häufig durch fremdenfeindliche und rassistische Äußerungen aufgefallen.

Kann der Betriebsrat die Einstellung verhindern? Begründen Sie Ihre Antwort.

Lösungshilfe: Auszug aus dem Betriebsverfassungsgesetz (www.wiso-training.de)

225

Bewertung

Die Geschäftsführung will das Speisenangebot der Betriebskantine aus Kostengründen auf jeweils nur ein Tagesgericht verringern. Viele Beschäftigte des Betriebs sind nicht damit einverstanden.

Hat der Betriebsrat eine Chance, die geplante Einschränkung zu verhindern?
Erläutern Sie Ihre Antwort.

Lösungshilfe: Auszug aus dem Betriebsverfassungsgesetz (www.wiso-training.de)

226

Bewertung

Wegen eines eiligen Großauftrags will der Arbeitgeber die tägliche Arbeitszeit für die Dauer von vier Wochen auf neun Stunden erhöhen und außerdem drei Hilfskräfte befristet einstellen. Im Unternehmen sind 16 Arbeitnehmer beschäftigt.

Welche Mitbestimmungsrechte hat der Betriebsrat im Hinblick auf Arbeitzeitverlängerung und Einstellungen? Erläutern Sie Ihre Antwort.

Lösungshilfe: Auszug aus dem Betriebsverfassungsgesetz (www.wiso-training.de)

227

Bewertung

Ein industrieller Arbeitgeber plant die Einführung eines völlig neuen Fertigungsverfahrens, das erhebliche Veränderungen von Arbeitsabläufen und Arbeitsplätzen mit sich bringt.

1 Welche Pflichten hat der Arbeitgeber nach dem Betriebsverfassungsgesetz?

2 Unter welchen besonderen Voraussetzungen hat der Betriebsrat hier ein zwingendes Mitbestimmungsrecht?

3 Wer entscheidet in diesem Fall, wenn es zu keiner Einigung zwischen Arbeitgeber und Betriebsrat kommt?

Lösungshilfe: Auszug aus dem Betriebsverfassungsgesetz (www.wiso-training.de)

228

Bewertung

Ein Betrieb mit 40 Beschäftigten hat keinen Betriebsrat.
Während sich einige Kolleginnen und Kollegen sehr engagiert für die Wahl eines Betriebsrats einsetzen, halten andere das für völlig überflüssig.

Nennen Sie zwei Argumente für die Wahl eines Betriebsrats.

229

Bewertung

Nach dem Mitbestimmungsgesetz bestimmen die Arbeitnehmer in den Aufsichtsräten großer Kapitalgesellschaften mit.

1 Ab welcher Unternehmensgröße ist das Mitbestimmungsgesetz anzuwenden?

2 Wie viele Vertreter der Anteilseigner und der Arbeitnehmer bilden im Regelfall den Aufsichtsrat einer GmbH mit 5000 Beschäftigten?

3 Wer beruft oder wählt die Arbeitnehmervertreter?

Lösungshilfe: Auszug aus dem Mitbestimmunsgesetz (www.wiso-training.de)

230

Bewertung

Ein Arbeitgeber erklärt seinen Austritt aus dem Arbeitgeberverband. Seinen Arbeitnehmern teilt er durch Rundschreiben mit, dass er nicht mehr an den Manteltarifvertrag gebunden sei und es ab sofort nur noch den gesetzlichen Urlaub gebe.

Erläutern Sie die Rechtslage.

Lösungshilfe: Auszug aus dem Tarifvertragsgesetz (www.wiso-training.de)

231

Bewertung

Ordnen Sie den unten formulierten Fragen jeweils das Gesetz zu, in dem die Antwort zu finden ist.
Tragen Sie die entsprechenden Kennbuchstaben in die Kästchen ein.
Achtung! Zu einer der Fragen gibt es keine gesetzliche Regelung.

- Können im Tarifvertrag kürzere als die gesetzlichen Kündigungsfristen vereinbart werden? ☐
- Wer kann Tarifverträge abschließen? ☐
- Unter welchen Voraussetzungen sind Streiks zulässig? ☐
- Haben alle abhängig Beschäftigten das Recht, sich einer Gewerkschaft anzuschließen? ☐

A Bürgerliches Gesetzbuch
B Grundgesetz
C Kündigungsschutzgesetz
D Mitbestimmungsgesetz
E Tarifvertragsgesetz

232

Bewertung

1 Warum sind Gewerkschaften daran interessiert, dass möglichst viele Arbeitgeber in Arbeitgeberverbänden organisiert sind?

2 Wenn ein Tarifvertrag nicht allgemeinverbindlich ist, haben nur gewerkschaftlich organisierte Arbeitnehmer(innen) Anspruch auf tarifliche Leistungen.
Viele Arbeitgeber gewähren aber auch unorganisierten Arbeitnehmer(inne)n tarifliche Leistungen. Nennen sie zwei mögliche Gründe.

Themenbereich 1.4
Lebenslanges Lernen
Wandlung der Arbeitswelt

233

§ 1 Absatz 4 des Berufsbildungsgesetzes lautet:
Die … soll es ermöglichen, die berufliche Handlungsfähigkeit zu erhalten und anzupassen oder zu erweitern und beruflich aufzusteigen.
Welcher Begriff gehört in die Lücke?

1. Berufsgrundbildung
2. Berufsausbildungsvorbereitung
3. Berufsberatung und -orientierung
4. berufliche Umschulung
5. berufliche Fortbildung

234

Welche Aussage zur beruflichen Fortbildung trifft **nicht** zu?

1. Sie baut auf einer abgeschlossene Berufsausbildung oder ausreichender Berufspraxis auf.
2. Sie soll berufliche Kenntnisse, Fertigkeiten und Fähigkeiten erhalten, verbessern, vertiefen oder erweitern.
3. Sie kann zur Verbesserung der wirtschaftlichen und sozialen Situation von Arbeitnehmern beitragen.
4. Sie zielt immer und ausschließlich auf beruflichen Aufstieg.
5. Sie kann dazu beitragen, dass Arbeitslose schneller neue Beschäftigung finden.

235

Welche berufliche Qualifikation wurde durch erfolgreiche Teilnahme an einer Fortbildungsprüfung im Sinne des Berufsbildungsgesetzes erreicht?

1. Mechatronikerin
2. Industriefachwirtin
3. Diplom-Ingenieurin
4. Gestaltungstechnische Assistentin
5. Master of Business Administration

236

Bei der Aufstiegsfortbildung geht es in der Regel um …

1. Zusatzqualifikationen, die zur Ausübung des erlernten Ausbildungsberufs erforderlich geworden sind.
2. den Wechsel in einen völlig anderen Beruf, der höheres Einkommen oder höheres soziales Ansehen verspricht.
3. Höherqualifizierung – zum Beispiel zum Meister oder Fachwirt – auf Basis des erlernten Ausbildungsberufs.
4. den nachträglichen Erwerb eines Schulabschlusses (z. B. Realschulabschluss, Abitur) auf dem zweiten Bildungsweg.
5. einen berufsqualifizierenden Hochschulabschluss.

237

In welchen Fall geht es um Anpassungsfortbildung?

1. Eine IT-System-Elektronikerin erwirbt Kenntnisse über ein neues Server-Betriebssystem in einem Abendlehrgang.
2. Ein Zimmermann kann seinen Beruf nach einem Unfall nicht mehr ausüben und erlernt den Beruf Mediengestalter.
3. Ein Elektroniker nimmt an einem Lehrgang zur Vorbereitung auf die Meisterprüfung teil.
4. Ein Drucker studiert an einer Hochschule für angewandte Wissenschaften, um Ingenieur mit der Fachrichtung Drucktechnik zu werden.
5. Eine Bankkauffrau bereitet sich in einem Abendlehrgang auf die Prüfung zur Bankfachwirtin vor.

238

Die Umschulung soll … befähigen.
Was steht in § 1 Absatz 5 des Berufsbildungsgesetzes (BBiG) anstelle der drei Punkte?

1. zu einer anderen beruflichen Tätigkeit
2. zum beruflichen Aufstieg
3. zum beruflichen Wiedereinstieg
4. zur Berufsausbildung in einem anerkannten Ausbildungsberuf
5. zum Wechsel aus einem gewerblich-technischen in einen kaufmännischen Beruf

239

Zuständige Stellen für die Überwachung von Umschulungen und die Abnahme von Umschulungsprüfungen sind die …

1. Arbeitsministerien der Bundesländer.
2. Arbeitsagenturen.
3. örtlichen Berufsschulen.
4. Kultusministerien der Bundesländer.
5. Industrie- und Handelskammern sowie die Handwerkskammern.

240

Welche Aussage zur beruflichen Umschulung trifft zu?

1. Umschulungen werden überwiegend als Abend- oder Wochenendkurse durchgeführt.
2. Die Umschulung dauert normalerweise länger als die entsprechende berufliche Erstausbildung.
3. Die Abschlussprüfung wird von der örtlichen Niederlassung der Agentur für Arbeit abgenommen.
4. Ziel der Umschulung ist normalerweise der Abschluss in einem staatlich anerkannten Ausbildungsberuf.
5. Zur Umschulung wird nur zugelassen, wer das 40. Lebensjahr noch nicht vollendet hat.

241

Welche Aussage zum „Meister-BAföG" ist **falsch**?

1. Die Teilnahme an Aufstiegsfortbildungen wird durch Zuschüsse und Darlehen gefördert.
2. Rechtliche Grundlage ist das Gesetz zur Förderung der beruflichen Aufstiegsfortbildung (Aufstiegsfortbildungsförderungsgesetz – AFBG).
3. Gefördert werden ausschließlich Fortbildungen, die auf Handwerks- und Industriemeisterprüfungen vorbereiten.
4. „Meister-BAföG" gibt es unter bestimmten Voraussetzungen auch bei Fernunterricht.
5. Es werden sowohl Fortbildungen in Vollzeitform als auch in Teilzeitform gefördert.

242

Die Arbeitsagenturen können Arbeitnehmer(innen) u. a. fördern, wenn eine Weiterbildung …

1. die berufliche Qualifikation erhöht.
2. notwendig ist, um sie bei Arbeitslosigkeit beruflich einzugliedern oder eine ihnen drohende Arbeitslosigkeit abzuwenden.
3. den beruflichen Aufstieg ermöglicht.
4. die Anpassung an sich wandelnde Anforderungen im Arbeitsleben erleichtert.
5. sinnvoll erscheint, um die Gefahr von Arbeitslosigkeit mittel- und langfristig zu verringern.

243

Was ist ein *Bildungsgutschein*?

1. Bescheinigung der Agentur für Arbeit, dass die Voraussetzungen für die Förderung der beruflichen Weiterbildung vorliegen
2. Abschlusszeugnis einer allgemeinbildenden Schule, das zur Aufnahme eines Studiums berechtigt
3. Urkunde der zuständigen Kammer für Prüflinge mit der Prüfungsnote „sehr gut"
4. Bescheinigung der zuständigen Behörde, die zum Bezug von „Meister-BAföG" berechtigt
5. In allen EU-Ländern gültige Berechtigung zum Besuch einer allgemein oder beruflich bildenden Schule

244

Haben Arbeitnehmer(innen) einen Rechtsanspruch auf Freistellung von der Arbeit (Bildungsurlaub), wenn sie sich beruflich oder politisch weiterbilden wollen?

1. Nein, es besteht kein Anspruch auf Freistellung von der Arbeit.
2. Nach dem Bundesurlaubsgesetz besteht Anspruch auf unbezahlten Sonderurlaub.
3. Sie haben Anspruch auf unbezahlten Sonderurlaub, wenn ein Gesetz in ihrem Bundesland das vorsieht und sie nicht älter als 40 Jahre sind.
4. Nach dem Berufsbildungsgesetz gibt es einen Anspruch auf bezahlte Freistellung von der Arbeit zur beruflichen Weiterbildung.
5. Sie haben Anspruch auf bezahlte Freistellung von der Arbeit, wenn ein Bildungsurlaubsgesetz in ihrem Bundesland das vorsieht.

245

Welche Aussage trifft im Regelfall zu?

1. Wer einen Beruf im Handwerk erlernt hat, kann sich darauf verlassen, bis zum Rentenalter immer einen sicheren Arbeitsplatz zu haben.
2. Je höher der berufliche Abschluss, desto geringer ist die Gefahr, arbeitslos zu werden oder nach einem Arbeitsplatzverlust längere Zeit arbeitslos zu bleiben.
3. Ungelernte Arbeitnehmer sind kaum von Arbeitslosigkeit bedroht, weil sie in jeder Branche einsetzbar sind.
4. Arbeitnehmer mit Hochschulabschluss sind so umfassend qualifiziert, dass sie sich um berufliche Fortbildung keine Gedanken machen müssen.
5. Berufliches Wissen und Können veraltet heute derart schnell, dass sich eine Berufsausbildung gar nicht mehr lohnt.

246

Was ist mit dem Begriff *berufliche Flexibilität* gemeint?

1. Möglichkeit und Bereitschaft zur Leistung von Überstunden, Nacht- und Wochenendarbeit
2. Bereitschaft zum Verzicht auf gesetzliche und tarifvertragliche Rechte
3. Möglichkeit und Bereitschaft, die berufliche Tätigkeit auch in größerer Entfernung vom Wohnort auszuüben
4. Fähigkeit und Bereitschaft zur Anpassung an wechselnde und sich wandelnde berufliche Anforderungen
5. Bereitschaft zur gleichwertigen Berücksichtigung von Arbeitnehmer- und Arbeitgeberinteressen

247

Wie lautet der Oberbegriff zu den Begriffen *Sozialkompetenz*, *Selbstkompetenz* und *Methodenkompetenz*?

1. Basiskompetenzen
2. Schlüsselqualifikationen
3. Grundqualifikationen
4. Fachkompetenzen
5. Charakterliche Eigenschaften

248

Welche Kompetenz ist im Zusammenhang mit der Nutzung elektronischer Informations- und Kommunikationsmittel, insbesondere des Internets, von besonderer Bedeutung?

1. Multitaskingfähigkeit
2. Technische Fachkompetenz
3. Mathematische und naturwissenschaftliche Kenntnisse
4. Medienkompetenz
5. Einfühlungsvermögen

249

Bewertung

Erläutern Sie wesentliche Unterschiede zwischen Anpassungsfortbildung, Aufstiegsfortbildung und Umschulung.

250

Bewertung

Nennen Sie zwei mögliche Gründe für eine berufliche Umschulung.

251

Bewertung

„Meister-BAföG" nach dem Gesetz zur Förderung der beruflichen Aufstiegsfortbildung (Aufstiegsfortbildungsförderungsgesetz – AFBG) wird überwiegend als Darlehen geleistet; im Regelfall muss deutlich mehr als die Hälfte zurückgezahlt werden.

Halten Sie diese Regelung für sinnvoll und gerechtfertigt?
Begründen Sie Ihre Meinung.

252

Bewertung

In den meisten Bundesländern gibt es einen Rechtsanspruch auf bezahlte Freistellung von der Arbeit für berufliche, politische oder allgemeine Weiterbildung (Bildungsurlaub). Dieses Recht nehmen aber nur etwa ein bis zwei Prozent der Arbeitnehmer(innen) wahr.

Nennen Sie drei mögliche Ursachen.

253

Bewertung

Arbeitnehmern und Arbeitslosen wird gelegentlich vorgeworfen, sie seien nicht ausreichend mobil.

Nennen Sie drei mögliche Gründe, die höherer berufsbedingter Mobilität entgegenstehen.

254

Bewertung

Nennen Sie zwei Gründe oder Argumente für lebenslanges Lernen.

Themenbereich 1.5
Leben, Lernen und Arbeiten in Europa

255

Im Zusammenhang mit der Europäischen Union wird gelegentlich von *Drittstaaten* gesprochen. Zu den europäischen Drittstaaten gehört zum Beispiel …

1. Griechenland
2. Lettland
3. Malta
4. Norwegen
5. Tschechien

256

Welcher der folgenden Staaten ist Mitglied der Europäischen Union, hat aber nicht die Europäische Gemeinschaftswährung eingeführt?

1. Estland
2. Großbritannien
3. Italien
4. Niederlande
5. Portugal

257

Innerhalb der Europäischen Union gelten Freizügigkeit und Gleichbehandlung für Arbeitnehmer.
Welche Aussage trifft aber **nicht** zu?
Arbeitnehmer haben …

1. das Recht, in einem anderen Mitgliedsstaat zu arbeiten.
2. das Recht auf Arbeitssuche in einem anderen Mitgliedsstaat.
3. das Recht, sich zum Zweck der Arbeit in einem anderen Mitgliedsstaat aufzuhalten.
4. im anderen Mitgliedsstaat das Recht auf Gleichbehandlung in Bezug auf Beschäftigungszugang und Arbeitsbedingungen.
5. Zugang zum öffentlichen Dienst und das Recht zur Bekleidung öffentlicher Ämter in jedem anderen Mitgliedsstaat.

258

Welche Aussage zur Durchführung der Berufsausbildung im Ausland entspricht dem Berufsbildungsgesetz?

1. Berufsausbildungen aufgrund in Deutschland geschlossener Ausbildungsverträge dürfen ausschließlich im Inland durchgeführt werden.
2. Teile der Berufsausbildung können im Ausland durchgeführt werden, wenn dies dem Ausbildungsziel dient; dabei soll ein Viertel der Ausbildungsdauer nicht überschritten werden.
3. Die Berufsausbildung kann durch Ausbildungsteile im Ausland ergänzt werden; die Ausbildungsdauer verlängert sich entsprechend.
4. Die Berufsausbildung kann ohne Einschränkung im Ausland stattfinden.
5. Das Berufsbildungsgesetz enthält keine Regelung über die Durchführung der Berufsausbildung im Ausland.

259

Der Europäische Bildungspass, kurz *Europass* genannt, besteht aus mehreren Dokumenten.
Welches Europass-Dokument gibt es aber **nicht**?

1. Europass-Lebenslauf
2. Europass-Sprachenpass
3. Europass-Mobilitätsnachweis
4. Europass-Sozialversicherungsausweis
5. Europass-Zeugniserläuterung

260

Der Europass-Mobilitätsnachweis …

1. berechtigt zur Aufnahme einer Berufsausbildung oder Berufstätigkeit in jedem Mitgliedsstaat der Europäischen Union.
2. ist nach dem Berufsbildungsgesetz erforderlich, wenn Teile der Berufsausbildung im Ausland durchgeführt werden.
3. dokumentiert berufliche Qualifikationen, die durch staatliche Prüfungen nachgewiesen wurden.
4. dokumentiert im Rahmen von Schulbildung, Berufsausbildung, Studium und Weiterbildung absolvierte organisierte Auslandsaufenthalte.
5. wird nur für Studenten ausgestellt und ersetzt den früheren Internationalen Studentenausweis.

261

Europass-Zeugniserläuterungen sind …

1. Kurzbeschreibungen der in einen schulischen Abschluss nachgewiesenen Kenntnisse sowie Informationen zu Art und Niveau der Schulart.
2. Kurzbeschreibungen der durch die Berufsausbildung erworbenen Kenntnisse, Fertigkeiten und Kompetenzen sowie Informationen zu Dauer, Art und Niveau der Ausbildung.
3. Übersetzungen von Zeugnissen in alle Amtssprachen der EU.
4. zusätzliche Erläuterungen in akademischen Abschlusszeugnissen mit Kurzbeschreibung des Studiengangs sowie Informationen über Art, Status und Niveau der Hochschule.
5. freiwillige Ergänzungen des Ausbildenden zu beruflichen Prüfungszeugnissen mit Informationen über den Ausbildungsbetrieb.

262

Wer ist berechtigt, die Sprachkompetenzen in den Europass-Sprachenpass einzutragen?

1. Lehrer(innen) an allgemeinbildenden Schulen, Volkshochschulen und staatlichen Fremdsprachenschulen
2. Prüfungsämter staatlicher Hochschulen
3. Industrie- und Handelskammern sowie Handwerkskammern
4. Kultusministerien der Bundesländer
5. Die Inhaberin oder der Inhaber des Sprachenpasses

263

Das Programm für lebenslanges Lernen der Europäischen Kommission besteht aus mehreren Unterprogrammen.
Wie heißt das Programm zur Förderung der beruflichen Bildung?

1. Aristoteles
2. Diogenes
3. Galileo Galilei
4. Kopernikus
5. Leonardo da Vinci

264

Das Programm der Europäische Union zur Förderung der Erwachsenenbildung heißt …

1. Erasmus.
2. Grundtvig.
3. Jean Monet.
4. Pablo Picasso.
5. Pythagoras.

265

Von welcher Institution wurde die Europäische Sozialcharta 1961 beschlossen?

1. Rat der Europäischen Union
2. Europäisches Parlament
3. EU-Kommission
4. Europäischer Sozialfonds
5. Europarat

266

Welches Recht wird **nicht** durch die Europäische Sozialcharta, sondern durch eine andere internationale Konvention garantiert?

1. Recht auf Arbeit
2. Recht auf sichere und gesunde Arbeitsbedingungen
3. Recht auf Freiheit und Sicherheit
4. Recht auf Schutz der Gesundheit
5. Recht auf soziale Sicherheit

267

Kernthemen und -aufgaben des Europarats sind …

1. Wirtschaftswachstum und Beschäftigung in Europa.
2. Abbau von Handelshemmnissen und Ausweitung des innereuropäischen Handels.
3. Bildung, Wissenschaft und Forschung.
4. Menschenrechte, Demokratie und Rechtsstaatlichkeit.
5. europäische Wirtschafts-, Währungs- und Finanzpolitik sowie Stabilisierung des Euro.

268

Welches wichtige völkerrechtliche Abkommen wurde 1950 vom Europarat abgeschlossen?

1. Europäische Menschenrechtskonvention
2. Europäisches Übereinkommen über die friedliche Beilegung von Streitigkeiten
3. Europäische Konvention zur Staatsangehörigkeit
4. Europäisches Übereinkommen zur Verhütung von Folter und unmenschlicher oder erniedrigender Behandlung oder Strafe
5. Europäische Datenschutzkonvention

269

Nennen Sie zwei Argumente, die für einen Auslandsaufenthalt im Rahmen von Berufsausbildung oder beruflicher Fortbildung sprechen.

Bewertung

270

Bewertung

Die Tabelle enthält Begriffe aus dem Europass-Lebenslauf in englischer Sprache. Schreiben Sie die jeweiligen deutschsprachigen Begriffe in die leeren Tabellenfelder.

Curriculum vitae	
Personal information	
Desired employment	
Work experience	
Education and training	
Personal skills and competences	
Mother tongue	

271

Bewertung

Warum ist es sinnvoll, einer schriftlichen Bewerbung um einen Arbeitsplatz im europäischen Ausland die Europass-Zeugniserläuterungen beizulegen?

272

Bewertung

Nach dem Berufsbildungsgesetz können Teile der Berufsausbildung im Ausland durchgeführt werden.

Welche Bedingungen oder Einschränkungen sind dabei aber zu beachten?

Lösungshilfe: Auszug aus dem Berufsbildungsgesetz (www.wiso-training.de)

273

Bewertung

Der Europäische Bildungspass (Europass) soll Qualifikationen, Fähigkeiten und Kompetenzen europaweit verständlich darstellen und auf diese Weise Türen zum Lernen und Arbeiten in den Ländern der Europäischen Union öffnen.

1 Welche Dokumente gehören zum Europäischen Bildungspass?
Tragen Sie die Kennbuchstaben in die unten stehenden Kästchen ein.

A Europass Arbeitsnachweis
B Europass Diplomzusatz
C Europass Gesundheitszeugnis
D Europass Lebenslauf
E Europass Lohnsteuerkarte
F Europass Mobilität
G Europass Prüfungszeugnis
H Europass Sozialversicherungskarte
I Europass Sprachenpass
K Europass Zeugniserläuterungen

2 Welche Europass-Dokumente werden von den Inhaber(inne)n selbst ausgefüllt?

274

Bewertung

Kreuzen Sie in der Tabelle an, welche Staaten EU-Mitglieder sind und welche den Euro als Währung eingeführt haben.

Staat	EU-Mitglied	Euro
Belgien		
Dänemark		
Finnland		
Frankreich		
Griechenland		
Irland		
Luxemburg		
Niederlande		
Norwegen		
Österreich		
Polen		
Portugal		
Schweden		
Schweiz		
Spanien		
Tschechien		
Türkei		
Ungarn		
Vereinigtes Königreich von Großbritannien und Nordirland		

275

Bewertung

Um die sozialen Grundrechte der Europäischen Sozialcharta zu verwirklichen, sind entsprechende arbeits- und sozialrechtliche Gesetze erforderlich.

Geben Sie zu den folgenden sozialen Grundrechten jeweils an, welches der genannten Gesetze zu seiner Verwirklichung beiträgt.

Schreiben Sie die entsprechenden Buchstaben in die Kästchen.

Recht auf gerechte Arbeitsbedingungen	
Recht auf sichere und gesunde Arbeitsbedingungen	
Recht auf Berufsberatung	
Recht der Arbeitnehmerinnen auf Mutterschutz	
Recht der Kinder und Jugendlichen auf Schutz	
Recht der Behinderten auf berufliche Ausbildung sowie auf berufliche und soziale Eingliederung	

A Arbeitsschutzgesetz
B Arbeitszeitgesetz
C Jugendarbeitsschutzgesetz
D Mutterschutzgesetz
E Sozialgesetzbuch, Drittes Buch
F Sozialgesetzbuch, Neuntes Buch

Prüfgebiet 2
Nachhaltige Existenzsicherung

Themenbereich 2.1
Grundzüge des sozialen Sicherungssystems

001

Welche Versicherungsart gibt es **nicht** in der gesetzlichen Sozialversicherung, sondern ausschließlich als private Versicherung?

1. Krankenversicherung
2. Pflegeversicherung
3. Rentenversicherung
4. Arbeitslosenversicherung
5. Lebensversicherung

002

Welche Versicherungsart gibt es sowohl als gesetzliche Sozialversicherung als auch bei privaten Versicherungsunternehmen?

1. Freizeit-Unfallversicherung
2. Pflegeversicherung
3. Kraftfahrzeug-Haftpflichtversicherung
4. Hausratversicherung
5. Rechtsschutzversicherung

003

Aus einem Lehrbuch: „Versicherungen verteilen statistisch ermittelte Risiken auf viele Schultern innerhalb einer Gefahrengemeinschaft."
Auf welche Versicherungsart trifft diese Definition **nicht** zu?

1. Kraftfahrzeug-Haftpflichtversicherung
2. Lebensversicherung auf den Todesfall
3. Produkthaftpflichtversicherung
4. Rechtsschutzversicherung
5. Lebensversicherung auf den Erlebensfall

004

Welcher Begriff kennzeichnet das Finanzierungsprinzip der von der gesetzlichen Rentenversicherung erbrachten Leistungen?

1. Kapitaldeckungsprinzip
2. Zinsausschüttungsprinzip
3. Rücklageverfahren
4. Rentenfonds
5. Umlageverfahren

005

Welches Prinzip gilt bei der privaten Altersvorsorge, zum Beispiel durch eine Lebensversicherung?

1. Solidaritätsprinzip
2. Kapitaldeckungsprinzip
3. Subsidiaritätsprinzip
4. Umlageprinzip
5. Lotterieprinzip

006

Welches Gesetz regelt die Bedingungen privater Versicherungsverträge?

1. Versicherungsaufsichtsgesetz
2. Versicherungsteuergesetz
3. Reichsversicherungsordnung
4. Versicherungsvertragsgesetz
5. Handelsgesetzbuch

007

Welches umfangreiche Gesetzeswerk regelt heute u. a. die Leistungen der gesetzlichen Sozialversicherung in der Bundesrepublik Deutschland?

1. Pflichtversicherungsgesetz
2. Sozialgesetzbuch
3. Bundessozialhilfegesetz
4. Versicherungsaufsichtsgesetz
5. Bürgerliches Gesetzbuch

008

Welche Aussage zur gesetzlichen Sozialversicherung ist richtig?

1. Die Mitgliedschaft ist in jedem Fall freiwillig.
2. Sie deckt alle denkbaren Lebensrisiken ab.
3. Die gesetzliche Sozialversicherung wird direkt vom Bundesministerium für Arbeit und Soziales verwaltet.
4. Die Pflichtleistungen der einzelnen Versicherungszweige sind gesetzlich geregelt.
5. Nicht erwerbstätige Kinder und Ehepartner sind in allen Versicherungszweigen beitragsfrei mitversichert.

009

Wodurch unterscheidet sich die gesetzliche Krankenversicherung (GKV) von der privaten Krankenversicherung (PKV)?

1. Erheblich niedrigere Beiträge für alle Versicherten
2. Alters- und risikoabhängige Beiträge
3. Pflichtmitgliedschaft der meisten Versicherten
4. Freie Wahl des Versicherungsträgers
5. Freie Wahl von Leistungsumfang und Beitragshöhe

010

Wer trägt die Hauptlast bei der Finanzierung der gesetzlichen Krankenversicherung?

1. Versicherte und Arbeitgeber
2. Der Bundeshaushalt
3. Allein die Versicherten
4. Bund, Länder und Gemeinden
5. Allein die Arbeitgeber

011

Wer unterliegt **nicht** der Versicherungspflicht in der gesetzlichen Krankenversicherung?

1. Auszubildende
2. Freiberuflich tätige Künstler und Publizisten
3. Selbständige Landwirte
4. Geringfügig Beschäftigte mit höchstens 450 Euro monatlichem Arbeitsentgelt
5. Arbeitslose, die Arbeitslosengeld beziehen

012

Beschäftigte, deren Entgelt die Jahresarbeitsentgeltgrenze in der gesetzlichen Krankenversicherung übersteigt, …

1. sind versicherungsfrei, können aber unter bestimmten Voraussetzungen freiwillig bei einer gesetzlichen Krankenkasse versichert sein.
2. können sich nur privat versichern.
3. sind, wie alle anderen Beschäftigten, kraft Gesetzes in der gesetzlichen Krankenversicherung versichert.
4. benötigen keine Versicherung, da sie alle Krankheitskosten aus dem laufenden Einkommen zahlen können.
5. zahlen erhöhte Beiträge, um zur Konsolidierung des Gesundheitswesens beizutragen.

013

Was gehört **nicht** zu den Regelleistungen der gesetzlichen Krankenversicherung?

1. Zahlung von Krankengeld
2. Vorsorgeuntersuchungen zur Früherkennung von Krankheiten
3. Versicherungsschutz für nicht erwerbstätige Ehegatten und Kinder
4. Medizinische Leistungen für werdende Mütter
5. Volle Kostenübernahme für Zahnersatz

014

Welche Aussage über Ersatzkassen ist richtig?

1. Sie gehören zu den Trägern der gesetzlichen Krankenversicherung.
2. Ersatzkassen sind private Versicherungsvereine.
3. Ersatzkassen sind Selbsthilfeeinrichtungen des Handwerks.
4. Sie dürfen nur freiwillig versicherte Mitglieder aufnehmen.
5. Sie dürfen nur Beamte als Mitglieder aufnehmen.

015

Was ist in der gesetzlichen Krankenversicherung mit dem Begriff *Familienversicherung* gemeint?

1. Ermäßigte Beiträge für Familienangehörige des Versicherten
2. Beitragsfreie Versicherung von Familienangehörigen des Versicherten, die kein eigenes Einkommen haben
3. Versicherung von mithelfenden Familienangehörigen in Kleinbetrieben
4. Sondertarif für Familien, deren Mitglieder in derselben Krankenkasse versichert sind
5. Ermäßigte Beiträge für kinderreiche Familien

016

Wer entscheidet darüber, in welcher gesetzlichen Krankenkasse ein pflichtversicherter Arbeitnehmer versichert ist?

1. Der Arbeitgeber
2. Das örtlich zuständige Gesundheitsamt
3. Der Gesetzgeber
4. Der pflichtversicherte Arbeitnehmer
5. Der Hausarzt

017

Wonach bemisst sich der Krankenversicherungsbeitrag von pflichtversicherten Arbeitnehmern?

1. Nur nach der Höhe des Netto-Arbeitsentgelts
2. Nach der Höhe des Netto-Arbeitsentgelts und der Anzahl der mitversicherten Familienangehörigen
3. Nach der Höhe des Brutto-Arbeitsentgelts und der berufstypischen Krankheits- und Unfallhäufigkeit
4. Nur nach der Höhe des Brutto-Arbeitsentgelts
5. Nach der Höhe des Brutto-Arbeitsentgelts und dem Lebensalter

018

Welche Aussage über die Krankenversicherung von Arbeitslosen, die Arbeitslosengeld beziehen, trifft zu?
Bezieher von Arbeitslosengeld sind …

1. beitragsfrei versichert.
2. nicht versichert; Leistungen bei Krankheit werden von der Agentur für Arbeit erbracht.
3. pflichtversichert; die Beiträge werden von der Agentur für Arbeit getragen.
4. pflichtversichert, zahlen aber ermäßigte Beiträge.
5. nicht versicherungspflichtig, können sich aber auf eigene Kosten freiwillig versichern.

019

Welche Leistung erhalten für längere Zeit arbeitsunfähig erkrankte Arbeitnehmer, nachdem der Anspruch auf Entgeltfortzahlung durch den Arbeitgeber ausgeschöpft ist?

1. Sozialhilfe
2. Krankengeld
3. Rente wegen Erwerbsminderung
4. Überbrückungsgeld
5. Keine Leistung

020

Welche Aussage zum Krankengeld ist **falsch**?

1. Es wird von der Krankenkasse gezahlt.
2. Solange Anspruch auf Entgeltfortzahlung besteht, ruht der Anspruch auf Krankengeld.
3. Es ist genauso hoch wie das Netto-Arbeitsentgelt.
4. Es wird ohne zeitliche Begrenzung gezahlt, bei Arbeitsunfähigkeit wegen derselben Krankheit jedoch längstens 78 Wochen innerhalb von drei Jahren.
5. Es ist im fünften Buch des Sozialgesetzbuchs (SGB V) geregelt.

021

Welche Aussage zur Versicherungspflicht in der sozialen Pflegeversicherung trifft zu?

1. Versicherungspflicht besteht für alle Personen, die in der gesetzlichen Krankenversicherung pflichtversichert sind.
2. Versicherungspflicht besteht für alle Beschäftigten, auch wenn sie in anderen Zweigen der Sozialversicherung versicherungsfrei sind.
3. Versicherungspflicht besteht für alle Personen, die in der gesetzlichen Rentenversicherung pflichtversichert sind.
4. Versicherungspflicht besteht für alle Personen ab dem 23. Lebensjahr, soweit sie in der gesetzlichen Krankenversicherung pflichtversichert sind.
5. Versicherungspflicht besteht für alle Beschäftigten ab dem 23. Lebensjahr.

022

Welche Aussage zum Beitrag in der sozialen Pflegeversicherung ist **unzutreffend**?

1. Der Beitragssatz ist gesetzlich festgelegt (Sozialgesetzbuch, Elftes Buch).
2. Der Grundbeitrag wird, außer im Bundesland Sachsen, je zur Hälfte vom Versicherten und vom Arbeitgeber getragen.
3. Kinderlose Versicherte ab Vollendung des 23. Lebensjahrs zahlen einen Zusatzbeitrag.
4. Der Grundbeitrag ist für alle Versicherten gleich hoch („Kopfpauschale").
5. Der Beitrag wurde seit Einführung der Pflegeversicherung im Jahre 1994 mehrfach erhöht.

023

Die für die gewerbliche Wirtschaft und die Landwirtschaft zuständigen Unfallversicherungsträger heißen …

1. Unfallkassen
2. Berufsgenossenschaften
3. Unfallversicherungsverbände
4. Arbeitssicherheitskassen
5. Versicherungsvereine

024

Was gehört **nicht** zu den Aufgaben der gesetzlichen Unfallversicherung?

1. Verhütung von Arbeitsunfällen
2. Verhütung von Berufskrankheiten und arbeitsbedingten Gesundheitsgefahren
3. Verhütung von Freizeitunfällen und allgemeine gesundheitliche Aufklärung
4. Wiederherstellung von Gesundheit und Leistungsfähigkeit von Versicherten
5. Entschädigung von Versicherten und Hinterbliebenen durch Geldleistungen

025

Wie kommt das Versicherungsverhältnis des Beschäftigten in der gesetzlichen Unfallversicherung zustande?

1. Durch die vom Arbeitgeber vorzunehmende Anmeldung bei der zuständigen Berufsgenossenschaft
2. Beschäftigte sind kraft Gesetzes versichert; Anmeldung oder Aufnahmeantrag sind nicht erforderlich
3. Durch Aufnahmeantrag bei der zuständigen Berufsgenossenschaft
4. Durch informelle Mitteilung des Arbeitnehmers an die zuständige Berufsgenossenschaft
5. Automatisch nach mindestens sechsmonatiger Beschäftigung als Arbeitnehmer

026

Welche Beschäftigten eines Unternehmens des verarbeitenden Gewerbes sind **nicht** kraft Gesetzes in der gesetzlichen Unfallversicherung versichert?

1. Auszubildende
2. Kurzzeitig beschäftigte Aushilfen
3. Geringfügig beschäftigte Arbeitnehmer
4. Leitende Angestellte
5. Alle Beschäftigten sind kraft Gesetzes versichert.

027

Die von den Unfallversicherungsträgern erlassenen Vorschriften zur Verhütung von Arbeitsunfällen und Berufskrankheiten heißen …

1. Unfallverhütungsvorschriften.
2. Arbeitsschutzverordnungen.
3. Sicherheitsanleitungen.
4. Sicherheits- und Gesundheitsrichtlinien.
5. Arbeitssicherheitsgesetze.

028

Welche Fallschilderung beschreibt **keinen** Versicherungsfall in der gesetzlichen Unfallversicherung?

1. Ein Arbeitnehmer verletzt sich beim Entstören einer Maschine die Hand.
2. Eine Arbeitnehmerin stolpert auf dem Arbeitsweg beim Einsteigen in den Bus und verstaucht sich den Knöchel.
3. Ein Arbeitnehmer geht auf dem Heimweg von der Arbeit noch kurz in seine Stammkneipe, fällt dort vom Barhocker und zieht sich eine Gehirnerschütterung zu.
4. Ein 13-jähriger Schüler bricht sich beim Sportunterricht in der Schule das Bein.
5. Ein Mitglied der freiwilligen Feuerwehr stürzt beim Aussteigen aus dem Löschfahrzeug und bricht sich den Arm.

029

Wie werden die Leistungen der gewerblichen Berufsgenossenschaften finanziert?

1. Ausschließlich durch Beiträge der Unternehmer
2. Durch Beiträge der Unternehmer und Bundeszuschüsse
3. Durch Beiträge der Unternehmer und der versicherten Arbeitnehmer
4. Aus dem Sozialetat des Bundes
5. Durch Umlage der Kosten auf Bund, Länder und Gemeinden

030

Welchen Anteil vom Rentenversicherungsbeitrag trägt der Arbeitgeber?

1. Den gesamten Beitrag
2. Zwei Drittel des Beitrags
3. Die Hälfte des Beitrags
4. Ein Drittel des Beitrags
5. Keinen Anteil

031

Wonach wird der Beitrag in der gesetzlichen Rentenversicherung im Grundsatz bemessen?

1. Nach dem Nettoarbeitsentgelt des Versicherten
2. Nach Nettoarbeitsentgelt und Lebensalter des Versicherten
3. Nach dem Bruttoarbeitsentgelt des Versicherten
4. Nach Bruttoarbeitsentgelt und Lebensalter des Versicherten
5. Nach Bruttoarbeitsentgelt, Lebensalter und Anzahl der bisherigen Beitragsjahre des Versicherten

032

Welche Funktion hat die Beitragsbemessungsgrenze in der gesetzlichen Rentenversicherung?

1. Entgelt-Obergrenze für die Berechnung des Höchstbeitrags
2. Entgelt-Untergrenze für die Berechnung des Mindestbeitrags
3. Entgelt-Obergrenze, bei deren Überschreiten keine Versicherungspflicht besteht
4. Entgelt-Untergrenze, bei deren Unterschreiten keine Versicherungspflicht besteht
5. Obergrenze der zu berücksichtigenden Beiträge bei der Rentenberechnung

033

Auf welche Weise wird der Beitragssatz in der gesetzlichen Rentenversicherung bei Bedarf neu festgesetzt?

1. Durch Anordnung des Vorstands der Deutschen Rentenversicherung
2. Durch Beschluss der Vertreterversammlung der Deutschen Rentenversicherung
3. Durch gemeinsamen Beschluss der Sozialminister der Bundesländer
4. Durch Beschluss des Sozialbeirats
5. Durch Rechtsverordnung der Bundesregierung oder durch Bundesgesetz

034

Wovon hängt die Höhe der Altersrente wesentlich ab?

1. Vom Familienstand und der Anzahl der Kinder
2. Von beruflicher Qualifikation und Stellung im Beruf
3. Von den während des gesamten Arbeitslebens gezahlten Beiträgen
4. Von den während der letzten fünf Jahre vor Erreichen des Rentenalters gezahlten Beiträgen
5. Von den während der letzten 12 Monate vor Erreichen des Rentenalters gezahlten Beiträgen

035

Welche Institution ist Trägerin der gesetzlichen Rentenversicherung?

1. Bundesanstalt für Arbeit
2. Bundesministerium für Arbeit und Soziales
3. Krankenkasse
4. Deutsche Rentenversicherung Bund
5. Bundesministerium der Finanzen

036

Zu den Aufgaben der gesetzlichen Rentenversicherung gehört die Rehabilitation. Welche Aussage ist **falsch**?

1. Diese Leistungen sollen das vorzeitige Ausscheiden von Versicherten aus dem Erwerbsleben verhindern.
2. Es gilt der Grundsatz „Rehabilitation vor Rente".
3. Stationäre Leistungen zur medizinischen Rehabilitation („Kuren") werden normalerweise für längstens drei Wochen erbracht.
4. Versicherte ab dem 18. Lebensjahr müssen bei stationärer Rehabilitation Zuzahlungen leisten.
5. Anspruch auf Leistungen haben nur Versicherte, deren Erwerbsminderung bereits anerkannt wurde.

037

Woraus werden die Leistungen der gesetzlichen Rentenversicherung im Wesentlichen finanziert?

1. Nur aus Beiträgen
2. Aus Beiträgen und aus Zuschüssen des Bundes
3. Aus Beiträgen und aus Zinsen auf Vermögen der Deutschen Rentenversicherung
4. Aus Beiträgen und aus der Versicherungsteuer
5. Aus Beiträgen, Zuschüssen des Bundes, der Länder und der Gemeinden sowie Spenden

038

Die Arbeitsförderung nach dem dritten Buch des Sozialgesetzbuchs (SGB III) verfolgt mehrere Ziele. Welches aber **nicht**?

1. Vermeiden von Arbeitslosigkeit
2. Ständige Verbesserung der Beschäftigungsstruktur
3. Ausgleich von Angebot und Nachfrage auf dem Ausbildungs- und Arbeitsmarkt
4. Ständige Erhöhung der Arbeitsproduktivität
5. Förderung der individuellen Beschäftigungsfähigkeit

039

Zu den Leistungen der Arbeitsförderung nach dem Dritten Buch des Sozialgesetzbuchs (SGB III) gehört neben dem Arbeitslosengeld u. a. das …

1. Wohngeld.
2. Mutterschaftsgeld.
3. Arbeitslosengeld II.
4. Kurzarbeitergeld.
5. Krankengeld.

040

Was ist Berechnungsgrundlage für die Höhe des Arbeitslosengelds?

1. Pauschaliertes Netto-Arbeitsentgelt
2. Anzahl der gezahlten Monatsbeiträge in den letzten fünf Jahren vor der Arbeitslosigkeit
3. Familienstand des Arbeitslosen und Anzahl der unterhaltsberechtigten Kinder
4. Dauer der beitragspflichtigen Beschäftigung
5. Existenzminimum

041

Der Anspruch von Arbeitslosen auf Arbeitslosengeld hängt von mehreren Voraussetzungen ab. Von welcher aber **nicht**?

1. Persönliche Meldung bei der Agentur für Arbeit
2. Erfüllung der Anwartschaftszeit
3. Hilfebedürftigkeit
4. Eigenbemühungen zur Beendigung der Beschäftigungslosigkeit
5. Verfügbarkeit für Vermittlungsbemühungen der Agentur für Arbeit

042

Nach mehr als zwanzigjähriger ununterbrochener Beschäftigung wird ein 40-jähriger Arbeitnehmer arbeitslos. Für welche Dauer hat er Anspruch auf Arbeitslosengeld?

1. 3 Monate
2. 6 Monate
3. 12 Monate
4. 18 Monate
5. 24 Monate

043

Wer hat Anspruch auf den erhöhten Arbeitslosengeld-Leistungssatz von 67% des pauschalierten Nettoentgelts?

1. Arbeitslose ab dem 55. Lebensjahr
2. Arbeitslose ab dem 60. Lebensjahr
3. Verheiratete Arbeitslose
4. Arbeitslose mit mindestens einem Kind im Sinne des Einkommensteuergesetzes
5. Nur allein erziehende Arbeitslose mit mindestens zwei Kindern

044

Arbeitslosengeld wird normalerweise für höchstens zwölf Monate gezahlt. Welche Arbeitslosen haben aber Anspruch auf längeren Bezug des Arbeitslosengelds?

1. Arbeitslose mit einer ununterbrochenen Versicherungsdauer von mindestens 15 Jahren
2. Arbeitslose, die bei Entstehung des Anspruchs das fünfzigste Lebensjahr vollendet haben
3. Schwerbehinderte Arbeitslose
4. Arbeitslose mit mindestens einem Kind im Sinne des Einkommensteuergesetzes
5. Schwer vermittelbare Arbeitslose

045

Eine Auszubildende wird unmittelbar nach ihrer zweieinhalbjährigen Ausbildung arbeitslos.
Hat sie Anspruch auf Arbeitslosengeld?

1. Ja, denn die Anwartschaftszeit von zwölf Monaten ist erfüllt.
2. Nein, denn sie war weniger als drei Jahre beschäftigt.
3. Nein, weil die Berufsausbildung kein Versicherungspflichtverhältnis ist.
4. Ja, aber erst nach einer Wartezeit von drei Monaten.
5. Das hängt davon ab, ob sie freiwillige Beiträge gezahlt hat.

046

In welchem Fall kommt die Verhängung einer Sperrzeit beim Bezug des Arbeitslosengelds **nicht** infrage?

1. Das Arbeitsverhältnis wurde vom Arbeitgeber wegen mehrfacher Arbeitsverweigerung gekündigt.
2. Das Arbeitsverhältnis wurde vom Arbeitgeber wegen Betriebseinstellung gekündigt.
3. Das Arbeitsverhältnis wurde ohne wichtigen Grund und ohne konkrete Aussicht auf einen neuen Arbeitsplatz vom Arbeitnehmer gekündigt.
4. Dem Arbeitslosen wurde am 30. Juni zum 31. Juli gekündigt, und er hat sich am 15. August erstmals bei der Agentur für Arbeit gemeldet.
5. Der Arbeitslose weigert sich, an einem Bewerbungstraining teilzunehmen.

047

Die Berufsberatung gehört zu den gesetzlichen Aufgaben der …

1. Arbeitsagenturen.
2. Berufsschulen.
3. Industrie- und Handelskammern.
4. Gewerkschaften.
5. Berufsgenossenschaften.

048

Welche Sozialleistung ist im zweiten Buch des Sozialgesetzbuchs (SGB II, Grundsicherung für Arbeitsuchende) geregelt?

1. Wohngeld
2. Sozialhilfe
3. Insolvenzgeld
4. Arbeitslosengeld II
5. Kurzarbeitergeld

049

Der Anspruch auf Arbeitslosengeld II hängt von mehreren Voraussetzungen ab. Von welcher aber **nicht**?

1. Erwerbsfähigkeit
2. Hilfebedürftigkeit
3. Vollendung des 15. Lebensjahrs
4. Gewöhnlicher Aufenthalt in der Bundesrepublik Deutschland
5. Erfüllung der Anwartschaftszeit

050

In welchen Zweigen der gesetzlichen Sozialversicherung werden Pflichtbeiträge immer zu gleichen Teilen vom Arbeitnehmer und vom Arbeitgeber getragen?

1. Renten- und Arbeitslosenversicherung
2. Kranken- und Rentenversicherung
3. Kranken- und Pflegeversicherung
4. Unfall, Kranken- und Arbeitslosenversicherung
5. Nur in der Arbeitslosenversicherung

051

In welchem Zweig der gesetzlichen Sozialversicherung zahlen kinderlose Versicherte ab dem 23. Lebensjahr höhere Beiträge als Versicherte, die Eltern sind?

1. Rentenversicherung
2. Krankenversicherung
3. Pflegeversicherung
4. Arbeitslosenversicherung
5. Unfallversicherung

052

Eine arbeitsunfähige Arbeitnehmerin ist der Meinung, die AOK habe ihr Krankengeld falsch berechnet. Ihr Widerspruch wird jedoch abschlägig beschieden.
Welches Rechtsmittel steht ihr noch zur Verfügung?

1. Erneuter Widerspruch bei der AOK
2. Klage beim Verwaltungsgericht
3. Beschwerde beim Bundesverband der Ortskrankenkassen
4. Klage beim Sozialgericht
5. Beschwerde bei der Bundesanstalt für Finanzdienstleistungsaufsicht

053

In welchem Fall ist das Sozialgericht **nicht** zuständig?

1. Klage gegen die Deutsche Rentenversicherung Bund auf Zahlung von Witwenrente
2. Klage gegen eine Ersatzkasse auf Zahlung von Krankengeld
3. Klage gegen einen Arbeitgeber wegen sozialwidriger Kündigung des Arbeitsverhältnisses
4. Klage gegen die Bundesagentur für Arbeit auf Zahlung von Arbeitslosengeld
5. Klage gegen eine Berufsgenossenschaft auf Zahlung von Verletztengeld

054

Bei welchem Streitgegenstand ist das Sozialgericht zuständig?

1. Kindergeld
2. Abfindung bei Beendigung des Arbeitsverhältnisses
3. Leistungen nach dem Bundesausbildungsförderungsgesetz (BAföG)
4. Arbeitslosengeld II
5. Wohngeld

055

Wie sind die Kammern des Sozialgerichts besetzt?

1. Drei Berufsrichter
2. Ein Richter und zwei Sachverständige
3. Drei ehrenamtliche Richter
4. Ein Berufsrichter und zwei ehrenamtliche Richter
5. Ein Berufsrichter und sieben Beisitzer

056

Welche Aussage zu den Kosten des Sozialgerichtsverfahrens ist richtig?

1. Für Versicherte und Leistungsempfänger ist das Verfahren grundsätzlich kostenfrei.
2. Die unterlegene Partei zahlt die gesamten Gerichtskosten.
3. Die Gerichtskosten werden von den Parteien je zur Hälfte getragen.
4. Die Kosten sind vom Kläger zu tragen.
5. Versicherte können sich die Gerichtskosten von der Gegenpartei erstatten lassen.

057

Bewertung

Die Beiträge zu den unterschiedlichen Zweigen der gesetzlichen Sozialversicherung werden teils von den Arbeitnehmern und teils von den Arbeitgebern getragen. Ergänzen Sie die Tabelle.

Versicherungszweig	Arbeitnehmeranteil	Arbeitgeberanteil
	50 % des Beitrags	50 % des Beitrags
Arbeitsförderung		
	50 % des Grundbeitrags plus Zuschlag für kinderlose Versicherte	50 % des Grundbeitrags
Unfallversicherung		

058

Bewertung

Kreuzen Sie jeweils an, ob die Aussage auf die gesetzliche Krankenversicherung (GKV) oder die private Krankenversicherung (PKV) zutrifft.

	GKV	PKV
Die meisten Versicherten sind Pflichtmitglieder.		
Die Höhe des Beitrags richtet sich im Wesentlichen nach dem Einkommen.		
Für junge, gesunde Menschen mit hohem Einkommen sind die Beiträge hier oft niedriger.		
Familienangehörige ohne eigenes Einkommen sind beitragsfrei mitversichert.		
Die Höhe des Beitrags hängt vom Leistungsumfang und von individuellen Risiken ab.		
Alle Pflichtleistungen sind im Sozialgesetzbuch geregelt.		

059

Bewertung

Der unmittelbare Weg zwischen Wohnung und Arbeitsstätte gehört zu den versicherten Tätigkeiten in der gesetzlichen Unfallversicherung. Bei Abweichungen vom direkten Weg geht der Versicherungsschutz jedoch in der Regel verloren.

Nennen Sie zwei Beispiele, bei denen der Versicherungsschutz trotz Abweichung vom direkten Weg zwischen Wohnung und Arbeitsstätte bestehen bleibt.

Lösungshilfe: Auszug aus dem Sozialgesetzbuch, Siebtes Buch (www.wiso-training.de)

060

Bewertung

Welche Personen sind kraft Gesetzes versichert und erhalten bei einem Unfall Leistungen der gesetzlichen Unfallversicherung? Tragen Sie die entsprechenden Buchstaben in die Kästchen ein.

A Auszubildende während des Unterrichts in der Berufsschule
B Arbeitnehmerin, die am Wochenende ihre Wohnung renoviert
C Ehrenamtliches Mitglied der freiwilligen Feuerwehr während einer Rettungsübung
D Arbeitnehmerin in ihrer Wohnung unmittelbar vor Antritt des Wegs zum Arbeitsplatz
E Arbeitnehmerin auf dem unmittelbaren Weg zu einer Fortbildungsprüfung
F Auszubildende während der Reparatur ihres Fahrrads, das sie am nächsten Tag für den Weg zur Ausbildungsstätte benötigt
G Aktionär auf dem Weg zur Hauptversammlung der Aktiengesellschaft
H Studentin einer staatlichen Hochschule während der Teilnahme an einem Seminar
I Freiberuflich tätige Künstlerin während der Arbeit in ihrem Atelier
K Spontane Helferin bei der Rettung von verunglückten Menschen vor Eintreffen der Feuerwehr

061

Bewertung

Rentenversicherungen können ihre Leistungen nach dem Umlageverfahren, dem Kapitaldeckungsprinzip oder einer Mischform aus beidem finanzieren.

1 Erläutern Sie den wesentlichen Unterschied zwischen Umlageverfahren und Kapitaldeckungsprinzip.

2 Auf welche Weise finanziert die gesetzliche Rentenversicherung ihre Leistungen?

062

Bewertung

Nach einem schweren Freizeitunfall kann ein Arbeitnehmer seine bisherige Berufstätigkeit nicht mehr ausüben.

1 Von welcher gesetzlichen Versicherung erhält er möglicherweise eine Rente?

2 Welche Voraussetzungen müssen zum Bezug einer Rente wegen teilweiser Erwerbsminderung erfüllt sein? Tragen Sie die entsprechenden Buchstaben in die unten stehenden Kästchen ein.

A Der Versicherte trägt keine Schuld an dem für die Erwerbsminderung ursächlichen Unfall.

B Die allgemeine Wartezeit von fünf Jahren ist vor Eintritt der Erwerbsminderung erfüllt.

C Die verlängerte Wartezeit von 15 Jahren ist vor Eintritt der Erwerbsminderung erfüllt.

D Der Versicherte hat Pflichtbeiträge für mindestens drei Jahre in den letzten fünf Jahren vor Eintritt der Erwerbsminderung gezahlt.

E Der Versicherte ist außerstande, unter Bedingungen des allgemeinen Arbeitsmarkts mindestens sechs Stunden täglich erwerbstätig zu sein.

F Der Versicherte erreicht unter Bedingungen des allgemeinen Arbeitsmarkts weniger als 50 % des Einkommens vor Eintritt der Erwerbsminderung.

3 Welche gesetzliche Versicherung wäre zuständig, wenn der Unfall nicht in der Freizeit, sondern während der beruflichen Arbeit im Betrieb geschehen wäre?

Lösungshilfe: Auszug aus dem Sozialgesetzbuch, Sechstes Buch (www.wiso-training.de)

063

Bewertung

Wovon hängt die Höhe des Arbeitslosengelds nach SGB III ab?
Tragen Sie die entsprechenden Buchstaben in die unten stehenden Kästchen ein.

A Höhe des beitragspflichtigen Entgelts vor der Arbeitslosigkeit
B Dauer der beitragspflichtigen Beschäftigung vor der Arbeitslosigkeit
C Lohnsteuerklasse
D Familienstand (ledig, verheiratet, geschieden, verwitwet)
E Mindestens ein Kind im Sinne des § 32 des Einkommensteuergesetzes oder kein Kind
F Lebensalter
G Bisherige Dauer des Arbeitslosengeldbezugs
H Nebeneinkommen aus Beschäftigung mit weniger als 15 Wochenstunden während der Arbeitslosigkeit

Lösungshilfe: Auszug aus dem Sozialgesetzbuch, Drittes Buch (www.wiso-training.de)

064

Bewertung

Ein Arbeitsloser beantragt Arbeitslosengeld bei der Arbeitsagentur, erhält jedoch einen abschlägigen Bescheid. Da er der Meinung ist, dass ihm Arbeitslosengeld zusteht und der Bescheid fehlerhaft ist, will er dagegen vorgehen.

1 Welches Rechtsmittel kann er gegen den Bescheid der Arbeitsagentur einlegen?

2 Bei welcher Stelle muss er dieses Rechtsmittel einzulegen?

3 Welche Frist muss er dabei einhalten?

4 Das eingelegte Rechtsmittel hat nicht den vom Arbeitslosen erhofften Erfolg gebracht. Bei welchem Gericht kann er auf Zahlung von Arbeitslosengeld klagen?

5 Welche Frist muss er dabei einhalten?

6 In welchen Formen kann er die Klage beim zuständigen Gericht einlegen?

Lösungshilfe: Auszug aus dem Sozialgerichtsgesetz (www.wiso-training.de)

Themenbereich 2.2
Zielkonflikte sozialer Sicherung

065

☺ ☹

In welchem Jahr wurde in Deutschland das erste Gesetz zur Sozialversicherung verabschiedet?

1. 1883
2. 1919
3. 1927
4. 1949
5. 1963

066

☺ ☹

Welcher Zweig der gesetzlichen Sozialversicherung wurde in Deutschland erst in den Neunzigerjahren des zwanzigsten Jahrhunderts eingeführt?

1. Krankenversicherung
2. Rentenversicherung
3. Arbeitslosenversicherung
4. Unfallversicherung
5. Pflegeversicherung

067

☺ ☹

Artikel 20 Absatz 1 des Grundgesetzes lautet:

1. Die Bundesrepublik Deutschland ist ein sozialistischer und demokratischer Bundesstaat.
2. Die Bundesrepublik Deutschland ist ein der freien Marktwirtschaft verpflichteter demokratischer Staat.
3. Die Bundesrepublik Deutschland ist ein demokratischer und sozialer Bundesstaat.
4. Die Bundesrepublik Deutschland ist ein Sozialstaat.
5. Die Bundesrepublik Deutschland ist ein demokratischer Bundesstaat mit sozialer Marktwirtschaft.

068

☺ ☹

Was ist gemeint, wenn im Zusammenhang mit staatlicher und privater Daseinsvorsorge von *Subsidiarität* gesprochen wird?

1. Der Staat ist verpflichtet, seine Bürger in allen denkbaren Notlagen zu unterstützen.
2. Staatliche Hilfe wird nur unterstützend oder ersatzweise gewährt, wenn Selbsthilfe nicht möglich ist.
3. Steuerfinanzierte Sozialleistungen haben Vorrang vor beitragsfinanzierten Versicherungsleistungen.
4. Der Staat soll sich vollständig heraushalten.
5. Alle Bürger werden in ein universelles System sozialer Fürsorge einbezogen.

069

Welche Art der Bemessung des Versicherungsbeitrags entspricht dem Solidaritätsprinzip?
Die Höhe des individuellen Beitrags richtet sich nach …

1. dem Einkommen des Versicherten.
2. dem Alter des Versicherten.
3. individuellen Risikomerkmalen des Versicherten.
4. den in der Vergangenheit vom Versicherten beanspruchten Leistungen.
5. keinem der vorstehend genannten Merkmale; der Beitrag ist für alle Versicherten gleich hoch.

070

Wesentliches Merkmal der gesetzlichen Krankenversicherung ist das Solidaritätsprinzip.
Was ist wesentliche Voraussetzung zu seiner Realisierung?

1. Beschränkung der Leistungen auf die unverzichtbare Mindestversorgung
2. Gleich hohe Beiträge für alle Versicherten
3. Bemessung der Beiträge auf Grundlage des Versicherungsrisikos
4. Reduzierung der Ausgaben durch hohe Selbstbeteiligung (Zuzahlungen) der Versicherten
5. Einbeziehung möglichst vieler Personen in die Risikogemeinschaft durch gesetzliche Pflichtmitgliedschaft

071

Welches Schlagwort kennzeichnet das Grundprinzip des gesetzlichen Rentenversicherung in Deutschland?

1. Leistungsprinzip
2. Soziale Fürsorge
3. Vermögensbildung
4. Generationenvertrag
5. Armenpflege

072

Welche langfristige Entwicklung erschwert die Finanzierung der gesetzlichen Rentenversicherung?

1. Mangelnde Geldwertstabilität führt zur Entwertung von Rücklagen.
2. Die Kosten für ärztliche Behandlung und Pflege steigen überproportional.
3. Es müssen immer mehr Renten wegen Erwerbsminderung gezahlt werden.
4. Die immer wieder auftretenden Finanzmarktkrisen schmälern das Vermögen der Versicherungsträger.
5. Das zahlenmäßige Verhältnis von Beitragszahlern und Rentnern wird immer ungünstiger.

073

Der Anstieg der Lebenserwartung führt zu höheren Ausgaben der gesetzlichen Sozialversicherung. Welchen Zweig der Sozialversicherung berührt das aber **nicht**?

1. Rentenversicherung
2. Krankenversicherung
3. Pflegeversicherung
4. Arbeitslosenversicherung
5. Alle Zweige der Sozialversicherung sind in gleicher Weise betroffen.

074

Welcher Zweig der gesetzlichen Sozialversicherung ist besonders stark von konjunkturellen Schwankungen betroffen, weil sich Beitragseinnahmen und Ausgaben für Leistungen in entgegengesetzten Richtungen entwickeln?

1. Unfallversicherung
2. Arbeitslosenversicherung
3. Pflegeversicherung
4. Krankenversicherung
5. Rentenversicherung

075

Welches Argument zu Sinn und Notwendigkeit privater Altersvorsorge ist zutreffend?

1. Private Vorsorge ist unnötig, da die gesetzlichen Renten in Zukunft erheblich höher sein werden als heute.
2. Private Vorsorge ist unnötig; niedrige Renten werden gesetzlich aufgestockt, sodass der bisherige Lebensstandard gesichert ist.
3. Private Vorsorge ist sinnvoll, weil das Niveau der gesetzlichen Renten in den nächsten Jahrzehnten voraussichtlich sinken wird.
4. Private Vorsorge ist nicht sinnvoll, weil Privatrenten von den gleichen Kürzungen und Einschränkungen betroffen sind wie gesetzliche Renten.
5. Private Vorsorge ist sehr wichtig, weil die gesetzliche Versicherung kurz vor der Zahlungsunfähigkeit steht.

076

Welcher Stichpunkt enthält **keine** zutreffende Aussage zur „Riester-Rente"?

1. Freiwillige Altersvorsorge
2. Staatliche Förderung durch Altersvorsorgezulage
3. Wahlweise Förderung durch Sonderausgabenabzug bei der Einkommensteuer
4. Lebenslange Rente oder volle Auszahlung des Kapitals bei Fälligkeit
5. Im Einkommensteuergesetz geregelt

077

Wer hat **keinen** Anspruch auf Altervorsorgezulage („Riester-Rente")?

1. Auszubildende
2. Selbständige, die nicht der Versicherungspflicht in der gesetzlichen Rentenversicherung unterliegen
3. Beamte und Richter
4. Arbeitnehmer mit Arbeitsentgelt oberhalb der Beitragsbemessungsgrenze in der gesetzlichen Rentenversicherung
5. Arbeitslose, die Arbeitslosengeld beziehen

078

Was unterscheidet die „Rürup-Rente" („Basisrente") von der „Riester-Rente"?

1. Die „Rürup-Rente" kann auch von versicherungsfreien Selbständigen in Anspruch genommen werden.
2. Nur die „Rürup-Rente" ist eine freiwillige Altersvorsorge.
3. Die „Rürup-Rente" ist eine garantierte Mindestrente für alle Personen im Rentenalter.
4. Die „Rürup-Rente" wird frühestens ab dem vollendeten siebzigsten Lebensjahr gezahlt.
5. Beide Begriffe stehen für dieselbe Form der freiwilligen Altersvorsorge.

079

Wer hat **in keinem Fall** Anspruch auf Arbeitnehmer-Sparzulage nach dem Fünften Vermögensbildungsgesetz?

1. Auszubildende im ersten Ausbildungsjahr
2. Arbeitnehmerin mit 4500 EUR Monatsgehalt
3. Beamtin
4. Teilzeitbeschäftigte mit weniger als 50 % der tariflichen oder branchenüblichen Arbeitszeit
5. Arbeitnehmerin während der Probezeit

080

Welche Form der Kapitalanlage ermöglicht hohe Vermögenszuwächse, birgt aber auch das Risiko hoher Verluste?

1. Sparkonto bei einer inländischen Sparkasse
2. Staatsanleihen der Bundesrepublik Deutschland
3. Aktien deutscher Aktiengesellschaften
4. Festgeldkonto bei einer inländischen Bank
5. Lebensversicherungsvertrag mit einem inländischen Versicherungsunternehmen

081

Welche Aussage über Sparkonten (Sparbücher) deutscher Banken und Sparkassen ist richtig?

1. Risikolose Geldanlage
2. Hoher Zinssatz
3. Auch zur Abwicklung des bargeldlosen Zahlungsverkehrs geeignet
4. Mindestanlagebetrag 10 000 €
5. Abhebungen in beliebiger Höhe jederzeit ohne Kündigungsfrist und Zinsverlust möglich

082

Welche Steuerart gehört zu den direkten Steuern?

1. Mehrwertsteuer
2. Einkommensteuer
3. Versicherungsteuer
4. Mineralölsteuer
5. Sektsteuer

083

Welche Steuer gehört zu den indirekten Steuern?

1. Versicherungsteuer
2. Einkommensteuer
3. Erbschaftsteuer
4. Hundesteuer
5. Gewerbesteuer

084

Wer trägt die Umsatzsteuer (Mehrwertsteuer) im Wesentlichen?

1. Private Verbraucher
2. Unternehmen des produzierenden Gewerbes
3. Dienstleistungsunternehmen
4. Alle Unternehmen mit steuerpflichtigen Umsätzen
5. Einzelhandelsunternehmen

085

Welches Eigenschaftswort kennzeichnet den Einkommensteuertarif in der Bundesrepublik Deutschland?

1. proportional
2. degressiv
3. regressiv
4. progressiv
5. subtraktiv

086

Welche kurze Erläuterung des Begriffs *Steuerprogression* ist richtig?

1. Je höher das zu versteuernde Einkommen, umso mehr Einkommensteuer muss gezahlt werden.
2. Mit steigendem Einkommen nimmt die zu zahlende Einkommensteuer zwar absolut zu, der prozentuale Steuersatz wird aber geringer.
3. Je höher das zu versteuernde Einkommen, desto höher ist der prozentuale Steuersatz.
4. Der prozentuale Steuersatz ist unveränderlich, die zu zahlende Einkommensteuer steigt im gleichen Maße wie das Einkommen.
5. Je höher das zu versteuernde Einkommen, desto niedriger ist der prozentuale Steuersatz.

087

Was soll durch den Grundfreibetrag in der Einkommensteuer sichergestellt werden?

1. Steuerfreiheit des Existenzminimums
2. Gleich hohe Entlastung für alle Steuerpflichtigen
3. Besondere Entlastung hoher Einkommen
4. Steuerliche Begünstigung privater Altersvorsorge
5. Steuerfreiheit von Aufwendungen, die Arbeitnehmern durch die Berufsausübung entstehen

088

Auf welche Einkünfte wird Abgeltungsteuer erhoben?

1. Nur auf Gewinne aus Spekulationsgeschäften
2. Nur auf die Zinsen aus Sparguthaben bei in- und ausländischen Banken und Sparkassen
3. Nur auf Aktienerträge (Dividenden)
4. Auf alle Kapitalerträge
5. Nur auf im Ausland erzielte Kapitalerträge

089

Welche Aussage zur Lohnsteuer ist korrekt?
Lohnsteuer ist …

1. keine eigenständige Steuerart, sondern die Erhebungsform der Einkommensteuer auf Einkünfte aus nichtselbständiger Arbeit.
2. die Steuer auf das Arbeitsentgelt von Arbeitern; Angestellte zahlen stattdessen Gehaltsteuer.
3. eine vom Arbeitgeber zu tragende Steuer auf die von ihm gezahlten Löhne.
4. die Steuer auf alle Einkünfte abhängig Beschäftigter.
5. keine Steuerart, sondern der umgangssprachliche Begriff für alle von Arbeitnehmern zu tragenden Steuern, Abgaben und Beiträge.

090

Wovon hängt die Höhe der Lohnsteuer ab?

1. Nur von der Höhe des Netto-Arbeitsentgelts
2. Nur von der Höhe des steuerpflichtigen Brutto-Arbeitsentgelts
3. Von der Höhe des Brutto-Arbeitsentgelts und der Dauer der Betriebszugehörigkeit
4. Von der Höhe des steuerpflichtigen Brutto-Arbeitsentgelts und Lohnsteuerklasse
5. Nur von der Lohnsteuerklasse

091

Einer Auszubildenden wird keine Lohnsteuer von der Ausbildungsvergütung abgezogen. Aus welchem Grund?

1. Die Ausbildungsvergütung ist geringer als der Grundfreibetrag.
2. Sie ist noch nicht volljährig.
3. Die Lohnsteuer für Auszubildende wird nach dem Berufsbildungsgesetz vom Ausbildenden gezahlt.
4. Sie befindet sich noch in der Probezeit.
5. Es handelt sich um einen Fehler der Lohnbuchhaltung, denn auch Auszubildende müssen in jedem Fall Lohnsteuer zahlen.

092

Wer zahlt Körperschaftsteuer?

1. Alle selbständigen Kaufleute
2. Nur Gebietskörperschaften (Gemeinden und Landkreise)
3. Nur eingetragene Vereine
4. Alle selbständigen Handwerker
5. Kapitalgesellschaften, also zum Beispiel Aktiengesellschaften und Gesellschaften mit beschränkter Haftung

093

Wie werden staatliche Transferleistungen finanziert?

1. Aus dem Staatshaushalt, also im Wesentlichen aus Steuereinnahmen
2. Durch Umlage auf alle Leistungsberechtigten der jeweiligen Transferleistung
3. Durch Sondersteuern, die bei Bedarf erhoben werden
4. Durch Pflichtbeiträge der begünstigten Personen
5. Im Wesentlichen aus Spenden

094

Wie werden an Unternehmen gezahlte Transferleistungen des Staates allgemein genannt?

1. Subsidien
2. Abschreibungen
3. Subskriptionen
4. Konvenienzen
5. Subventionen

095

Welche der folgenden Leistungen ist **keine** Versicherungsleistung der gesetzlichen Sozialversicherung, sondern eine staatliche Transferleistung?

1. Rente wegen Erwerbsminderung
2. Arbeitslosengeld II
3. Krankengeld
4. Altersrente
5. Pflegegeld

096

Welche der folgenden Leistungen ist **keine** staatliche Transferleistung, sondern eine Leistung der gesetzlichen Sozialversicherung?

1. Wohngeld
2. Elterngeld
3. Hilfe zum Lebensunterhalt (Sozialhilfe)
4. Rente wegen Erwerbsminderung
5. Arbeitslosengeld II

097

Welche Aussage zum Kindergeld trifft **nicht** zu?

1. Es wird nur auf Antrag gewährt.
2. Der Kindergeldantrag ist bei der Familienkasse zu stellen.
3. Die gesetzlichen Regelungen stehen im Einkommensteuergesetz und im Bundeskindergeldgesetz.
4. Es wird ab dem dritten Kind gewährt.
5. Es wird bis zur Vollendung des 18. Lebensjahrs des Kindes gewährt, in bestimmten Fällen auch länger.

098

Nach dem Bundesausbildungsförderungsgesetz (BAföG) werden nicht nur Studierende an Hochschulen gefördert, sondern zum Beispiel auch …

1. Fachschüler und Berufsfachschüler
2. Auszubildende
3. Umschüler
4. Teilnehmer an Aufstiegsfortbildungen
5. Haupt- und Realschüler

099

Bewertung

Was ist gemeint, wenn im Zusammenhang mit der gesetzlichen Rentenversicherung vom „Generationenvertrag" und von „fehlender Generationengerechtigkeit" gesprochen wird?

100

Bewertung

In den letzten Jahren war immer wieder zu hören und zu lesen, dass der demografische Wandel die gesetzliche Rentenversicherung vor große Probleme stelle.

1 Was ist in diesem Zusammenhang mit dem Begriff „demografischer Wandel" gemeint?

2 Bei der „Riester-Rente" scheint der demografische Wandel kein Problem darzustellen. Woran liegt das?

101

Bewertung

Kreuzen Sie jeweils an, ob es sich bei der Steuer um eine direkte oder indirekte Steuer handelt.
Kreuzen Sie außerdem an, ob die jeweilige Steuerart eine Besitzsteuer (Steuer auf Einkommen oder Vermögen), eine Verkehrsteuer (Steuer auf wirtschaftliche Transaktion) oder eine Verbrauchsteuer ist.
Die erste Tabellenzeile zeigt ein Beispiel.

Steuerart	Direkte Steuer	Indirekte Steuer	Besitz-steuer	Verkehr-steuer	Verbrauch-steuer
Einkommensteuer	X		X		
Grundsteuer					
Umsatzsteuer (Mehrwertsteuer)					
Körperschaftsteuer					
Kaffeesteuer					
Grunderwerbsteuer					
Gewerbesteuer					
Energiesteuer					

102

Bewertung

Welche der folgenden Leistungen sind steuerfinanzierte Transferleistungen?
Tragen Sie die entsprechenden Buchstaben in die Kästchen ein.

A Altersvorsorgezulage
B Arbeitslosengeld
C Arbeitslosengeld II („Hartz IV")
D Ausbildungsförderung (BAföG)
E Elterngeld
F Krankengeld
G Kurzarbeitergeld
H Rente wegen Erwerbsminderung
I Sozialhilfe
K Wohngeld

103

Bewertung

Eine 23-jährige Studentin verdient monatlich rund 300 € durch Aushilfsjobs, hat keine weiteren Einkünfte und erhält keine Leistungen nach dem Bundesausbildungsförderungsgesetz (BAföG).

Erläutern Sie, ob Anspruch auf Kindergeld nach dem Einkommensteuergesetz besteht.

Lösungshilfe: Auszug aus dem Einkommensteuergesetz (www.wiso-training.de)

104

Bewertung

Arbeitslosengeld II („Hartz IV") wird nach dem Grundsatz der Subsidiarität gewährt,
also nur, wenn Selbsthilfe oder Hilfe aus anderen Quellen nicht möglich oder nicht zumutbar ist.

Was muss ein 40-jähriger allein lebender Antragsteller tun oder bereits getan haben,
um Arbeitslosengeld II zu erhalten?
Tragen Sie die entsprechenden Kennbuchstaben in die Kästchen ein.

A Alle Möglichkeiten zur Beendigung oder Verringerung seiner Hilfebedürftigkeit ausschöpfen
B Eingliederungsvereinbarung abschließen
C Ersparnisse bis auf einen gesetzlich festgelegten Freibetrag für den Lebensunterhalt verbrauchen
D Staatlich geförderte Altersvorsorge („Riester-Vertrag") auflösen und Erlös für den Lebensunterhalt verbrauchen
E Kraftfahrzeug (Kleinwagen, 5 Jahre alt) verkaufen und Erlös für den Lebensunterhalt verbrauchen
F Luxusgegenstände verkaufen und Erlös für den Lebensunterhalt verbrauchen
G Zur Aufnahme jeder zumutbaren, auch berufsfremden, Beschäftigung bereit sein

Lösungshilfe: Auszug aus dem Sozialgesetzbuch, Zweites Buch

Bewertung

105

Staatliche Förderung ist durch direkte Transferzahlungen oder durch Erleichterungen bei der Einkommensteuer möglich, zum Beispiel durch Abzug bestimmter Aufwendungen als Sonderausgaben.
Kritiker halten die steuerliche Förderung für sozial unausgewogen und ungerecht.
Aus welchem Grund?

Bewertung

106

Die Höhe der vom Arbeitgeber einzubehaltenden und an das Finanzamt abzuführenden Lohnsteuer hängt u. a. von der Lohnsteuerklasse ab.

1 In welche Steuerklasse gehören die meisten unverheirateten Arbeitnehmer(innen)?

2 In welche Steuerklasse gehören verheiratete Arbeitnehmer(innen), deren Ehepartner(innen) ebenfalls Arbeitnehmer(innen) sind, wenn kein gemeinsamer Antrag auf eine andere Steuerklasse gestellt wurde?

3 Ein Arbeitnehmer erhält Arbeitsentgelt von zwei Arbeitgebern. Welche Steuerklasse gilt für den Zweitjob?

Lösungshilfe: Auszug aus dem Einkommensteuergesetz (www.wiso-training.de)

Themenbereich 2.3
Berufs- und Lebensplanung

107

Die Auswahlantworten sollen – von oben nach unten – die richtige Reihenfolge der Schritte bei der Berufswahl zeigen. Welcher Schritt steht an der **falschen** Stelle?

1. Erkennen der eigenen Fähigkeiten und Interessen
2. Eingrenzung der Wahlmöglichkeiten auf bestimmte Berufe oder ein Berufsfeld
3. Beschaffung von Informationen über Berufe und Ausbildungsgänge
4. Gegenüberstellung der gewonnenen Information und der eigenen Fähigkeiten und Interessen
5. Entscheidung für einen bestimmten Beruf

108

Bei der Berufswahl sollte u. a. das persönlichen Potenzial anhand von Fragen abgeschätzt werden.
Welche Frage gehört **nicht** zur persönlichen Potenzialanalyse?

1. Arbeite ich lieber allein oder zusammen mit anderen?
2. Kann ich gut formulieren?
3. Bin ich körperlich fit oder habe ich gesundheitliche Probleme?
4. Welche Fremdsprachen kann ich? Wie gut?
5. Welche monatliche Ausbildungsvergütung wünsche ich mir?

109

Im Rahmen der persönlichen Potenzialanalyse stellt sich auch die Frage nach Veränderungskompetenz.
Das ist die …

1. Fähigkeit, Problemlösungen zu entwickeln.
2. Bereitschaft und Fähigkeit zur Teamarbeit.
3. Bereitschaft, traditionelle und allgemein anerkannte Methoden kritisch zu hinterfragen.
4. Fähigkeit zu flexibler Reaktion bei Veränderungen im Umfeld und die Bereitschaft zu lebenslangem Lernen.
5. Beherrschung von mindestens zwei Fremdsprachen.

110

Zum persönlichen Potenzial gehört u. a. Reflexionskompetenz. Das ist die Fähigkeit, …

1. eigenes Handeln kritisch zu analysieren und zu bewerten.
2. Informationen zu erfassen und kritisch zu bewerten..
3. angemessene Lösungen für neue Probleme zu finden.
4. Risiken zu erkennen und zu minimieren.
5. auf neue Herausforderungen spontan zu reagieren.

111

Methodenkompetenz ist die Fähigkeit, …

1. systematisch Erkenntnisse zu gewinnen.
2. Problemlösungen zu erarbeiten.
3. ein Ziel mit allen zur Verfügung stehenden Mitteln zu verfolgen.
4. Lern- und Arbeitsmethoden anzuwenden.
5. neu Methoden zu entwickeln, wenn die alten nicht mehr funktionieren.

112

Im heutigen Berufsleben sind Schlüsselqualifikationen von besonderer Bedeutung.
Was gehört **nicht** zu den Schlüsselqualifikationen?

1. Fachkompetenz
2. Selbstkompetenz
3. Sozialkompetenz
4. Methodenkompetenz
5. Medienkompetenz

113

Der Begriff Karriere steht allgemein für …

1. die individuelle Laufbahn eins Menschen in seinem Berufsleben.
2. beruflichen und gesellschaftlichen Aufstieg.
3. festgelegte Berufslaufbahnen, zum Beispiel im Beamtenverhältnis.
4. den Vorrang beruflicher Ziele gegenüber allen anderen Wünschen und Interessen eines Menschen.
5. rücksichtsloses Streben nach beruflichem und sozialem Aufstieg.

114

Welcher Faktor darf nach dem Allgemeinen Gleichbehandlungsgesetz (AGG) die beruflichen Karrierechancen **nicht** beeinträchtigen?

1. Schulbildung
2. Geschlecht
3. Hochschulabschluss
4. Soziale Kompetenz
5. Berufserfahrung

115

Welche Aussage entspricht **nicht** dem Allgemeinen Gleichbehandlungsgesetz (AGG)?
Unzulässig sind Benachteiligungen aus Gründen …

1. der ethnischen Herkunft.
2. der Religion oder Weltanschauung.
3. einer Behinderung.
4. der sexuellen Identität.
5. der beruflichen Qualifikation.

116

Welche Form des Zusammenlebens wird durch das Splitting bei der Einkommensteuer besonders begünstigt?

1. Nichteheliche Lebensgemeinschaft ohne Kinder bei Vollzeiterwerbstätigkeit beider Partner
2. Ehe eines vollerwerbstätigen mit einem nichterwerbstätigen Partner („Hausfrauenehe")
3. Allein erziehende(r) Mutter oder Vater mit zwei oder mehr Kindern
4. Ehe zwischen zwei erwerbstätigen Partnern mit (nahezu) gleich hohen Einkommen
5. Drei-Generationen-Familie (Zusammenleben von Großeltern, Eltern und Kindern)

117

Welche Form(en) des Zusammenlebens steht (stehen) nach Artikel 6 Absatz 1 des Grundgesetzes unter dem besonderen Schutz der staatlichen Ordnung?

1. Ehe und Familie
2. Ehe und eheähnliche Partnerschaft zwischen Personen unterschiedlichen Geschlechts
3. Ehe und Lebenspartnerschaft
4. Nur Familie mit Kindern
5. Alle Arten der dauerhaften Partnerschaft zwischen Personen unterschiedlichen oder gleichen Geschlechts

118

Die Lebenspartnerschaft nach dem Lebenspartnerschaftsgesetz (LPartG) …

1. ist eine Alternative zur Ehe, die mit weniger Pflichten verbunden ist.
2. kann jederzeit durch einseitige Willenserklärung beendet werden.
3. kann nur von zwei volljährigen Personen gleichen Geschlechts eingegangen werden.
4. ist rechtlich bedeutungslos und hat nur symbolischen Charakter.
5. bedarf der notariellen Beurkundung.

119

Anspruch auf Freistellung von der Arbeit (Elternzeit) nach dem Bundeselterngeld- und Elternzeitgesetz haben Arbeitnehmerinnen und Arbeitnehmer grundsätzlich bis zur Vollendung des …

1. ersten Lebensjahrs des Kindes.
2. zweiten Lebensjahrs des Kindes.
3. dritten Lebensjahrs des Kindes.
4. vierten Lebensjahrs des Kindes.
5. fünften Lebensjahrs des Kindes.

120

In welchem Zeitraum kann Elterngeld nach dem Bundeselterngeld- und Elternzeitgesetz bezogen werden?
Vom Tag der Geburt des Kindes bis zur Vollendung …

1. des 12. Lebensmonats
2. des 14. Lebensmonats
3. des 18. Lebensmonats
4. des zweiten Lebensjahrs
5. des dritten Lebensjahrs

121

Schreiben Sie die Begriffe
Fachkompetenz, Methodenkompetenz, Sozialkompetenz, Veränderungskompetenz
in die richtigen Tabellenfelder.

Bewertung

Kompetenz	Erläuterung
	Fähigkeit und Bereitschaft zu Reaktion und Anpassung bei Veränderungen des Umfelds
	Fähigkeit zur Lösung von Problemen mithilfe des erlernten Fachwissens
	Fähigkeit zu Kommunikation und Kooperation mit anderen Menschen
	Kenntnis und sinnvoller Einsatz von Verfahren zur Aneignung von Fachwissen

122

Bewertung

Die Vereinbarkeit von Familie und Beruf kann u. a. durch Einrichtungen und Regelungen auf betrieblicher Ebene verbessert werden.

Nennen Sie fünf Möglichkeiten.

Prüfgebiet 3
Unternehmen und Verbraucher

Themenbereich 3.1
Unternehmensanalyse

001

Ein bestimmter Erfolg soll mit geringstmöglichem Mitteleinsatz erreicht werden. Mit einem bestimmten Mitteleinsatz soll größtmöglicher Erfolg erreicht werden.
Wie werden diese Ziele allgemein genannt?

1. Ökonomisches Prinzip
2. Grundgesetz der Marktwirtschaft
3. Prinzip der Profitmaximierung
4. Allgemeines Wirtschaftsgesetz
5. Goldene Produktionsregel

002

In welchem Fall geht es um die Verwirklichung des ökonomischen Minimalprinzips?

1. Das ursprünglich gesteckte Ziel wird so weit reduziert, dass es sich mit vorhandenen Mitteln realisieren lässt.
2. Der Mitteleinsatz wird nur so lange gesteigert, bis das Minimalziel erreicht ist.
3. Mit unverändertem Einsatz an Material und Arbeitskraft soll die Produktionsmenge so weit wie möglich erhöht werden.
4. Durch minimale Erhöhung des Mitteleinsatzes soll eine maximale Steigerung des Erfolgs erreicht werden.
5. Eine bestimmte Stückzahl soll mit geringstmöglichem Einsatz an Material und Arbeitskraft produziert werden.

003

In welchem Fall geht es um die Verwirklichung des ökonomischen Maximalprinzips?

1. Mit unverändertem Einsatz an Material und Arbeitskraft soll die Produktionsmenge so weit wie möglich erhöht werden.
2. Die Produktionsmenge wird durch maximale Erhöhung des Mitteleinsatzes auf ein Maximum erhöht.
3. Der Einsatz an Material und Arbeitskraft wird so lange erhöht, bis das selbst gesteckte Ziel erreicht ist.
4. Durch minimale Erhöhung des Mitteleinsatzes soll eine maximale Steigerung des Erfolgs erreicht werden.
5. Eine bestimmte Stückzahl soll mit geringstmöglichem Einsatz an Material und Arbeitskraft produziert werden.

004

Was ist vorrangiger Unternehmenszweck der meisten privaten Unternehmen?

1. Versorgung der Verbraucher
2. Gewinnerzielung
3. Produktion von Gütern oder Dienstleistungen
4. Kostendeckung
5. Verwirklichung des ökonomischen Prinzips

005

Was unterscheidet öffentliche und gemeinnützige Unternehmen von privatwirtschaftlichen?

1. Sie sind immer als Genossenschaften organisiert.
2. Sie verfolgen das Gewinnziel noch konsequenter.
3. Sie unterliegen nicht den Vorschriften des allgemeinen Handels- und Wirtschaftsrechts.
4. Sie können bei der Gestaltung von Preisen und Angebotsbedingungen auch soziale Gesichtspunkte berücksichtigen.
5. Sie dürfen zwar kostendeckend arbeiten, aber niemals Überschüsse erzielen.

006

Um das Gewinnziel zu erreichen, verfolgen Unternehmen verschiedene Teilziele. Welches jedoch **nicht**?

1. Erhöhung der Arbeitsproduktivität
2. Erhöhung der Wirtschaftlichkeit
3. Senkung von Gesamtkosten
4. Erhöhung der Stückkosten
5. Senkung von Materialkosten

007

Welche Aussage über das Verhältnis von Betrieb und Unternehmung ist richtig?

1. Die Unternehmung kann einen Betrieb oder mehrere Betriebe haben.
2. Unternehmungen sind Kapitalgesellschaften, Betriebe sind Personengesellschaften
3. Die Betriebsleitung ist der Unternehmensleitung in der Regel übergeordnet.
4. In Betrieben werden nur materielle Güter produziert, in Unternehmungen dagegen auch Dienstleistungen.
5. Nur große Industrie- und Dienstleistungsbetriebe werden als Unternehmungen bezeichnet.

008

Unmittelbarer Zweck des Betriebs ist …

1. die Vermehrung des eingesetzten Kapitals.
2. Gewinnmaximierung.
3. die Schaffung von Arbeits- und Ausbildungsplätzen.
4. kostendeckende Produktion.
5. die Produktion von Waren oder die Erbringung von Dienstleistungen.

009

Welches der folgenden Unternehmen gehört zum Dienstleistungssektor?

1. Tischlerei
2. Maschinenbauunternehmen
3. Druckerei
4. Energieversorgungsunternehmen
5. Versicherungsunternehmen

010

Welches Unternehmen gehört zum verarbeitendem Gewerbe?

1. Bauunternehmen
2. Fuhrunternehmen
3. Großhandelsunternehmen
4. Internet-Provider
5. Sparkasse

011

In welchem Fall geht es um eine Investition?

1. Eine Werbeagentur schafft einen neuen Server an.
2. Ein Vorstandsmitglied einer Aktiengesellschaft kauft sich eine Motorjacht.
3. Der Lieferwagen des Betriebs wird mit Dieselöl betankt.
4. Eine Auszubildende zahlt 200 € auf ihr Sparkonto ein.
5. Ein Arbeitnehmer kauft sich einen Gebrauchtwagen.

012

In welchem Betrieb werden ausschließlich oder ganz überwiegend Investitionsgüter hergestellt?

1. Elektrizitätswerk
2. Fahrradfabrik
3. Großbäckerei
4. Maschinenbaubetrieb
5. Schokoladenfabrik

013

Die drei volkswirtschaftlichen Produktionsfaktoren sind Natur, Arbeit und …

1. Organisation.
2. Wissen.
3. Industrie.
4. Geld.
5. Kapital.

014

In welchem Fall wird der Produktionsfaktor Arbeit (teilweise) durch den Produktionsfaktor Kapital ersetzt?

1. Eine Kommanditgesellschaft (Personengesellschaft) wird zur GmbH (Kapitalgesellschaft) umgewandelt.
2. Das Unternehmen führt Schichtarbeit ein und lastet dadurch die Produktionsanlagen besser aus.
3. Anstelle der manuellen Montage am Fließband werden Bauteile künftig von Robotern montiert.
4. Durch Erhöhung der Maschinengeschwindigkeit wird der stündliche Produktausstoß erhöht.
5. Das Unternehmen nimmt Fremdkapital auf und richtet zusätzliche Arbeitsplätze ein.

015

Bei welcher Produktion spielt der Produktionsfaktor Kapital die geringste Rolle?

1. Großserienfertigung von PKW
2. Herstellung von Zeitungspapier
3. Herstellung von Speicherchips
4. Maßanfertigung von Abendkleidern
5. Industrielle Herstellung von Fliesen

016

In welchem Betrieb ist die Kapitalintensität der Produktion oder Dienstleistungserstellung am höchsten?

1. Werbeagentur
2. Konditorei
3. Betrieb der chemischen Industrie
4. Betrieb des Malerhandwerks
5. Kindertagesstätte

017

Die funktionalen Hauptbereiche eines Industriebetriebs sind …

1. Beschaffung, Produktion und Absatz.
2. technischer und kaufmännischer Bereich.
3. Wareneinkauf, Lagerung und Warenverkauf.
4. Controlling, Logistik und Marketing.
5. Investition, Finanzierung und Produktion.

018

Begriffsdefinition in einem Nachschlagewerk:
Planung, Organisation, Steuerung, Abwicklung und Kontrolle des gesamten Material- und Warenflusses und der damit verbundenen Informationsflüsse.
Um welchen Begriff geht es?

1. Controlling
2. Logistik
3. Distribution
4. Marketing
5. Akquisition

019

Welches Gut ist **kein** Produkt der Großserien- oder Massenfertigung?

1. Dachziegel
2. Energiesparlampe
3. DVD-Player
4. Papier
5. Papiermaschine

020

Welche Aussage zur Werkstattfertigung im Vergleich zur Fließfertigung trifft im Regelfall zu?

1. Die Anzahl der vom einzelnen Beschäftigten auszuführenden Arbeitsschritte ist geringer.
2. Die Qualifikationsanforderungen an die Beschäftigten sind geringer.
3. Die Tätigkeit der Beschäftigten ist vielseitiger und abwechslungsreicher.
4. Die Arbeitsproduktivität ist erheblich höher.
5. Mechanisierungs- und Automatisierungsgrad sind höher.

021

Was besagt das Gesetz der Massenproduktion?

1. Je größer die produzierte Menge, desto schlechter ist die Qualität.
2. Bei steigender Produktionsmenge verringert sich die Arbeitsproduktivität.
3. Je größer die produzierte Menge, desto geringer sind Rentabilität und Wirtschaftlichkeit.
4. Bei steigender Produktionsmenge sinken die Stückkosten.
5. Je größer die produzierte Menge, desto höher sind die Lohnstückkosten.

022

Mit der Rationalisierung betrieblicher Prozesse werden oft mehrere Ziele verfolgt. Welches aber in der Regel **nicht**?

1. Erhöhung der Arbeitsproduktivität
2. Verkürzung von Durchlaufzeiten
3. Verringerung von Stillstandszeiten
4. Verringerung der Fertigungskosten
5. Schaffung von Arbeitsplätzen

023

Wenn die Arbeitsproduktivität erhöht wird, …

1. sinkt die Kapitalintensität der Produktion.
2. sind zur Produktion einer bestimmten Stückzahl weniger Arbeitsstunden erforderlich als bisher.
3. erhöhen sich zwangsläufig auch die Arbeitsentgelte.
4. muss mehr Arbeitszeit aufgewandt werden, um dieselbe Gütermenge wie zuvor herzustellen.
5. steigt auch die Nachfrage nach den produzierten Gütern.

024

Auf welche Weise kann die Arbeitsproduktivität in einer Druckerei erhöht werden?

1. Verlängerung der Arbeitszeit
2. Umstellung von Zwei- auf Dreischichtbetrieb
3. Anschaffung neuer Druckmaschinen mit höherer Druckgeschwindigkeit
4. Verringerung der Lohnkosten durch Streichung außertariflicher Zulagen
5. Einstellung zusätzlicher Arbeitnehmer

025

In einem Betrieb werden Montagearbeitsplätze durch Montageautomaten ersetzt, sodass künftig die gleiche Stückzahl von nur noch halb so viel Beschäftigten produziert wird. Welche Aussage ist richtig?

1. Die Lohnstückkosten werden verdoppelt.
2. Die Arbeitsproduktivität wird verdoppelt.
3. Die Herstellungskosten werden halbiert.
4. Die Wirtschaftlichkeit sinkt auf die Hälfte.
5. Die Rentabilität wird verdoppelt.

026

Wie wird die Eigenkapitalrentabilität des Unternehmens errechnet?

1. $\frac{\text{Umsatz}}{\text{Produktionskosten}} \cdot 100\,\%$
2. $\frac{\text{Produktionskosten}}{\text{Eigenkapital}} \cdot 100\,\%$
3. $\frac{\text{Eigenkapital}}{\text{Gesamtkapital}} \cdot 100\,\%$
4. $\frac{\text{Umsatz}}{\text{Gewinn}} \cdot 100\,\%$
5. $\frac{\text{Gewinn}}{\text{Eigenkapital}} \cdot 100\,\%$

027

Nach Presseberichten erzielte ein Unternehmen mit 600 Mio. Euro Eigenkapital im abgelaufenen Geschäftsjahr eine Eigenkapitalrentabilität von 15 %. Welche Aussage ist richtig?

1. Der Gewinn im abgelaufenen Geschäftsjahr betrug 90 Mio. Euro.
2. Die Wirtschaftlichkeit betrug 115 %.
3. Der Gewinn im abgelaufenen Geschäftsjahr betrug 690 Mio. Euro.
4. Das Gesamtkapital beträgt 4 Mrd. Euro.
5. Im abgelaufenen Geschäftsjahr wurden Erträge von 690 Mio. Euro erzielt.

028

Wie wird die Wirtschaftlichkeit des Unternehmens berechnet?

1. $\frac{\text{Gewinn}}{\text{Eigenkapital}} \cdot 100\,\%$
2. $\frac{\text{Ertrag}}{\text{Aufwand}} \cdot 100\,\%$
3. $\frac{\text{Produktionsmenge}}{\text{Aufwand}} \cdot 100\,\%$
4. $\frac{\text{Aufwand}}{\text{Gewinn}} \cdot 100\,\%$
5. $\frac{\text{Aufwand}}{\text{Umsatz}} \cdot 100\,\%$

029

Bei der Berechnung der Lohnstückkosten sind neben dem reinen Lohn für die auf ein Stück entfallende Arbeitszeit auch die anteiligen Lohnnebenkosten zu berücksichtigen.
Was gehört **nicht** dazu?

1. Anteilige Arbeitgeberbeiträge zur Sozialversicherung
2. Anteiliges Urlaubs- und Weihnachtsgeld
3. Anteilige Kosten für Entgeltfortzahlung bei Arbeitsunfähigkeit
4. Anteiliges Urlaubs- und Feiertagsentgelt
5. Anteilige Lohnsteuer

030

Aus welchen Angaben ergibt sich eine Verringerung der Reallöhne der Arbeitnehmer?

1. Die Löhne sind um 1,5 %, die Arbeitsproduktivität ist um 3 % gestiegen.
2. Die Löhne sind um 2 % gestiegen, die Einkommen aus Unternehmertätigkeit um 10 %.
3. Die Löhne sind um 1 % gestiegen, die Kosten der Lebenshaltung um 2,5 %.
4. Die Löhne sind um 2 % gestiegen, die Lohnstückkosten um 2 % gesunken.
5. Die Arbeitsproduktivität ist um 5 % gestiegen, die Lohnstückkosten sind um 3 % gesunken.

031

Bei den betrieblichen Kosten wird zwischen Fixkosten und variablen Kosten unterschieden.
Welche Aussage über Fixkosten ist richtig?

1. Sie steigen und sinken im gleichen Ausmaß wie die produzierte Gütermenge.
2. Ihre Höhe lässt sich auch langfristig kaum beeinflussen.
3. Sie wirken sich nicht auf die Stückkosten aus.
4. Ihre Höhe hängt nicht von der produzierten Menge ab.
5. Sie verändern sich bereits bei kleinen Veränderungen der produzierten Menge sprunghaft.

032

Welche Folge ergibt sich aus der Existenz von Fixkosten, wenn die produzierte Menge vorübergehend sinkt?

1. Keine, weil Fixkosten nicht von der produzierten Menge abhängen.
2. Die Stückkosten steigen.
3. Die Gesamtkosten bleiben unverändert.
4. Die Gesamtkosten steigen.
5. Die Stückkosten sinken.

033

Bei der Kalkulation der Selbstkosten wird zwischen Einzel- und Gemeinkosten unterschieden.
In welchen Fall steigen die Einzelkosten?

1. Die Einkaufspreise für Fertigungsmaterial steigen um durchschnittlich 5 %.
2. Die Renovierung der Betriebsräume ist aufwändiger als ursprünglich erwartet.
3. Der Preis der Heizenergie (Erdgas) steigt sprunghaft.
4. Die Angestellten in der Verwaltung erhalten eine Gehaltserhöhung von durchschnittlich 3 %.
5. Durch Optimierung des Materialflusses wird die Arbeitsproduktivität um 10 % erhöht.

034

Auf der Betriebsversammlung berichtet der Arbeitgeber: „Seit mehr als zwei Jahren schreiben wir rote Zahlen!"
Was ist damit gemeint?
Das Unternehmen …

1. macht Gewinn.
2. macht nicht genug Gewinn.
3. macht Verlust.
4. hat den Umsatz laufend erhöht.
5. hat Steuerschulden.

035

Die Erträge eines Unternehmens betragen 63 Mio. EUR, die Aufwendungen 60 Mio. EUR. Welcher Schluss lässt sich aus diesen Angaben ziehen?

1. Die Rentabilität beträgt 5 %.
2. Die Rentabilität beträgt 105 %.
3. Die Wirtschaftlichkeit beträgt 95 %
4. Die Wirtschaftlichkeit beträgt 5 %
5. Die Wirtschaftlichkeit beträgt 105 %.

036

Liquidität ist die Fähigkeit eines Unternehmens, …

1. fällige Verbindlichkeiten fristgerecht und uneingeschränkt zu begleichen.
2. am Markt kostendeckende Preise zu erzielen.
3. sich rasch an Veränderungen auf Absatzmärkten anzupassen.
4. Gewinne erneut gewinnbringend anzulegen.
5. rasch neue Kunden zu gewinnen, wenn bisherige verloren gehen.

037

Welche Aussage über Konzerne ist richtig?
Konzerne sind …

1. Zusammenschlüsse rechtlich selbständiger Unternehmen zu einer wirtschaftlichen Einheit unter einheitlicher Leitung.
2. lockere Zusammenschlüsse rechtlich und wirtschaftlich unabhängiger Unternehmen.
3. Großunternehmen mit Betrieben im In- und Ausland.
4. Unternehmenszusammenschlüsse mit dem Ziel, den Wettbewerb einzuschränken oder auszuschließen.
5. marktbeherrschende Zusammenschlüsse rechtlich selbständiger Unternehmen.

038

Was verbietet das „Kartellgesetz" unter anderem?

1. Irreführende Werbung mit unzutreffenden Behauptungen
2. Langfristige Lieferverträge mit Festpreisgarantie
3. Absprachen zwischen Unternehmen zur Beschränkung des Wettbewerbs
4. Zusammenschluss von Unternehmen zu Konzernen
5. Zusammenarbeit von Unternehmen in Konsortien und Arbeitsgemeinschaften

039

In welchem Beispiel wird von vertikaler Verflechtung gesprochen?
Ein Konzern besteht aus Unternehmen …

1. in Deutschland, Frankreich, Spanien, Polen, Tschechien und Lettland.
2. der Erdölförderung, der Mineralölverarbeitung sowie des Groß- und Einzelhandels mit Mineralölprodukten.
3. in Europa, Asien und Nordamerika.
4. des stationären Einzelhandels und des Versandhandels mit Konsumgütern.
5. in Industriestaaten und Schwellenländern.

040

Durch Fusion (Verschmelzung) von zwei oder mehr Unternehmen entsteht ein …

1. Gleichordnungskonzern.
2. Unterordnungskonzern.
3. Kartell.
4. größeres Unternehmen.
5. Konsortium.

041

Das Bundeskartellamt untersagt den Zusammenschluss von Unternehmen, wenn …

1. der Verlust von Arbeitsplätzen droht.
2. der Zusammenschluss zu einer marktbeherrschenden Stellung führt.
3. die Unternehmen nicht über ausreichendes Eigenkapital verfügen.
4. der Zusammenschluss wirtschaftspolitisch nicht erwünscht ist.
5. Steuerausfälle aufgrund des Zusammenschlusses drohen.

042

In welcher Branche ist der Grad der Unternehmenskonzentration am höchsten?

1. Landwirtschaft
2. Elektrohandwerk
3. Baugewerbe
4. Automobilbau
5. Außenhandel (Im- und Export)

043

Bei welcher Unternehmensform haften alle Gesellschafter sowohl mit ihren Geschäftsanteilen als auch persönlich mit ihrem privaten Vermögen gegenüber den Gläubigern des Unternehmens?

1. Kommanditgesellschaft
2. Offene Handelsgesellschaft
3. Aktiengesellschaft
4. Genossenschaft
5. Gesellschaft mit beschränkter Haftung

044

Bei welcher Gesellschaftsform gibt es sowohl unbeschränkt persönlich haftende als auch beschränkt haftende Gesellschafter?

1. Gesellschaft des bürgerlichen Rechts
2. Offene Handelsgesellschaft
3. Kommanditgesellschaft
4. Gesellschaft mit beschränkter Haftung
5. Aktiengesellschaft

045

In welchem Wirtschaftsbereich werden viele Betriebe als Einzelunternehmungen geführt?

1. Maschinenbau
2. Nahrungsmittelindustrie
3. Bergbau
4. Öffentliche Unternehmungen
5. Handwerk

046

Bei welcher Rechtsform werden die Gesellschafter als *Kommanditisten* und *Komplementäre* bezeichnet?

1. Gesellschaft des bürgerlichen Rechts
2. Offene Handelsgesellschaft
3. Kommanditgesellschaft
4. Gesellschaft mit beschränkter Haftung
5. Unternehmergesellschaft (haftungsbeschränkt)

047

An welcher Abkürzung in ihrem Namen sind Erwerbs- und Wirtschaftsgenossenschaften zu erkennen?

1. OHG
2. EWG
3. GmbH
4. e. V.
5. e. G.

048

Organe der Aktiengesellschaft sind Hauptversammlung, Vorstand und …

1. Aufsichtsrat
2. Betriebsrat
3. Beirat
4. Verwaltungsrat
5. Wirtschaftsprüfer

049

Welche Aussage über Aktionäre ist richtig?

1. Sie erhalten jährlich einen festen Gewinnanteil.
2. Sie haften mit ihrem Privatvermögen für Verbindlichkeiten der Aktiengesellschaft.
3. Sie führen die Geschäfte der Aktiengesellschaft.
4. Sie üben ihre Rechte in der Hauptversammlung aus.
5. Sie überwachen die Geschäftsführung des Vorstands.

050

Der auf eine Aktie entfallende Gewinnanteil, der von einer Aktiengesellschaft ausgeschüttet wird, heißt …

1. Dividende.
2. Honorar.
3. Provision.
4. Revenue.
5. Tantieme.

051

Welche Aussage über die Europäische Gesellschaft (Societas Europaea, kurz SE) trifft zu?

1. Die SE ist eine Gesellschaftsform nach EU-Recht, die im Wesentlichen der deutschen GmbH entspricht.
2. Die SE ist eine Kommanditgesellschaft nach EU-Recht.
3. Die SE kann nur als Personengesellschaft in einem EU-Staat gegründet werden.
4. Die SE ist eine Aktiengesellschaft nach EU-Recht.
5. Die SE ist eine Rechtsform für gemeinnützige und öffentliche Unternehmen nach EU-Recht.

052

Wie viele persönlich haftende Gesellschafter muss eine GmbH bei ihrer Gründung mindestens haben?

1. Keinen
2. Einen
3. Zwei
4. Drei
5. Sieben

053

Welche Aussage über die GmbH ist richtig?

1. Das Stammkapital beträgt mindestens 25 000 Euro.
2. Die GmbH ist eine Personengesellschaft.
3. Mindestens ein Gesellschafter haftet unbeschränkt für Verbindlichkeiten der GmbH.
4. Jede GmbH hat einen Aufsichtsrat.
5. Der Geschäftsführer der GmbH wird auch als Komplementär bezeichnet.

054

Wer führt die Geschäfte der Gesellschaft mit beschränkter Haftung?

1. Die Gesellschafter gemeinsam
2. Der Vorstand
3. Der Aufsichtsrat
4. Ein oder mehrere Geschäftsführer
5. Der Gesellschafter mit dem höchsten Geschäftsanteil

055

Was unterscheidet die noch relativ neue Rechtsform *Unternehmergesellschaft (haftungsbeschränkt)* von der Gesellschaft mit beschränkter Haftung?

1. Die Unternehmergesellschaft ist eine Personengesellschaft.
2. Das Stammkapital beträgt weniger als 25 000 Euro.
3. Die Gesellschaft muss nicht in das Handelsregister eingetragen werden.
4. Der Geschäftsführer haftet allein für Verbindlichkeiten der Gesellschaft.
5. Es gibt keinen Unterschied; nur der Name ist neu.

056

Was verbirgt sich hinter der Bezeichnung *GmbH & Co. KG?*

1. Unternehmen, das durch Fusion einer Gesellschaft mit beschränkter Haftung und einer Kommanditgesellschaft entstanden ist.
2. Gesellschaft mit beschränkter Haftung, an der eine Kommanditgesellschaft beteiligt ist.
3. Gesellschaftsform, auf die wahlweise das Recht der GmbH oder das Recht der Kommanditgesellschaft angewandt werden kann.
4. Kommanditgesellschaft, bei der mindestens ein Kommanditist eine Gesellschaft mit beschränkter Haftung ist.
5. Kommanditgesellschaft, deren Komplementär eine Gesellschaft mit beschränkter Haftung ist.

057

Nennen Sie drei Möglichkeiten zur Erhöhung der Arbeitsproduktivität bei Werkstattfertigung.

Bewertung

058

Bewertung

Investitionen lassen sich nach ihrem Zweck in Ersatz-, Erweiterungs- und Rationalisierungsinvestitionen unterteilen.

Erläutern Sie diese drei Investitionsarten.

059

Bewertung

Die Skizzen zeigen Kostenverläufe in Abhängigkeit von der produzierten Stückzahl.

1 Kennzeichnen Sie die vier Skizzen jeweils mit dem Begriff *Fixkosten* bzw. *variable Kosten*.

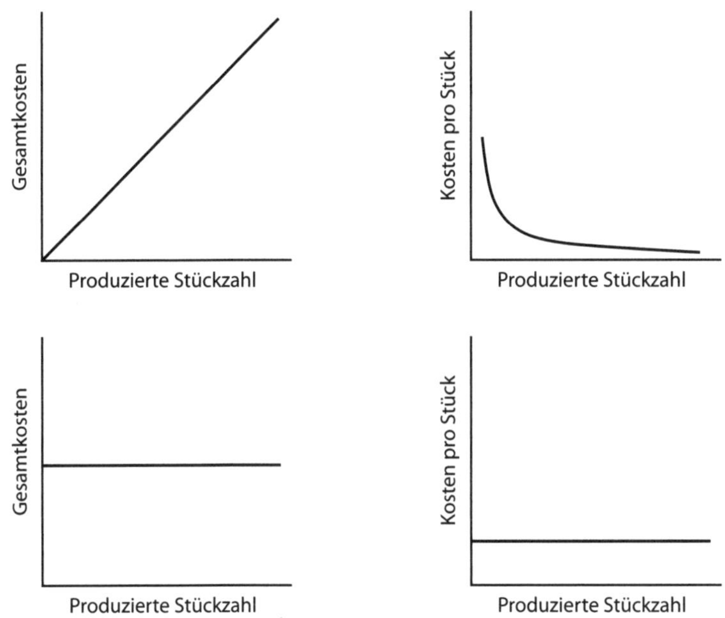

2 Erläutern Sie die Begriffe *Fixkosten* und *variable Kosten*.

060

Bewertung

Ein Unternehmen stellt ein Produkt in Massenfertigung her. Rund 50 % der Produktionskosten entfallen auf Fertigungsmaterial. Wegen der angespannten Lage auf dem Absatzmarkt wird der Verkaufspreis um 10 % gesenkt. Durch Verhandlungen mit Zulieferern können die Einstandspreise für das Fertigungsmaterial ebenfalls um 10 % reduziert werden.
Erläutern Sie, wie sich Gewinn, Wirtschaftlichkeit, Rentabilität und Arbeitsproduktivität entwickeln, wenn die produzierte und abgesetzte Menge unverändert bleibt.
(Berechnungen sind nicht erforderlich).

1 Gewinn

2 Wirtschaftlichkeit

3 Rentabilität

4 Arbeitsproduktivität

061

Bewertung

Der Geschäftsbericht eines Unternehmens enthält u. a. folgende Angaben für das Berichtsjahr:

Aufwendungen:	64 Mio. EUR
Erträge:	72 Mio. EUR
Eigenkapital:	40 Mio. EUR
Bilanzsumme:	96 Mio. EUR

1 Ermitteln Sie den Gewinn.

2 Errechnen Sie die Wirtschaftlichkeit.

3 Wie hoch ist die Eigenkapitalrentabilität?

062

Bewertung

Die Wischiwaschi AG, ein großer Hersteller von Haushaltsgeräten, konnte den Absatz seines Spitzenmodells „Blitzsauber GTX" im abgelaufenen Geschäftsjahr um 20 % erhöhen. Der Umsatz stieg jedoch nur um 5 %.

1 Erläutern Sie die Begriffe *Absatz* und *Umsatz*.

2 Warum hat sich der Umsatz in geringerem Maße erhöht als der Absatz?

063

Bewertung

Produktivitätssteigerungen bergen für Arbeitnehmer Risiken, eröffnen aber auch Chancen.

Nennen Sie einen Nach- und einen Vorteil steigender Arbeitsproduktivität aus Arbeitnehmersicht.

064

Bewertung

Ordnen Sie die folgenden Wirtschaftszweige jeweils dem richtigen Sektor der Volkswirtschaft zu.

Baugewerbe	Fischerei	Güterverkehr	Maschinenbau
Einzelhandel	Getränkeherstellung	Kreditinstitute	Schiffbau
Energieerzeugung	Großhandel	Landwirtschaft	Steuer- und Wirtschaftsberatung

Primärer Sektor	Sekundärer Sektor	Tertiärer Sektor

065

Bewertung

Kreuzen Sie in der Tabelle jeweils an, welches Organ der Aktiengesellschaft – Hauptversammlung, Aufsichtsrat oder Vorstand – das angegebene Recht bzw. die angegebene Aufgabe hat.

Recht, Aufgabe	Hauptversammlung	Aufsichtsrat	Vorstand
Bestellung des Vorstands			
Einberufung der Hauptversammlung			
Entlastung des Aufsichtsrats			
Entlastung des Vorstands			
Entscheidung über Auflösung der Gesellschaft			
Entscheidung über Verwendung des Bilanzgewinns			
Leitung der Gesellschaft			
Prüfung des Jahrsabschlusses			
Überwachung der Geschäftsführung			
Wahl der Aufsichtsratsmitglieder			

Lösungshilfe: Auszug aus dem Aktiengesetz (www.wiso-training.de)

066

Bewertung

Bei welchen Gesellschaftsformen haftet mindestens ein Gesellschafter unbeschränkt persönlich mit seinem Privatvermögen für Verbindlichkeiten der Gesellschaft?
Tragen Sie die entsprechenden Kennbuchstaben in die Kästchen ein.

A Aktiengesellschaft

B Societas Europaea (Europäische Gesellschaft, SE)

C Eingetragene Genossenschaft

D Gesellschaft des bürgerlichen Rechts

E Unternehmergesellschaft (haftungsbeschränkt)

F Kommanditgesellschaft

G Offene Handelsgesellschaft

H Gesellschaft mit beschränkter Haftung

067

Bewertung

Kreuzen Sie bei den einzelnen Rechtsformen jeweils an, ob es sich um eine Personengesellschaft, eine Kapitalgesellschaft oder eine besondere Gesellschaftsform handelt, die weder den Personen- noch den Kapitalgesellschaften zugeordnet wird.

Rechtsform	Personengesellschaft	Kapitalgesellschaft	Bes. Gesellschaftsform
Aktiengesellschaft			
Genossenschaft			
Gesellschaft des bürgerlichen Rechts			
Gesellschaft mit beschränkter Haftung			
Kommanditgesellschaft			
Offene Handelsgesellschaft			
Versicherungsverein auf Gegenseitigkeit			

068

Bewertung

Nach dem Aktiengesetz dürfen Aufsichtsratsmitglieder nicht zugleich Mitglieder des Vorstands derselben Aktiengesellschaft sein.

Erläutern Sie den Sinn dieser Vorschrift.

069

Bewertung

Welche Vereinbarungen zwischen Unternehmen soll das Kartellverbot im Gesetz gegen Wettbewerbsbeschränkungen (GWB) verhindern?

070

Bewertung

Durch Fusionen und Bildung von Konzernen ist es in den vergangenen Jahrzehnten zu immer stärkerer wirtschaftlicher Konzentration gekommen.

Nennen Sie mögliche Vor- und Nachteile dieser Entwicklung (jeweils zwei).

Themenbereich 3.2
Rolle der Verbraucher
Rechtsgeschäfte und ihre Folgen

071

In welche Hauptgruppen werden die zur Befriedigung von Bedürfnissen erforderlichen Güter nach ihrer Knappheit bzw. uneingeschränkten Verfügbarkeit unterteilt?

1. Produktions- und Konsumgüter
2. Materielle und immaterielle Güter
3. Wirtschaftliche und freie Güter
4. Natürliche und produzierte Güter
5. Sachgüter, Dienstleistungen und Rechte

072

Welche Zuordnung ist **falsch**?

1. Mobiltelefon – wirtschaftliches Gut
2. Grund und Boden – freies Gut
3. Erdgas – wirtschaftliches Gut
4. Tageslicht – freies Gut
5. Weizenmehl – wirtschaftliches Gut

073

Zu den materiellen Existenzbedürfnissen (Grundbedürfnissen) gehört das Bedürfnis nach …

1. Bildung.
2. hochwertiger, modischer Kleidung.
3. Kultur.
4. gesellschaftlicher Anerkennung.
5. Nahrung.

074

Welche Aussage über Bedürfnis und Bedarf ist richtig?

1. Bedürfnisse zielen auf freie Güter oder immaterielle Werte, Bedarfe dagegen auf knappe, materielle Güter.
2. Bedarf ist ein mit Kaufkraft ausgestattetes Bedürfnis.
3. Das Bedürfnis wird nur zum Bedarf, wenn ihm ein entsprechendes Angebot gegenübersteht.
4. Bedürfnis und Bedarf sind dasselbe.
5. Bedürfnisse beziehen sich nur auf existenznotwendige Güter, Bedarfe dagegen auch auf alle übrigen.

075

Die Abgrenzung zwischen Individual- und Kollektivbedürfnissen ist nicht ganz unproblematisch. In welchem Beispiel geht es aber eindeutig um ein Kollektivbedürfnis?
Bedürfnis nach …

1. Schutz vor Witterung
2. Unterhaltung
3. Nahrung
4. intakter, sauberer Umwelt
5. Freundschaft

076

Welche Aussage über Bedürfnisse ist **unzutreffend**?

1. Individuelle Bedürfnisse werden in Marktwirtschaften ausschließlich über Märkte befriedigt.
2. Bedürfnisse können grenzenlos sein, Bedarf ist dagegen immer begrenzt.
3. Ohne ausreichende Kaufkraft können auch viele immaterielle Bedürfnisse nicht befriedigt werden.
4. Kollektive Bedürfnisse werden oft vom Staat befriedigt.
5. Die Befriedigung der Grundbedürfnisse ist lebensnotwendig, auf die Befriedigung höherer Bedürfnisse kann notfalls verzichtet werden.

077

Zu den Konsumgütern zählen nur Güter, die …

1. zum kurzfristigen Verbrauch in privaten Haushalten bestimmt sind.
2. in privaten Haushalten oder bei der Herstellung neuer Güter verbraucht werden.
3. für den Ge- oder Verbrauch in privaten Haushalten hergestellt und gehandelt werden.
4. zur Befriedigung von Grundbedürfnissen erforderlich sind.
5. sich zum langfristigen Gebrauch in privaten Haushalten eignen.

078

Welches Konsumgut ist ein Gebrauchsgut?

1. Obstkonserve
2. Heizöl
3. Waschpulver
4. Schreibpapier
5. Kaffeetasse

079

Welche Aussage über Konsumgewohnheiten ist **falsch**?

1. Bei plötzlichen Einkommensverlusten fällt es vielen Menschen schwer, ihre Konsumgewohnheiten an die neue Situation anzupassen.
2. Konsumgewohnheiten werden im Wesentlichen durch unveränderliche, in der menschlichen Natur angelegte Bedürfnisse bestimmt.
3. Konsumgewohnheiten ergeben sich nicht nur aus bewussten Entscheidungen, sondern sind oft emotional begründet.
4. Konsumgewohnheiten wandeln sich aufgrund wirtschaftlicher, gesellschaftlicher und kultureller Einflüsse.
5. Durch Werbung sollen latent vorhandene Bedürfnisse geweckt und Konsumgewohnheiten im Interesse des Werbenden verändert werden.

080

Wie ist es möglich, dass die Konsumausgaben eines Arbeitnehmerhaushalts vorübergehend höher sind als das Haushaltseinkommen?

1. Nur durch Schenkung, Erbschaft oder Lotteriegewinn
2. Nur durch Überstunden oder einen Zweitjob
3. Durch preisbewußten Einkauf und gezielte Nutzung von Sonder- oder Aktionsangeboten
4. Durch Auflösung von Ersparnissen oder Aufnahme eines Kredits
5. Das ist gar nicht möglich.

081

In welchem Fall wird bei einer Privatperson (Verbraucher) von Überschuldung gesprochen?

1. Die Summe der Schulden ist höher als das Netto-Jahreseinkommen.
2. Die Summe der Schulden übersteigt den Wert der in ihrem Besitz befindlichen Vermögensgegenstände.
3. Sie ist nicht in der Lage, ihre Schulden unter Einsatz von Einkommen und Vermögen innerhalb eines überschaubaren Zeitraums abzutragen.
4. Sie hat Schulden bei mehr als 20 Gläubigern.
5. Sie bemüht sich nicht mehr aktiv darum, zumindest einen Teil ihrer Schulden zu begleichen.

082

Was ist nach der Insolvenzordnung (InsO) allgemeiner Eröffnungsgrund für das Insolvenzverfahren?

1. Zahlungsunfähigkeit
2. Zahlungsverweigerung
3. Zahlungsverzug
4. Zahlungsunwilligkeit
5. Mangelhafte Zahlungsmoral

083

Was muss dem Antrag auf Eröffnung des gerichtlichen Verbraucherinsolvenzverfahrens vorangehen?

1. Versuch der außergerichtlichen Einigung mit den Gläubigern
2. Veräußerung noch vorhandener Vermögensgegenstände und Aufteilung des Erlöses auf die Gläubiger
3. Eidesstattliche Versicherung des Schuldners, dass er völlig mittellos ist
4. Kündigung aller noch laufenden Kreditverträge
5. Beantragung staatlicher Transferleistungen (zum Beispiel Arbeitslosengeld II, Sozialhilfe)

084

Das Insolvenzverfahren dient dazu, die Gläubiger eines Schuldners soweit wie möglich zu befriedigen. Außerdem soll es …

1. Schuldnern als ernsthafte Warnung dienen.
2. Schuldnern das Eingehen neuer Verbindlichkeiten für immer unmöglich machen.
3. Kreditinstitute und Öffentlichkeit davor warnen, dem Schuldner Kredit zu gewähren.
4. redlichen Schuldnern die Gelegenheit geben, sich von den restlichen Verbindlichkeiten zu befreien.
5. unredliche Schuldner mit dem Verlust ihres gegenwärtigen und zukünftigen Vermögens bestrafen.

085

Rechtsfähigkeit ist die Fähigkeit einer Person, …

1. Rechtsgeschäfte wirksam abzuschließen.
2. selbständig Trägerin von Rechten und Pflichten zu sein.
3. vor einem Gericht als Kläger(in) oder Beklagte(r) aufzutreten.
4. ehrenamtliche Aufgaben im Rechtswesen zu übernehmen, insbesondere als ehrenamtliche(r) Richter(in).
5. unter Eid auszusagen und eidesstattliche Erklärungen abzugeben.

086

Die Rechtsfähigkeit eines Menschen beginnt nach dem Bürgerlichen Gesetzbuch mit Vollendung …

1. der Geburt.
2. des 7. Lebensjahrs.
3. des 14. Lebensjahrs.
4. des 18. Lebensjahrs.
5. des 21. Lebensjahrs.

087

Das Bürgerliche Gesetzbuch (BGB) unterscheidet geschäftsfähige, beschränkt geschäftsfähige und geschäftsunfähige Personen. Beschränkt geschäftsfähig ist , wer …

1. noch nicht das sechzehnte Lebensjahr vollendet hat.
2. das sechste, aber noch nicht das sechzehnte Lebensjahr vollendet hat.
3. das vierzehnte, aber noch nicht das achtzehnte Lebensjahr vollendet hat.
4. das siebte, aber noch nicht das achtzehnte Lebensjahr vollendet hat.
5. das sechzehnte, aber noch nicht das zwanzigste Lebensjahr vollendet hat.

088

Nach dem Bürgerlichen Gesetzbuch sind Willenserklärungen von geschäfts**un**fähigen Personen …

1. jederzeit widerrufbar.
2. nur dann wirksam, wenn die Einwilligung eines gesetzlichen Vertreters vorliegt.
3. nichtig.
4. zwar wirksam, können aber von einem gesetzlichen Vertreter angefochten werden.
5. solange unwirksam, bis sie von einem gesetzlichen Vertreter bestätigt werden.

089

Willenserklärungen von beschränkt geschäftsfähigen Personen sind grundsätzlich …

1. jederzeit widerrufbar.
2. nur dann wirksam, wenn die Einwilligung eines gesetzlichen Vertreters vorliegt.
3. nichtig.
4. wirksam, können aber von einem gesetzlichen Vertreter widerrufen werden.
5. ohne Einschränkung wirksam.

090

Beschränkt geschäftsfähige Personen können ausnahmsweise auch ohne Zustimmung eines gesetzlichen Vertreters wirksame Verträge schließen. Wie wird die Ausnahmeregelung im BGB umgangssprachlich genannt?

1. Bagatellparagraf
2. Kindergeldparagraf
3. Kleingeldparagraf
4. Taschengeldparagraf
5. Teenagerparagraf

091

Wie kommt ein Kaufvertrag zustande?

1. Durch Übergabe des Kaufgegenstands
2. Durch zwei Willenserklärungen (Angebot und Annahme)
3. Durch Bezahlung des Kaufpreises
4. Durch eine Willenserklärung (Bestellung oder Kaufantrag)
5. Durch Übergabe oder Zusendung von Rechnung oder Lieferschein

092

Welche Aussage über Verträge ist **unzutreffend**?

1. Verträge sind rechtlich bindend und müssen von allen Vertragsparteien erfüllt werden.
2. Sie kommen durch Willenserklärungen von zwei oder mehr Vertragsparteien zustande (mehrseitiges Rechtsgeschäft).
3. Bei zweiseitigen Verträgen wird die zuerst abgegebene Willenserklärung auch *Angebot* oder *Antrag* und die darauf folgende *Annahme* genannt.
4. Verträge, die auf unbestimmte Dauer geschlossen sind (z. B. Arbeitsverträge), werden durch Kündigung beendet.
5. Solange noch nicht beide Parteien ihren vertraglichen Leistungspflichten nachgekommen sind, kann jeder Vertrag von einer Partei widerrufen werden.

093

In welchem Fall geht es um ein einseitiges Rechtsgeschäft?

1. Kaufvertrag
2. Mietvertrag
3. Kündigung
4. Schenkung
5. Werkvertrag

094

Bei welchem Vertrag ist die Schriftform gesetzlich vorgeschrieben?

1. Werkvertrag
2. Kaufvertrag
3. Dienstvertrag
4. Verbraucherdarlehensvertrag
5. Wohnraummietvertrag

095

Welcher Vertrag muss von einem Notar beurkundet werden?

1. Grundstückskaufvertrag
2. Kreditvertrag
3. Kaufvertrag über Aktien oder andere Wertpapiere
4. Lebensversicherungsvertrag
5. Jeder Kaufvertrag ab 50 000 EUR Kaufsumme

096

Eine Verbraucherin kauft ein Radio in einem Online-Shop. Wie wird diese Art des Kaufvertrags vom Bürgerlichen Gesetzbuch allgemein genannt?

1. Haustürgeschäft
2. Werklieferungsvertrag
3. Einseitiges Rechtsgeschäft
4. Papierloser Kaufvertrag
5. Fernabsatzvertrag

097

Bei welchem Kaufvertrag hat der Verbraucher ein gesetzliches Widerrufsrecht?

1. Kauf eines Gebrauchtwagens von einem privaten Verkäufer
2. Kauf von Büchern bei einer Versandbuchhandlung
3. Kauf eines nach Maßangaben des Verbrauchers gefertigten Anzugs bei einem Versandhändler
4. Kauf von Bekleidung in einem Warenhaus
5. Kauf einer hochwertigen Digitalkamera zum Preis von 2500 Euro in einem Ladengeschäft

098

Innerhalb welcher gesetzlichen Frist kann der Verbraucher den mit einem Versandhändler geschlossenen Kaufvertrag (Fernabsatzvertrag) widerrufen?

1. Drei Tage ab Eingang der Ware
2. 14 Tage ab Bestellung der Ware
3. 14 Tage ab Eingang der Ware
4. Vier Wochen ab Bestellung der Ware
5. Vier Wochen ab Eingang der Ware

099

Verträge sind grundsätzlich für beide Seiten bindend und müssen erfüllt werden. Bei einigen Vertragsarten haben Verbraucher allerdings das Recht auf Widerruf.
Bei welchem Vertrag gibt es aber **kein** gesetzliches Widerrufsrecht?

1. Ratenlieferungsvertrag (z. B. Zeitungsabonnement)
2. Lebensversicherungsvertrag
3. Fernabsatzvertrag (z. B. Kauf im Versandhandel)
4. Verbraucherdarlehensvertrag
5. Mietvertrag (Wohnung)

100

In welchem Fall kann der Käufer seine Willenserklärung anfechten?

1. Wenn ihn der Verkäufer arglistig über wichtige Eigenschaften des Kaufgegenstands getäuscht hat
2. Wenn ihm der Kaufgegenstand wider Erwarten nicht gefällt
3. In jedem Fall und ohne besonderen Grund, wenn er die Frist von zwei Wochen ab Lieferung einhält
4. Wenn er innerhalb von zwei Wochen feststellt, dass ein anderer Verkäufer gleichwertige Ware zu einem erheblich geringeren Preis anbietet
5. Wenn der Kaufgegenstand verspätet geliefert wird

101

Wer haftet nach dem BGB grundsätzlich gegenüber dem Verbraucher für Mängel des Kaufgegenstands?

1. Nur der Hersteller
2. Nur der Verkäufer
3. Verkäufer und Zwischenhändler
4. Hersteller und Verkäufer
5. Hersteller und Zwischenhändler

102

Welche Aussage zur Garantie des Herstellers ist richtig?

1. Die Garantieerklärung des Herstellers ist unverbindlich und nicht gesetzlich geregelt.
2. Die Herstellergarantie ersetzt die Haftung des Verkäufers für Sachmängel.
3. Die Garantie darf gesetzliche Rechte des Verbrauchers nicht einschränken.
4. Die Herstellergarantie kann nur in Anspruch genommen werden, wenn kein Haftungsanspruch gegenüber dem Verkäufer besteht.
5. Die Garantiefrist beträgt mindestens drei Jahre.

103

Wofür haftet der Hersteller nach dem Produkthaftungsgesetz?

1. Für alle Personen-, Sach- und Vermögensschäden, die bei Verwendung des Produkts auftreten
2. Nur für Personen- und Sachschäden, die durch einen Fehler des Produkts verursacht werden
3. Nur für Sachschäden, die durch einen Fehler des Produkts verursacht werden
4. Für alle Schäden, zu denen es bei Erwerb, Nutzung und Entsorgung des Produkts kommt
5. Nur für Schäden am Produkt, die auf einen Fehler bei der Herstellung zurückzuführen sind

104

In welcher Auswahlantwort wird ein Fall geschildert, in dem der Hersteller Schadensersatz nach dem Produkthaftungsgesetz (ProdHaftG) leisten muss?

1. Ein neues Telefon ist schon nach einer Wochen defekt.
2. Eine Waschmaschine geht kurz nach Ablauf der zweijährigen Garantiezeit kaputt.
3. Ein neues Paar Schuhe zeigt bereits nach dreimaligem Tragen deutliche Verschleißerscheinungen.
4. Durch das Platzen eines fehlerhaft hergestellten Autoreifens kommt es zu einem schweren Unfall.
5. Eine Konserve, die laut Werbung von höchster Qualität sein soll, enthält minderwertige Zutaten.

105

Welche Aussage zum effektiven Jahreszins bei Verbraucherdarlehen trifft zu?

1. Er ist der „echte“ Preis des Kredits, denn er enthält alle Kosten des Kredits für den Kreditnehmer.
2. Er ist eine rein rechnerische Größe, die nur für den Kreditgeber von Interesse ist.
3. Er kann auf unterschiedliche Arten berechnet werden und liefert daher keine zuverlässige Information über die tatsächlichen Kosten des Kredits.
4. Kreditgeber sind nicht verpflichtet, ihn anzugeben.
5. Er wird häufig in der Werbung von Kreditinstituten angegeben, weil er niedriger ist als der nominelle Zins.

106

Bei welcher Form des Kredits ist der effektive Jahreszins in der Regel am höchsten?

1. Anschaffungsdarlehen
2. Bauspardarlehen
3. Überziehung des Girokontos (Dispositionskredit)
4. Hypothekenkredit
5. Zweckgebundenes KfW-Darlehen im Rahmen eines Förderprogramms zur CO_2-Reduzierung

107

Wozu ist das Kreditinstitut unter bestimmten Voraussetzungen berechtigt, wenn der Darlehensnehmer, ein Verbraucher, mit mehreren Teilzahlungen im Verzug ist?

1. Vertragsstrafe in Höhe der ausstehenden Teilzahlungen fordern
2. Darlehensvertrag kündigen und Restschuld sofort fällig stellen
3. Zinssatz um bis zu 6,5 Prozentpunkte erhöhen
4. Girokonto des Darlehensnehmers sperren
5. Namen des säumigen Schuldners durch Aushang im Schalterraum bekanntgeben

108

Aus einer Zeitungsanzeige: „Arbeitslos? Knapp bei Kasse? Geld sofort! Auch ohne Sicherheiten! Auch bei laufenden Krediten!“ Womit ist bei solchen Angeboten zu rechnen?

1. Erheblich höherer effektiver Jahreszins als bei üblichen Verbraucherdarlehen
2. Die gesetzlichen Regelungen für Verbraucherdarlehen gelten hier wahrscheinlich nicht.
3. Anbieter ist eine gemeinnützige Organisation, die Verbraucher in finanziellen Notlagen unterstützt.
4. Großzügigkeit des Anbieters auch bei Zahlungsverzug
5. Wer ein Darlehen bei diesem Anbieter aufnimmt, macht sich möglicherweise strafbar.

109

Ein Kaufvertrag, der während einer vom Verkäufer organisierten Ausflugsfahrt („Kaffeefahrt“) mit einem Verbraucher geschlossen wird, ist nach dem BGB …

1. ein Fernabsatzvertrag.
2. sittenwidrig.
3. ein Haustürgeschäft.
4. anfechtbar.
5. ein einseitiges Rechtsgeschäft.

110

Welches besondere Recht hat der Verbraucher bei Haustürgeschäften?

1. Widerruf
2. Außerordentliche Kündigung
3. Rücktritt
4. Anfechtung
5. Zahlungsverweigerung

111

Wofür steht die Abkürzung AGB?

1. Anerkannte und gültige Bedingungen
2. Ausnahmsweise geltende Bedingungen
3. Angebotsbedingungen
4. Allgemeine Geschäftsbedingungen
5. Anzuwendende Garantiebedingungen

112

Welche Aussage über Allgemeine Geschäftsbedingungen entspricht der gesetzlichen Regelung?

1. Bei Verträgen mit Verbrauchern sind AGB nicht erlaubt.
2. Individuelle Vertragsabreden haben Vorrang vor AGB.
3. AGB sind erst ab dem Tag der Veröffentlichung im Bundesanzeiger wirksam.
4. AGB haben immer Vorrang und können nicht durch individuelle Abreden verändert oder ausgeschlossen werden.
5. Unzulässige Klauseln in AGB führen zur Unwirksamkeit des gesamten Vertrags.

113

In welchem Gesetz oder welcher Verordnung ist die folgende Aussage zu finden?
Wer Letztverbrauchern gewerbs- oder geschäftsmäßig Waren oder Leistungen anbietet oder als Anbieter von Waren oder Leistungen gegenüber Letztverbrauchern unter Angabe von Preisen wirbt, hat die Preise anzugeben, die einschließlich der Umsatzsteuer und sonstiger Preisbestandteile zu zahlen sind.

1. Bürgerliches Gesetzbuch
2. Handelsgesetzbuch
3. Gewerbeordnung
4. Umsatzsteuer-Durchführungsverordnung
5. Preisangabenverordnung

114

In bestimmten Fällen verlangt die Preisangabenverordnung neben der Angabe des Endpreises auch die Angabe des Grundpreises. Was ist das?

1. Preis pro Mengeneinheit (Kilogramm, Liter)
2. Durchschnittlicher Preis der Ware im örtlichen Einzelhandel
3. Großhandelspreis
4. Preis ohne Umsatzsteuer
5. Preis der preisgünstigsten vergleichbaren Ware

115

Was verlangt die Preisangabenverordnung **nicht** von Versandhändlern?

1. Angabe der Endpreise einschließlich Umsatzsteuer und sonstiger Preisbestandteile
2. Angabe, dass die geforderten Preise Umsatzsteuer und sonstige Preisbestandteile enthalten
3. Angabe, ob zusätzliche Liefer- und Versandkosten anfallen und ggf. deren Höhe
4. Angabe des verbindlichen Liefertermins
5. Gegebenenfalls Angabe des Grundpreises

116

Welche Aussage über die Verbraucherzentralen trifft zu?

1. Sie sind gemeinnützig und werden aus öffentlichen Mitteln finanziell gefördert.
2. Sie beraten ausschließlich ihre Mitglieder.
3. Ihre Beratungsleistungen und Informationsschriften sind für Verbraucher in jedem Fall kostenlos.
4. Sie sind dem Bundesministerium für Wirtschaft und Technologie unmittelbar unterstellt.
5. Im Interesse des ungestörten Wettbewerbs dürfen sie sich weder positiv noch negativ über einzelne Produkte oder Dienstleistungen äußern.

117

Was gehört **nicht** zu den Aufgaben der Verbraucherzentralen?

1. Beratung in Fragen des privaten Konsums
2. Rechtsberatung in Verbraucherangelegenheiten
3. Gerichtliches und außergerichtliches Vorgehen gegen unzulässige Allgemeine Geschäftsbedingungen
4. Schuldnerberatung
5. Marktforschung

118

Sie wollen sich über Qualität und Haltbarkeit eines langlebigen Gebrauchsguts, zum Beispiel Waschmaschine oder Fernsehgerät, informieren. Welcher Informationsquelle können Sie im Regelfall das größte Vertrauen schenken?

1. Angaben des Herstellers
2. Erfahrungsberichte in Blogs
3. Testbericht der Stiftung Warentest
4. Angaben des Einzelhandels
5. Bericht in einer Tageszeitung

119

Bewertung

Kennzeichnen Sie Konsumgüter und Gebrauchsgüter durch Ankreuzen.

	Konsumgut	Gebrauchsgut
Mineralwasser		
Geschirrspülmaschine		
Reisebus		
Gemüsekonserve		
MP3-Player		
Schreibpapier		
Computergesteuerte Drehbank		
Küchentisch		

120

Bewertung

In welchem Verhältnis oder welcher Beziehung stehen Bedarf, Bedürfnis und Kaufkraft? Warum können Bedürfnisse grenzenlos sein, während der Bedarf begrenzt ist?

121

Bewertung

Bedürfnisse lassen sich nach der Möglichkeit ihrer Befriedigung in Individual- und Kollektivbedürfnisse einteilen.

Erläutern Sie, ob das Bedürfnis nach Schutz vor Unwetter und dessen Folgen zu den Individual- oder zu den Kollektivbedürfnissen gehört.

122

Bewertung

Kreuzen Sie jeweils an, ob die Person nach dem Bürgerlichen Gesetzbuch geschäftsfähig, beschränkt geschäftsfähig oder geschäftsunfähig ist.

	geschäftsfähig	beschränkt geschäftsfähig	geschäftsunfähig
Regina Rose, Schülerin, 12 Jahre			
Bernhard Baum, Auszubildender, 19 Jahre			
Nicole Nelke, Geschäftsführerin, 35 Jahre			
Benni Birke, Vorschüler, 6 Jahre			
Berta Blume, Rentnerin, 76 Jahre			
Fritz Fichte, Facharbeiter, 52 Jahre			

123

Bewertung

Das Bürgerliche Gesetzbuch unterscheidet zwischen *Rechtsfähigkeit* und *Geschäftsfähigkeit*.

Erläutern Sie die beiden Begriffe.

124

Bewertung

1 Geben Sie jeweils an, ob die genannte Person ohne Einwilligung eines gesetzlichen Vertreters einen wirksamen Vertrag abschließen kann. Begründen Sie Ihre Antworten kurz.

Eine 20-jährige Auszubildende möchte einen Kreditvertrag über 6000 EUR abschließen, um sich einen gebrauchten PKW zu kaufen.

Ein sechsjähriges Kind möchte von seinem Taschengeld Süßigkeiten im Wert von einem Euro kaufen.

Ein 12-jähriger Schüler möchte ein hochwertiges Mountain-Bike zum Preis von 1500 EUR kaufen.

Eine 17-jährige Auszubildende möchte sich ein T-Shirt im Wert von 12 EUR kaufen.

2 Eine beschränkt geschäftsfähige Person schließt ohne die erforderliche Einwilligung eines gesetzlichen Vertreters einen Kaufvertrag ab. Erläutern Sie die rechtlichen Folgen.

Lösungshilfe: Auszug aus dem Bürgerlichen Gesetzbuch (www.wiso-training.de)

125

Bewertung

Bringen Sie die Schritte des Verbraucherinsolvenzverfahrens in die richtige Reihenfolge, indem Sie die Zahlen von 1 bis 5 in die Kästchen schreiben.

- [ ] Außergerichtlicher Einigungsversuch
- [ ] Entscheidung über den Schuldenbereinigungsplan
- [ ] Restschuldbefreiung
- [ ] Vereinfachtes gerichtliches Insolvenzverfahren
- [ ] Wohlverhaltenszeit

126

Bewertung

Bei welchen Verträgen hat der Verbraucher ein gesetzliches Widerrufsrecht?
Tragen Sie die entsprechenden Buchstaben in die unten stehenden Kästchen ein.

A Vertrag über den regelmäßigen Bezug (Abonnement) einer wöchentlich erscheinenden Zeitschrift

B Kauf eines sechsbändigen Nachschlagewerks im Ladengeschäft eines Buchhändlers

C Verbraucherdarlehensvertrag über 5000 Euro, Rückzahlung in 36 Monatsraten

D Telefonisch mit einem Pizza-Service abgeschlossener Vertrag über die Lieferung von drei Pizzas

E Im Büro eines Versicherungsvertreters abgeschlossener Hausratsversicherungsvertrag

F Während einer vom Verkäufer arrangierten Kaffeefahrt abgeschlossener Kaufvertrag

G In einem Reisebüro abgeschlossener Vertrag über eine All-Inclusive-Reise

127

Bewertung

Erläutern Sie kurz die wesentlichen Unterschiede zwischen
Sachmängelhaftung, Garantie und Produkthaftung.

Lösungshilfe: Auszüge aus Bürgerlichem Gesetzbuch und Produkthaftungsgesetz (www.wiso-training.de)

128

Bewertung

Die AGB eines Versandhändlers für Verträge mit Verbrauchern enthalten u. a. diese Klausel:
„Für Sachmängel wird nur gehaftet, soweit der Käufer nachweist, dass der Mangel bereits bei Lieferung der Ware vorlag."

Warum kann sich der Verkäufer nicht auf diese Klausel berufen?
Welche Regelung gilt stattdessen?

Lösungshilfe: Auszug aus dem Bürgerlichen Gesetzbuch (www.wiso-training.de)

Themenbereich 3.3
Berufliche Entwicklung und Existenzsicherung
Unternehmensgründung

129

Der Grundsatz der Gewerbefreiheit nach § 1 der Gewerbeordnung (GewO) lautet: Der Betrieb eines Gewerbes ist …

1. jedermann ohne Einschränkung gestattet.
2. jedem gestattet, der die dazu erforderlichen beruflichen Fertigkeiten, Kenntnisse und Fähigkeiten besitzt.
3. jedermann gestattet, soweit nicht durch dieses Gesetz Ausnahmen oder Beschränkungen vorgeschrieben oder zugelassen sind.
4. jedem gestattet, der die deutsche Staatsangehörigkeit besitzt.
5. jedem gestattet, der die erforderliche behördliche Genehmigung besitzt.

130

Welche berufliche Qualifikation verlangt das Gesetz von jedem, der ein gewerbliches Unternehmen gründen will?

1. Mindestens dreijährige Berufserfahrung als Angestellter in leitender Position
2. Abschluss einer einschlägigen Berufsausbildung mit mindestens dreijähriger Ausbildungsdauer
3. Abschluss einer kaufmännischen Berufsausbildung
4. Mindestens ausreichende Kenntnisse der Buchführung und des Steuerrechts
5. Keine

131

In zulassungspflichtigen handwerklichen Gewerben kann sich im Regelfall nur selbständig machen, wer …

1. die Gesellenprüfung erfolgreich abgelegt hat.
2. die Meisterprüfung erfolgreich abgelegt hat.
3. Mitglied der Handwerkskammer ist.
4. die Genehmigung der zuständigen Innung erhält.
5. nicht vorbestraft ist und über einen untadeligen Leumund verfügt.

132

In welchem Fall wird von „Scheinselbständigkeit" gesprochen?
Der Erwerbstätige hat zwar ein Gewerbe angemeldet, …

1. arbeitet jedoch nach Weisungen seines Auftraggebers und ist in dessen Arbeitsorganisation eingegliedert.
2. erzielt aber nur ein Einkommen, das erheblich unter dem durchschnittlichen Arbeitsentgelt vergleichbarer Arbeitnehmer liegt.
3. verfügt jedoch nicht über eigene Betriebsräume, sondern arbeitet in seiner Wohnung.
4. betreibt es aber nur im Nebenberuf und ist hauptberuflich als Arbeitnehmer beschäftigt.
5. ist jedoch für dessen Ausübung nicht ausreichend qualifiziert.

133

Bei welcher Gelegenheit wird vom Unternehmensgründer normalerweise die Vorlage eines Geschäftsplans verlangt?

1. Anmeldung des Gewerbes
2. Beantragung eines Gründungsdarlehens bei einer Bank oder Sparkasse
3. Beantragung einer behördlichen Erlaubnis
4. Einreichung der ersten Steuererklärung nach der Unternehmensgründung
5. Beginn der Mitgliedschaft in einer Industrie- und Handelskammer bzw. Handwerkskammer

134

Welche Aussage trifft **nicht** zu?
Ein vollständiger Geschäftsplan (Businessplan) enthält unter anderem Informationen über …

1. die Person(en), die das Unternehmen gründen.
2. Kapitalbedarf und Finanzierung.
3. wirtschaftliche Rahmenbedingungen (Markteinschätzung, Wettbewerbssituation).
4. die Geschäftsidee.
5. Alternativen zur Unternehmensgründung (zum Beispiel Erwerbstätigkeit als Arbeitnehmer).

135

Welche Aussage zum Geschäftsplan ist **falsch**?
Mithilfe eines sorgfältig ausgearbeiteten Geschäftsplans …

1. kann geprüft werden, ob die geplante Unternehmensgründung überhaupt Aussicht auf Erfolg hat.
2. kann der Gründer möglicherweise andere Personen davon überzeugen, als Mitgründer einzusteigen.
3. kann der Geschäftsverlauf in den ersten drei bis fünf Jahren auf den Euro genau prognostiziert werden.
4. erhöht der Gründer seine Aussichten auf die Kreditzusage einer Bank oder Sparkasse.
5. erkennt der Gründer gegebenenfalls, dass seine Geschäftsidee chancenlos ist.

136

Welche Auswahlantwort definiert den Begriff Marketing?

1. Beschaffung und Analyse von marktrelevanten Informationen
2. Planung, Koordination und Kontrolle aller auf aktuelle und potenzielle Märkte gerichteten Aktivitäten des Unternehmens
3. Gewinnung neuer Kunden mithilfe von Werbung und Sponsoring
4. Umfassende und präzise Planung von Beschaffung, Fertigung und Absatz
5. Kurz-, mittel- und langfristige Planung der Produktpalette des Unternehmens

137

Die Summe der marktbezogenen Strategien und Politiken eines Unternehmens wird Marketing-Mix genannt.
Was gehört **nicht** dazu?

1. Produktpolitik
2. Vertriebspolitik
3. Preispolitik
4. Kommunikationspolitik
5. Liquiditätspolitik

138

Welche Geschäftsidee lässt sich mit dem geringsten Kapitaleinsatz verwirklichen?

1. Werkstatt für Motorradreparatur und -tuning
2. Serviceleistungen für Eigenheimbesitzer (Gartenpflege, Gehwegreinigung usw.)
3. Einzelhandel mit hochwertigen Lebensmitteln und Getränken (Delikatessengeschäft)
4. Anfertigung von Möbeln nach historischen Vorbildern
5. Buchhandlung mit angeschlossenem Internet-Café

139

Welcher Begriff steht für die Kreditwürdigkeit einer Person oder eines Unternehmens?

1. Bonität
2. Liquidität
3. Loyalität
4. Mentalität
5. Solidität

140

Was gehört in der Regel **nicht** zum Fremdkapital, sondern zum Eigenkapital eines Unternehmens?

1. Überziehungskredit
2. Langfristiges Grundschulddarlehen einer Bank
3. Geschäftseinlage eines nicht persönlich haftenden Gesellschafters
4. Lieferantenkredit (Einräumung eines Zahlungsziels von z. B. 30 Tagen)
5. Von Kunden erhaltene Vorauszahlungen

141

Was ist gemeint, wenn von der *Solvenz* eines Unternehmens gesprochen wird?

1. Ertragskraft
2. Wirtschaftlichkeit
3. Anpassungsfähigkeit
4. Zahlungsfähigkeit
5. Ansehen in der Öffentlichkeit

142

Einige Gruppen von Selbständigen sind in der gesetzlichen Rentenversicherung pflichtversichert, zum Beispiel ...

1. Techniker und Ingenieure
2. Haus- und Wohnungsmakler
3. Handwerksmeister
4. Steuerberater und Wirtschaftsprüfer
5. Handelsvertreter

143

Existenzgründer können auf unterschiedliche Arten für das Alter vorsorgen. Auf welche aber **nicht**?

1. Zahlung freiwilliger Beiträge zur gesetzlichen Rentenversicherung
2. Abschluss einer Lebensversicherung auf den Erlebensfall
3. Abschluss eines Vertrags über „Rürup-Rente" (Basisrente)
4. Pflichtversicherung in der gesetzlichen Rentenversicherung (falls Versicherungspflicht besteht)
5. Abschluss eines zulageberechtigten Sparvertrags nach dem Fünften Vermögensbildungsgesetz

144

Welche Aussage zur Versicherung von Unternehmern in der gesetzlichen Unfallversicherung ist richtig?

1. Unternehmer sind – ebenso wie abhängig Beschäftigte – kraft Gesetzes in der gesetzlichen Unfallversicherung versichert.
2. Unternehmer sind nicht kraft Gesetzes versichert, freiwillige Versicherung ist nicht möglich.
3. Bei einigen Berufsgenossenschaften sind Unternehmer kraft Satzung pflichtversichert, bei anderen ist freiwillige Versicherung möglich.
4. Unternehmer sind zum Abschluss einer privaten Unfallversicherung verpflichtet.
5. Unternehmer sind nicht in der gesetzlichen Unfallversicherung versichert, da die Krankenversicherung bereits alle Risiken abdeckt.

145

Wozu ist jeder verpflichtet, der ein selbständiges Gewerbe anfängt?

1. Anzeige (Gewerbeanmeldung) bei der zuständigen Gemeindedienststelle
2. Antrag auf Mitgliedschaft bei der Industrie- und Handelskammer bzw. Handwerkskammer
3. Einholen der behördlichen Genehmigung zum Betrieb des Gewerbes
4. Erstellung eines Geschäftsplans und Prüfung durch einen Steuerberater oder Wirtschaftsprüfer
5. Abschluss eines Altersvorsorge-Vertrags

146

Angehörige freier Berufe zählen nicht zu den Gewerbetreibenden und sind folglich auch nicht zur Gewerbeanmeldung nach § 14 der Gewerbeordnung verpflichtet, wenn sie eine selbständige Tätigkeit beginnen.
Was ist **kein** freier Beruf?

1. Steuerberater
2. Journalist
3. Bildender Künstler
4. Musiklehrer
5. Berufskraftfahrer

147

Firma im Sinne des Handelsgesetzbuchs ist …

1. jeder Kaufmann.
2. der Name, unter dem ein Kaufmann seine Geschäfte betreibt.
3. jedes gewerbliche Unternehmen.
4. nur, wer über einen in kaufmännischer Weise eingerichteten Geschäftsbetrieb verfügt.
5. jede in das Handelsregister eingetragene Personen- oder Kapitalgesellschaft.

148

Was spricht bei einer Unternehmensgründung für die Wahl der Rechtsform GmbH?

1. Geringeres Risiko durch Haftungsbeschränkung
2. Höhere Kreditwürdigkeit als bei Einzelunternehmung oder Personengesellschaft
3. Geringere Gründungskosten als bei Einzelunternehmung oder Personengesellschaft
4. Rechtsform mit dem höchsten Ansehen in der Öffentlichkeit
5. Steuerliche Vorteile

149

Bei welcher Rechtsform ist **kein** schriftlicher Gesellschaftsvertrag erforderlich?

1. Offene Handelsgesellschaft
2. Unternehmergesellschaft (haftungsbeschränkt)
3. Kommanditgesellschaft
4. Gesellschaft mit beschränkter Haftung
5. Gesellschaft des bürgerlichen Rechts

150

Was ist bei Gründung einer GmbH zwingend erforderlich, **nicht** aber bei Gründung einer Unternehmergesellschaft (haftungsbeschränkt)?

1. Stammkapital von mindestens 25 000 Euro
2. Mindestens sieben Gesellschafter
3. Schriftlicher Gesellschaftsvertrag
4. Anmeldung zum Handelsregister
5. Geschäftsplan

151

Welche Rechtsform(en) kommt (kommen) infrage, wenn eine Einzelperson ein Unternehmen gründen und dabei die Haftung auf die Geschäftseinlage beschränken will?

1. Kommanditgesellschaft
2. Offene Handelsgesellschaft und Gesellschaft des bürgerlichen Rechts
3. Eingetragener Kaufmann (haftungsbeschränkt)
4. Unternehmergesellschaft (haftungsbeschränkt) und Gesellschaft mit beschränkter Haftung
5. Nur Unternehmergesellschaft (haftungsbeschränkt)

152

Welcher der folgenden Gesellschafter trägt das höchste Haftungsrisiko?

1. Gesellschafter einer Gesellschaft mit beschränkter Haftung
2. Gesellschafter einer offenen Handelsgesellschaft
3. Kommanditist einer Kommanditgesellschaft
4. Gesellschafter einer Unternehmergesellschaft (haftungsbeschränkt)
5. Stiller Gesellschafter

153

Nennen Sie drei mögliche Motive für bisher abhängig Beschäftigte, ein eigenes Unternehmen zu gründen.

Bewertung

154

Welche Ziele kann der Staat durch die Förderung von Unternehmensgründungen verfolgen? Nennen Sie zwei.

Bewertung

155

Bewertung

Bei der Rechtsformwahl hat die Frage der Haftung wichtige Bedeutung.
Schreiben Sie die Rechtsformen
GbR, GmbH, KG, OHG, UG (haftungsbeschränkt)
in die freien Tabellenfelder.

Haftungsregelung	Rechtsformen
Alle Gesellschafter haften persönlich für Verbindlichkeiten der Gesellschaft	
Alle Gesellschafter haften nur mit ihren Geschäftsanteilen für Verbindlichkeiten der Gesellschaft	
Mindestens ein Gesellschafter haftet persönlich, weitere nur mit ihrem Geschäftsanteilen	

156

Bewertung

Ein Zweiradmechaniker möchte sich selbständig machen und plant die Einrichtung einer Werkstatt für Fahrradreparaturen sowie Anfertigung von Fahrrädern nach eigenen Entwürfen.

1 Welche rechtliche Frage ist vorab zu prüfen?

2 In welchem Gesetz ist die Antwort zu finden?

157

Bewertung

1 Warum sollte vor der Unternehmensgründung ein Geschäftsplan (Businessplan) erstellt werden? Nennen Sie zwei wesentliche Gründe.

2 Worüber gibt der Geschäftsplan u. a. Auskunft? Nennen Sie vier Punkte.

158

Bewertung

Geben Sie jeweils an, ob die Entscheidung zur Produkt-, Preis-, Vertriebs- oder Kommunikationspolitik im Rahmen des Marketing-Mixes des Unternehmens gehört.

Entscheidung über …	…politik
die Einrichtung eines Online-Shops, der sich direkt an Endverbraucher wendet	
Rabatte für Großkunden sowie bei umfangreichen Einzelbestellungen	
Sponsoring sozialer und kultureller Einrichtungen	
Art und Anzahl der angebotenen Varianten eines Produkts	
den Standort eines Ladengeschäfts	
das äußere Erscheinungsbild des Unternehmens (Logo, Hausfarben usw.)	

159

Bewertung

Welche Fragen sind bei der Standortwahl für ein Ladengeschäft zu stellen, in dem Waren des täglichen Bedarfs angeboten werden sollen?

Nennen Sie zwei mögliche Fragen.

160

Bewertung

Drei Arbeitnehmerinnen wollen sich gemeinsam selbständig machen und stehen vor der Entscheidung, ob sie die Rechtsform GmbH oder OHG wählen.

1 Wofür stehen die Abkürzungen GmbH und OHG?

2 Nennen Sie je ein Argument für die Rechtsformen GmbH und OHG.

161

Bewertung

Nach dem Dritten Buch des Sozialgesetzbuchs können Arbeitnehmerinnen und Arbeitnehmer, die durch Aufnahme einer selbständigen, hauptberuflichen Tätigkeit die Arbeitslosigkeit beenden, zur Sicherung des Lebensunterhalts und zur sozialen Sicherung in der Zeit nach der Existenzgründung einen Gründungszuschuss erhalten.

1 Können auch Langzeitarbeitslose, die keinen Anspruch auf Arbeitslosengeld mehr haben, diesen Gründungszuschuss erhalten? Begründen Sie Ihre Antwort.

2 Um einen Gründungszuschuss zu erhalten, müssen Arbeitnehmer(innen) u. a. die Tragfähigkeit der Existenzgründung nachweisen. Auf welche Weise ist dieser Nachweis zu erbringen?

3 Wie hoch ist der Gründungszuschuss und für welche Dauer wird er geleistet?

Lösungshilfe: Auszug aus dem Sozialgesetzbuchs, Drittes Buch (www.wiso-training.de)

162

Bewertung

Ein Gründer benötigt 250 000 Euro für die Beschaffung von Betriebs- und Geschäftsausstattung. Er besitzt Ersparnisse von 5000 Euro; seine Eltern sind bereit, weitere 5000 Euro zuzuschießen. Weiteres Vermögen ist nicht vorhanden.

Erläutern Sie, warum dieses Gründungsvorhaben wahrscheinlich scheitern wird.

Themenbereich 3.4
Rolle Deutschlands in der Weltwirtschaft
Auswirkungen der weltwirtschaftlichen Arbeitsteilung

163

Der Oberbegriff Arbeitsteilung steht für unterschiedliche Formen arbeitsteiligen Produzierens.
Wofür aber üblicherweise **nicht**?

1. Arbeitsteilung zwischen den unterschiedlichen Sektoren der Volkswirtschaft
2. Internationale Arbeitsteilung
3. Arbeitsteilung zwischen Betrieben innerhalb derselben Produktionsstufe
4. Innerbetriebliche Aufgabenteilung
5. Aufgabenteilung zwischen Mensch und Maschine

164

Was ist *betriebliche* Arbeitsteilung?

1. Arbeitsteiliges Produzieren von Betrieben der Grundstoffindustrie und des verarbeitenden Gewerbes
2. Arbeitsteilung zwischen Betrieben des produzierenden Gewerbes und Dienstleistungsbetrieben
3. Verteilung der Produktion eines Unternehmens auf Betriebe an unterschiedlichen Standorten
4. Sowohl Schaffung betrieblicher Aufgabenbereiche (Funktionen) als auch Zerlegung von Tätigkeiten in einzelne Teilverrichtungen
5. Auslagerung (Outsourcing) betrieblicher Funktionen

165

Welche Art der Arbeitsteilung ist gemeint, wenn von „Taylorismus" gesprochen wird?

1. Zerlegung von Arbeitsprozessen in sehr kleine Teilvorgänge
2. Weltweite Arbeitsteilung zwischen Ländern mit unterschiedlichen wirtschaftlichen Entwicklungsniveaus
3. Berufliche Spezialisierung der Erwerbstätigen auf hohem fachlichen Niveau
4. Aufgabenteilung zwischen den drei volkswirtschaftlichen Sektoren
5. Flexible betriebliche Arbeits- und Aufgabenteilung mit dem Ziel, Monotonie zu vermeiden

166

Welche Stichwörter beschreiben ein Beispiel *vertikaler* gesamtwirtschaftlicher Arbeitsteilung?

1. Konsumgüterindustrie – Investitionsgüterindustrie
2. Getreideanbau – Mühlenbetriebe – Bäckereien – Handel mit Backwaren
3. Kleinbetriebe – mittlere Betriebe – Großbetriebe
4. Bau von PKW – Bau von LKW und Bussen – Bau von Schienenfahrzeugen
5. Privatbanken – Genossenschaftsbanken – Sparkassen

167

Bei der *horizontalen* gesamtwirtschaftlichen Arbeitsteilung geht es um die …

1. Spezialisierung auf einzelne Aufgaben innerhalb eines Unternehmens oder Konzerns.
2. Zerlegung von Produktionsprozessen in möglichst kleine Teilschritte.
3. Aufgabenteilung zwischen privaten, staatlichen und gemeinnützigen Unternehmen.
4. Aufgabenteilung zwischen Rohstoffgewinnung, Be- und Verarbeitung, Handel und Verkehrswesen.
5. Spezialisierung von Betrieben innerhalb derselben Produktionsstufe.

168

Ein Unternehmen vereinbart mit seinen Zulieferern, dass bestimmte Vorprodukte „just in time" geliefert werden. Welchen Vorteil bringt das dem Unternehmen?

1. Höhere Qualität der Vorprodukte
2. Reduzierung von Lagerhaltungskosten
3. Wegfall von Angebotsvergleichen
4. Generell günstigere Einkaufskonditionen
5. Hohe Verfügbarkeit von Vorprodukten auch in Krisensituationen

169

In einem Industrieunternehmen sollen bestimmte Vorprodukte und Dienstleistungen künftig nicht mehr selbst erstellt, sondern von Zulieferern und Dienstleistern bezogen werden. Welches Schlagwort beschreibt diese Veränderung?

1. Output
2. Outsourcing
3. Purchasing
4. Removal
5. Resourcing

170

Global Sourcing ist die …

1. weltweit orientierte Beschaffung von Rohstoffen, Vorprodukten, Handelswaren und Know-how.
2. Schaffung weltweiter Märkte für Konsum- und Investitionsgüter.
3. weltweit orentierte Standortplanung großer Industrieunternehmen.
4. internationale Arbeitsteilung zwischen Volkswirtschaften auf unterschiedlichen Entwicklungsständen.
5. zunehmende weltweite Verflechtung von Unternehmen zu multinationalen Konzernen.

171

Was gehört **nicht** zu den typischen Kennzeichen der wirtschaftlichen Globalisierung?

1. Wachstum des Welthandels
2. Zunahme weltweiter Unternehmenskooperationen und -verflechtungen
3. Wachstum des weltweiten Transportvolumens
4. Rasch steigender Wohlstand insbesondere in den ärmsten Ländern der Welt
5. Zunehmende Bedeutung transnationaler Konzerne („Global Players")

172

Die Länder der Welt werden nach ihrem wirtschaftlichen Entwicklungsstand in Industriestaaten, Schwellen- und Entwicklungsländer eingeteilt.
Zu den Schwellenländern gehört zum Beispiel …

1. Bangladesh
2. Brasilien
3. Japan
4. Kanada
5. Simbabwe

173

Welche der genannten Herkunftsregionen hat den größten Anteil an den Importen der europäischen Länder?

1. Nordamerika
2. China, Japan, südostasiatische Staaten
3. GUS-Staaten
4. Afrika und Naher Osten
5. Süd- und Mittelamerika

174

Der mit Abstand größte Anteil deutscher Importe stammt aus …

1. China, Japan und den südostasiatischen Staaten.
2. den GUS-Staaten.
3. dem Nahen Osten und Afrika.
4. den übrigen europäischen Staaten.
5. Nordamerika.

175

Wenn eine Volkswirtschaft Exportüberschüsse erzielt, …

1. übersteigt der Wert der eingeführten Waren und Dienstleistungen den Wert der ausgeführten.
2. fließen mehr Zahlungsmittel ins Ausland ab als aus dem Ausland zufließen.
3. übersteigt der Wert der ausgeführten Waren und Dienstleistungen den Wert der eingeführten.
4. steigen zwangsläufig die Aktienkurse inländischer Industrieunternehmen.
5. müssen diese zwangsläufig in den folgenden Jahren durch Importüberschüsse ausgeglichen werden.

176

Was gehört zu den wichtigsten Exportgütern der deutschen Wirtschaft?

1. Textilien und Lederwaren
2. Maschinen und maschinelle Anlagen
3. Landwirtschaftliche Produkte
4. Computer und Unterhaltungselektronik
5. Stein- und Braunkohle

177

Wie können sich Volkswirtschaften mit relativ hohem Lohnniveau am ehesten auf internationalen Märkten behaupten?

1. Nur durch Senkung des Lohnniveaus, niedrige Unternehmenssteuern und Verzicht auf Umweltauflagen
2. Durch hohe Arbeitsproduktivität und Produkte, deren Herstellung hohe Anforderungen an Know-how, Infrastruktur und Qualifikation der Arbeitskräfte stellt
3. Durch entsprechende Anpassung der Wechselkurse
4. Nur durch hohe Schutzzölle und Importverbote
5. Nur durch niedrige Unternehmenssteuern und Exportsubventionen in Verbindung mit hohen Importzöllen

178

Im Wirtschaftsteil einer deutschen Tageszeitung lesen Sie, der Devisenkurs des japanischen Yen habe um 12:00 Uhr am Vortag 138,25 betragen. Das heißt:

1. Ein Yen entspricht 138,25 Euro.
2. 100 Yen entsprechen 138,25 Euro.
3. 1000 Yen entsprechen 138,25 Euro.
4. Ein Euro entspricht 138,25 Yen.
5. 100 Euro entsprechen 138,25 Yen.

179

Welche Aussage über den Wechselkurs zwischen Euro und US-Dollar ist richtig?

1. Er wird zwischen Federal Reserve System und Europäischer Zentralbank vereinbart.
2. Er bildet sich aufgrund von Angebot und Nachfrage an den Devisenbörsen und verändert sich ständig.
3. Es wird jeweils am Freitag um 12:00 Uhr von den Vorständen der Devisenbörsen festgelegt.
4. Er ergibt sich aus dem Verhältnis der Goldpreise in Euro und in US-Dollar.
5. Er wird, wie alle anderen Wechselkurse auch, vom Internationalen Währungsfonds festgelegt.

180

Was gehört zu den Aufgaben und Zielen des Internationalen Währungsfonds (IWF)?

1. Förderung der internationalen Zusammenarbeit in der Währungspolitik, Stabilisierung internationaler Finanzmärkte, Vergabe kurzfristiger Kredite
2. Aufstellung verbindlicher Regeln für die Kreditvergabe durch Banken und Überwachung der Einhaltung dieser Regeln
3. Förderung von Vollbeschäftigung und gerechter Einkommensverteilung
4. Festlegung und Überwachung der Wechselkurse zwischen den Währungen der Mitgliedsstaaten
5. Koordinierung der Finanz-, Wirschafts-, Sozial- und Arbeitsmarktpolitik der Mitgliedsstaaten

181

Hauptaufgaben der Welthandelsorganisation (WTO – *World Trade Organization*) sind …

1. Koordination und Überwachung der Finanz- und Währungspolitik der Mitgliedsstaaten.
2. Förderung der Vollbeschäftigung und Schaffung gerechter Arbeitsbedingungen in allen Mitgliedsstaaten.
3. Förderung des Welthandels durch Bürgschaften und Kredite sowie Vermittlung von Im- und Exportgeschäften.
4. Schaffung und Überwachung verbindlicher, einheitlicher Regelungen für Arbeitsbedingungen und Umweltschutz in allen Mitgliedsstaaten.
5. Koordination der Wirtschaftspolitik und Entscheidung bei Handelsstreitigkeiten zwischen Mitgliedsstaaten.

182

Welches wirtschaftspolitische Ziel gehört **nicht** zum „magischen Viereck" nach § 1 des Stabilitäts- und Wachstumsgesetzes (StabG)?

1. Stabilität des Preisniveaus
2. Hoher Beschäftigungsstand
3. Gerechte Einkommens- und Vermögensverteilung
4. Außenwirtschaftliches Gleichgewicht
5. Stetiges, angemessenes Wirtschaftswachstum

183

Warum werden die wirtschaftspolitischen Ziele nach § 1 StabG als „magisches" Viereck bezeichnet?

1. Wenn ein Ziel erreicht ist, sind automatisch auch die anderen drei erreicht.
2. Es gibt Zielkonkurrenzen, sodass niemals alle vier Ziele gleichzeitig vollständig erreicht werden können.
3. Es gibt keine wirtschaftpolitischen Mittel, mit denen die Erreichung dieser Ziele gefördert werden kann.
4. Es gibt keine zuverlässigen Daten, an denen sich ablesen lässt, in welchem Umfang die Ziele erreicht sind.
5. Die vier Ziele hängen irgendwie voneinander ab; die Zusammenhänge sind aber noch nicht erforscht.

184

An der Entwicklung des Bruttoinlandsprodukts lässt sich die Verwirklichung eines wirtschaftpolitischen Ziels ablesen. Um welches handelt es sich?

1. Stetiges, angemessenes Wirtschaftswachstum
2. Außenwirtschaftliches Gleichgewicht
3. Hoher Beschäftigungsstand
4. Stabilität des Preisniveaus
5. Gerechte Einkommens- und Vermögensverteilung

185

Welche Definition des Bruttoinlandsprodukts (BIP) ist richtig?

1. Wert der in einer Periode im Inland verbrauchten Waren und Dienstleistungen
2. Wert der in einer Periode im Inland verbrauchten Waren und Dienstleistungen abzüglich Importe
3. Wert der in einer Periode im Inland erzeugten Waren und Dienstleistungen abzüglich Vorleistungen
4. Summe der Einkommen von Inländern aus abhängiger Arbeit, Unternehmertätigkeit und Vermögen in einer Periode
5. Wert der in einer Periode im Inland erzeugten Waren und Dienstleistungen abzüglich Exporte

186

Was ist gemeint, wenn von der *realen* Wachstumsrate des Bruttoinlandsprodukts (BIP) gesprochen wird?

1. Tatsächliche Wachstumsrate (im Gegensatz zur vorab geschätzten)
2. Saison- und konjunkturbereinigte Wachstumsrate
3. Angemessene, wirtschaftlich sinnvolle Wachstumsrate (im Gegensatz zur tatsächlich erreichten)
4. Preisbereinigte Wachstumsrate
5. Wachstumsrate der Realwirtschaft (im Gegensatz zur Wachstumsrate der Geld- und Kreditwirtschaft)

187

Der vollkommene Markt ist ein theoretisches Modell der Volkswirtschaftslehre. Welches Merkmal gehört **nicht** zum vollkommenen Markt?

1. Der Markt ist vollständig transparent.
2. Anbieter und Nachfrager handeln vollständig rational.
3. Marktungleichgewichte werden durch staatliche Eingriffe unverzüglich ausgeglichen.
4. Es gibt keine persönlichen, sachlichen, räumlichen oder zeitlichen Präferenzen.
5. Anbieter und Nachfrager reagieren durch Mengenanpassung auf Preisänderungen.

188

Was gehört **nicht** zu den wesentlichen Merkmalen freier Marktwirtschaften?

1. Gewerbefreiheit
2. Vertragsfreiheit
3. Freier Wettbewerb
4. Berufsfreiheit
5. Recht auf Arbeit

189

Welche Aussage entspricht der Theorie der freien Marktwirtschaft?

1. Die Selbstorganisation des Marktes sorgt dafür, dass jeder Marktteilnehmer zum Wohlstand der Gesellschaft beiträgt, auch wenn er nur egoistische Interessen verfolgt.
2. Märkte sind nur dann effizient, wenn alle Marktteilnehmer neben ihren egoistischen Interessen das Gemeinwohlziel verfolgen.
3. Der Egoismus der Marktteilnehmer erfordert staatliche Marktkontrollen.
4. Durch staatliche Planung, Steuerung und Überwachung wird die optimale Zuteilung aller Ressourcen garantiert.
5. Freie Marktwirtschaft erfordert direkten Tausch von Ware gegen Ware; die Einführung der Geldwirtschaft brachte das Ende der freien Märkte.

190

Preise bilden sich im Idealfall aufgrund von Angebot und Nachfrage auf unreglementierten Märkten.
In welchem Fall ist aber die freie Preisbildung eingeschränkt oder aufgehoben?

1. Verknappung natürlicher Ressourcen
2. Überangebot an Konsumgütern bei fehlender Massenkaufkraft
3. Unzureichendes Wirtschaftswachstum
4. Steigende Nachfrage nach Rohstoffen bei sinkendem Angebot
5. Existenz von Oligopolen und Monopolen

191

Welche Auswahlantwort beschreibt die Idee der sozialen Marktwirtschaft zutreffend?

1. Unbedingter Vorrang sozialpolitischer Ziele gegenüber der Freiheit des Marktes
2. Soziale Verteilungsgerechtigkeit durch freie Märkte ohne staatliche Reglementierung
3. Erhalt des Marktmechanismus bei gleichzeitigem sozialen Ausgleich
4. Ersatz des Marktmechanismus durch staatliche Planung und Kontrolle
5. Realisierung des sozialen Ausgleichs mithilfe des Marktmechanismus

192

Was gehört nach allgemeinem Verständnis **nicht** zu den Aufgaben des Staats in der sozialen Marktwirtschaft?

1. Schutz des schwächeren Marktteilnehmers
2. Unterstützung Bedürftiger durch Transferleistungen
3. Sicherstellung funktionierenden Wettbewerbs und Einschreiten gegen Wettbewerbsbeschränkungen
4. Festsetzung verbindlicher Obergrenzen für Grundnahrungsmittelpreise und Wohnraummieten
5. Verbesserung der Lebensverhältnisse in strukturschwachen Regionen

193

Die wirtschaftliche Entwicklung von Marktwirtschaften ist durch konjunkturelle Schwankungen gekennzeichnet. Was ist **nicht** typisch für einen konjunkturellen Abschwung?

1. Sinkendes Wachstum des Bruttoinlandsprodukts
2. Anstieg der Arbeitslosenquote
3. Zunahme von Insolvenzen
4. Erhöhter Anstieg der Verbraucherpreise
5. Pessimistische Beurteilung der wirtschaftlichen Lage

194

Wie werden höchster und niedrigster Punkt des Konjunkturverlaufs genannt?

1. Boom und Depression
2. Inflation und Deflation
3. Rezession und Depression
4. Boom und Inflation
5. Prozession und Rezession

195

Auf welche Weise kann der Staat versuchen, die Nachfrage nach Konsumgütern im konjunkturellen Abschwung zu stärken?

1. Erhöhung der Mehrwertsteuer
2. Kürzung von staatlichen Investitionen
3. Senkung der staatlichen Kreditaufnahme
4. Erhöhung von Transferleistungen, zum Beispiel Kindergeld oder Arbeitslosengeld II
5. Einführung einer befristeten Sondersteuer auf Investitionen der Unternehmen

196

Welche staatliche Maßnahme ist **nicht** geeignet, um eine konjunkturelle Überhitzung zu vermeiden?

1. Kürzung staatlicher Ausgaben
2. Erhöhung der Einkommensteuer
3. Senkung der Mehrwertsteuer
4. Erhöhung staatlicher Zuschüsse zur Sparförderung
5. Kürzung von Subventionen

197

Welches Verhalten von Verbrauchern verstärkt den konjunkturellen Abschwung?

1. Vorsorge für Arbeitsplatz- oder Einkommensverlust durch Sparen
2. Verwendung von Ersparnissen für den Konsum
3. Kreditfinanzierte Anschaffung langlebiger Konsumgüter
4. Stärkere Beanspruchung von Dispositionskrediten
5. Bevorzugung kurzfristiger anstelle langfristiger Sparformen

198

Im Zusammenhang mit staatlicher Kreditaufnahme wird der Begriff Netto-Neuverschuldung verwendet. Was ist das?

1. Summe aller im Haushaltsjahr neu aufgenommenen Kredite
2. Im Haushaltsjahr aufgenommene Kreditsumme, die zur Tilgung alter Schulden verwendet wird
3. Summe der im Haushaltsjahr neu aufgenommenen Kredite abzüglich der im gleichen Zeitraum getilgten alten Schulden
4. Differenz aus Schulden und Vermögen des Staats
5. Summe der im Haushaltsjahr neu aufgenommenen Kredite abzüglich Ausgaben für Investitionen

199

Was ist gemeint, wenn von der sich öffnenden Einkommensschere gesprochen wird?

1. Steuern und Abgaben beschneiden das verfügbare Einkommen immer stärker.
2. Die Bürger werden immer reicher, der Staat wird immer ärmer.
3. Bei Erreichen des Rentenalters müssen Arbeitnehmer auf einen harten Einkommensschnitt vorbereitet sein.
4. Die Verbraucherpreise steigen stärker als das verfügbare Einkommen der Verbraucher.
5. Der Abstand zwischen hohen und niedrigen Einkommen wird größer.

200

Der Begriff „Working Poor" bezeichnet Menschen, die …

1. aufgrund fehlender Qualifikation nur im Niedriglohnsektor arbeiten können.
2. trotz bezahlter Arbeit unterhalb der Armutsgrenze leben.
3. aus persönlichen Gründen keiner Vollzeiterwerbstätigkeit nachgehen wollen oder können.
4. zwar Arbeitsentgelt erhalten, aber keinen Anspruch auf Krankenversicherung und Altersvorsorge haben.
5. weder Einkommen noch Anspruch auf Transferleistungen haben.

201

Nennen Sie zwei Vor- und zwei Nachteile der Zerlegung von Arbeitsprozessen in möglichst kleine Teilverrichtungen.

Bewertung

202

Bewertung

Erläutern Sie den Unterschied zwischen horizontaler und vertikaler gesamtwirtschaftlicher Arbeitsteilung.

203

Bewertung

Nennen Sie zwei mögliche Gründe für das Outsourcing bisher innerhalb des Unternehmens wahrgenommener Aufgaben.

204

Bewertung

Was bedeutet der Begriff „jobless growth" (beschäftigungsloses Wachstum)?

Erläutern Sie zwei mögliche Ursachen für dieses Phänomen.

205

Bewertung

Handlungen oder Verhaltensweisen von Staat, Unternehmen und Verbrauchern können antizyklisch oder prozyklisch wirken, also konjunkturelle Schwankungen dämpfen oder sie zusätzlich verstärken.

Kreuzen Sie in der Tabelle an, ob die jeweilige Handlung oder Verhaltensweise *antizyklisch* oder *prozyklisch* wirkt.

Handlung, Verhaltensweise	antizyklisch	prozyklisch
In einer konjunkturellen Abschwungphase werden Subventionen für innovative Unternehmen erhöht.		
Im konjunkturellen Abschwung verzichten Unternehmen auf geplante Ersatzinvestitionen.		
In konjunkturellen Aufschwungphasen tätigen Verbraucher Anschaffungen früher als geplant, weil sie Preiserhöhungen befürchten.		
Obwohl die Steuereinnahmen während des Abschwungs sinken, erhöht der Staat seine Ausgaben.		
In der Abschwungphase werden staatliche Transferleistungen gekürzt, um den Staatshaushalt zu entlasten.		
In einer konjunkturellen Aufschwungphase werden Verbrauch- und Verkehrsteuern erhöht.		
In konjunkturellen Abschwungphasen bilden Arbeitnehmer höhere Ersparnisse, weil sie Arbeitslosigkeit befürchten.		

206

Bewertung

Ordnen Sie die internationalen Organisationen den unten beschriebenen Aufgaben und Zielen zu, indem Sie die Abkürzungen in die Kästchen schreiben.

Internationale Arbeitsorganisation (ILO)
Internationaler Währungsfonds (IWF)
Organisation für wirtschaftliche Zusammenarbeit und Entwicklung (OECD)
Welthandelsorganisation (WTO)

- Koordination der Wirtschaftspolitik der Mitgliedsstaaten und Entscheidung bei Handelsstreitigkeiten
- Optimale Wirtschaftsentwicklung und steigender Lebensstandard in den Mitgliedsländern, Förderung des Wirtschaftswachstums in Mitglieds- und Entwicklungsländern, Ausweitung des Welthandels
- Sicherung des Weltfriedens durch Verbesserung der Arbeits- und Lebensbedingungen aller Menschen, Weiterentwicklung internationaler Arbeitsstandards
- Förderung der internationalen Zusammenarbeit in der Währungspolitik, Stabilisierung internationaler Finanzmärkte, Überwachung der Geldpolitik, Ausweitung des Welthandels

207

Bewertung

Auf der Wirtschaftsseite eines Nachrichtenportals lesen Sie, dass der Wechselkurs des US-Dollars (USD) 1,3734 beträgt.

1 Welchen Wert in USD haben 10 000 EUR bei diesem Wechselkurs?

2 Wer legt den Wechselkurs zwischen Euro und US-Dollar fest?

3 Welche Folge hätte eine Veränderung des Wechselkurses von 1,3734 auf 1,4523 für Unternehmen im Euro-Raum, die Güter in die USA exportieren, wenn die Preise in USD vereinbart sind und nicht kurzfristig angepasst werden können?

4 Worauf müssen sich exportierende Unternehmen bei der genannten Veränderung des Wechselkurses einstellen, wenn sie die Preise in USD so anpassen, dass dieselben Stückerlöse in EUR wie vor der Kursänderung erzielt werden?

Teil 2
Prüfungstraining

So geht's

Mit den Aufgabensätzen auf den folgenden Seiten können Sie für die Abschlussprüfung trainieren und Ihr Wissen unter prüfungsähnlichen Bedingungen testen.
Jeder der zehn Aufgabensätze besteht aus 22 gebundenen Aufgaben zum Ankreuzen und sechs ungebundenen (offenen) Aufgaben.
Um unter möglichst realistischen, prüfungsähnlichen Bedingungen zu arbeiten, beachten Sie bitte die folgenden Regeln und Hinweise:
- Von den 22 gebundenen Aufgaben (01–22) sollen 18 bearbeitet werden.
- Von den sechs ungebundenen Aufgaben (23–28) sollen fünf bearbeitet werden.
- Zu einigen Aufgaben gibt es Auszüge aus Gesetzestexten als Lösungshilfen, die als PDF-Datei auf der Website *www.wiso-training.de* zum Download bereitstehen.
- Benutzen Sie keine weiteren Hilfsmittel.
- Die Bearbeitungszeit für einen vollständigen Aufgabensatz sollte rund 60 Minuten betragen.
- Verwenden Sie das auf der nächsten Seite gezeigte Markierungsblatt für die gebundenen Aufgaben (PDF-Datei zum Download unter *www.wiso-training.de*). Kreuzen Sie Ihre Lösungen in den entsprechenden Kästchen an und kennzeichnen Sie die vier nicht bearbeiteten Aufgaben jeweils mit einem langen, senkrechten Strich durch die fünf untereinander stehenden Kästchen.
- Schreiben Sie die Lösungen der ungebundenen Aufgaben in den vorgesehenen Raum direkt unter der Aufgabenstellung und streichen Sie die nicht bearbeitete Aufgabe durch.

Nicht vergessen!

- Lesen Sie Aufgaben und Auswahllösungen sehr sorgfältig durch, bevor Sie die Lösung ankreuzen oder aufschreiben. Jedes Wort kann wichtig sein – insbesondere Wörter wie **nicht** oder **falsch**.
- Kreuzen Sie bei den gebundenen Aufgaben jeweils genau eine Lösung an. Sobald Sie ein zweites Kreuz machen, gilt die Aufgabe als fehlerhaft gelöst – auch wenn eins der Kreuze an der richtigen Stelle steht.
- Streichen Sie vier der gebundenen Aufgaben und eine der ungebundenen.

Auswertung

Überprüfen Sie Ihre Lösungen mithilfe der Lösungsmuster (PDF-Datei zum Download, *www.wiso-training.de*).
- Kennzeichnen Sie die Lösungen der 18 gebundenen Aufgaben als richtig ☺ oder falsch ☹.
- Bewerten Sie Ihre Lösungen der fünf ungebundenen Aufgaben als richtig und vollständig ☺, teils/teils 😐 oder falsch ☹. Oder notieren Sie für jede vollständig richtige Lösung zehn Punkte, für jede falsche oder fehlende Lösung null Punkte und für unvollständige oder teilweise fehlerhafte Lösungen jeweils eine angemessene Punktzahl zwischen Null und Zehn.
- Berechnen Sie Ihr Gesamtergebnis nach der Anleitung auf dem Markierungsblatt.

Achtung: Der Aufbau der folgenden Aufgabensätze ähnelt den überregional entwickelten Abschlussprüfungen in vielen gewerblich-technischen Ausbildungsberufen, stimmt aber nicht vollständig damit überein. Anzahl und Gewichtung der gebundenen und offenen Aufgaben sowie die Bearbeitungszeit können je nach Ausbildungsberuf unterschiedlich sein. Fragen Sie Ihre Lehrer(innen) nach dem genauen Aufbau der WiSo-Abschlussprüfung in Ihrem Ausbildungsberuf.

Markierungsblatt

Aufgabensatz ☐

01	02	03	04	05	06	07	08	09	10	11
1 ☐	1 ☐	1 ☐	1 ☐	1 ☐	1 ☐	1 ☐	1 ☐	1 ☐	1 ☐	1 ☐
2 ☐	2 ☐	2 ☐	2 ☐	2 ☐	2 ☐	2 ☐	2 ☐	2 ☐	2 ☐	2 ☐
3 ☐	3 ☐	3 ☐	3 ☐	3 ☐	3 ☐	3 ☐	3 ☐	3 ☐	3 ☐	3 ☐
4 ☐	4 ☐	4 ☐	4 ☐	4 ☐	4 ☐	4 ☐	4 ☐	4 ☐	4 ☐	4 ☐
5 ☐	5 ☐	5 ☐	5 ☐	5 ☐	5 ☐	5 ☐	5 ☐	5 ☐	5 ☐	5 ☐
☺	☺	☺	☺	☺	☺	☺	☺	☺	☺	☺
☹	☹	☹	☹	☹	☹	☹	☹	☹	☹	☹

12	13	14	15	16	17	18	19	20	21	22
1 ☐	1 ☐	1 ☐	1 ☐	1 ☐	1 ☐	1 ☐	1 ☐	1 ☐	1 ☐	1 ☐
2 ☐	2 ☐	2 ☐	2 ☐	2 ☐	2 ☐	2 ☐	2 ☐	2 ☐	2 ☐	2 ☐
3 ☐	3 ☐	3 ☐	3 ☐	3 ☐	3 ☐	3 ☐	3 ☐	3 ☐	3 ☐	3 ☐
4 ☐	4 ☐	4 ☐	4 ☐	4 ☐	4 ☐	4 ☐	4 ☐	4 ☐	4 ☐	4 ☐
5 ☐	5 ☐	5 ☐	5 ☐	5 ☐	5 ☐	5 ☐	5 ☐	5 ☐	5 ☐	5 ☐
☺	☺	☺	☺	☺	☺	☺	☺	☺	☺	☺
☹	☹	☹	☹	☹	☹	☹	☹	☹	☹	☹

Achtung!

Von den Aufgaben 01 bis 22 sollen nur 18 bearbeitet werden.
Kennzeichnen Sie bitte die nicht bearbeiteten Aufgaben mit senkrechten Strichen durch alle fünf Kästchen.

Von den sechs ungebundenen Aufgaben 23 bis 28 sollen fünf bearbeitet werden.

Auswertung

Anzahl der richtigen Lösungen aus Aufgabe 01–22 (maximal 18) ☐ **× 2,5 =** ☐

+

Gesamtpunktzahl aus den Aufgaben 23 bis 28 (maximal 50 Punkte) ☐ **× 1,1 =** ☐
☺ = 10 Punkte 😐 = 5 Punkte ☹ = 0 Punkte

=

Gesamtergebnis (Punkte von 100 möglichen): ☐

Aufgabensatz 01

01

Das Berufsausbildungsverhältnis endet …

1. in jedem Fall mit Ablauf der vertraglich vereinbarten Ausbildungszeit.
2. grundsätzlich am Tag der Bekanntgabe des Prüfungsergebnisses, jedoch nicht vor Ablauf der vertraglich vereinbarten Ausbildungszeit.
3. am Tag der praktischen Abschlussprüfung.
4. grundsätzlich mit Ablauf der vertraglich vereinbarten Ausbildungszeit, bei bestandener Abschlussprüfung vor Ablauf der Ausbildungszeit jedoch bereits mit Bekanntgabe des Prüfungsergebnisses.
5. in jedem Fall am Tag der Aushändigung oder Zusendung des Prüfungszeugnisses durch die zuständige Kammer.

02

Welche Art der beruflichen Bildung ist **nicht** im Berufsbildungsgesetz geregelt?

1. Berufsausbildungsvorbereitung
2. Berufsausbildung
3. Berufliche Umschulung
4. Berufsqualifizierendes Studium
5. Berufliche Fortbildung

03

Was gehört **nicht** zu den Aufgaben der Industrie- und Handelskammern und Handwerkskammern im Zusammenhang mit der Berufsausbildung?

1. Führung von Verzeichnissen der Ausbildungsverhältnisse
2. Erlass von Prüfungsordnungen
3. Überwachung der fachlichen und persönlichen Eignung von Ausbildenden und Ausbildern
4. Durchführung von Prüfungen
5. Abschluss von Tarifverträgen über Ausbildungsvergütungen

04

Nach welcher Wartezeit ab Antritt eines neuen Arbeitsverhältnisses hat der Arbeitnehmer Anspruch auf vollen Erholungsurlaub nach dem Bundesurlaubsgesetz?

1. Sofort – es gibt keine Wartezeit.
2. Nach dem Ende der Probezeit
3. Nach drei Monaten
4. Nach sechs Monaten
5. Nach einem Jahr

05

In welchem Gesetz ist das Recht der Arbeitnehmer auf Einsichtnahme in ihre Personalakten geregelt?

1. Betriebsverfassungsgesetz
2. Bürgerliches Gesetzbuch
3. Bundesdatenschutzgesetz
4. Gewerbeordnung
5. Kündigungsschutzgesetz

06

Wie lang müssen die Ruhepausen für erwachsene Arbeitnehmer bei achtstündiger Arbeitszeit nach dem Arbeitszeitgesetz (ArbZG) mindestens sein?

1. 15 Minuten
2. 30 Minuten
3. 45 Minuten
4. 60 Minuten
5. Das ist gar nicht im ArbZG geregelt.

07

Wer ist bei der Betriebsratswahl **nicht** wahlberechtigt?

1. Befristet beschäftigte Arbeitnehmerin
2. Auszubildende
3. Arbeitnehmerin, die das 18. Lebensjahr noch nicht vollendet hat
4. Geringfügig beschäftigte Arbeitnehmerin
5. Arbeitnehmerin, die noch nicht sechs Monate im Betrieb beschäftigt ist

08

Welche Aussage zur Betriebsversammlung trifft zu?

1. Sie findet grundsätzlich außerhalb der Arbeitszeit statt.
2. Sie ist öffentlich.
3. Gewerkschaftsvertreter sind von der Teilnahme ausgeschlossen.
4. Sie wird vom Betriebsratsvorsitzenden geleitet.
5. Sie wird vom Arbeitgeber einberufen.

09

Der Arbeitgeber will in der kommenden Woche wegen eiliger Terminaufträge täglich zwei Überstunden für alle Beschäftigten anordnen. Welche Aussage über die Beteiligung des Betriebsrats trifft zu?

1. Es reicht aus, wenn der Betriebsrat darüber informiert wird.
2. Da die Arbeitszeit nur vorübergehend verlängert wird, hat der Betriebsrat kein Mitbestimmungs-, sondern nur ein Beratungsrecht.
3. Die vorübergehende Verlängerung der Arbeitszeit ist eine mitbestimmungspflichtige soziale Angelegenheit.
4. Der Betriebsrat hat in dieser Angelegenheit überhaupt keine Rechte.
5. Die Frage nach den Rechten des Betriebsrats erübrigt sich, denn Mehrarbeit im genannten Umfang ist nach dem Arbeitszeitgesetz verboten.

10

Wer kann **keine** Tarifverträge abschließen?

1. Einzelner Arbeitgeber
2. Arbeitgeberverband
3. Zusammenschluss von Arbeitgeberverbänden
4. Gesamtbetriebsrat
5. Gewerkschaft

11

Der Grundsatz der Tarifautonomie verbietet ...

1. staatliche Eingriffe in Tarifverhandlungen.
2. Streiks und Aussperrungen.
3. die Allgemeinverbindlichkeit von Tarifverträgen.
4. tarifliche Regelung von Sachverhalten, die bereits gesetzlich geregelt sind.
5. Tarifverträge, die nur für ein Unternehmen gelten.

12

Welche Aussage über die Leistungen der gesetzlichen Krankenversicherung trifft zu?

1. Anspruch auf Leistungen besteht erst nach dreimonatiger Mitgliedschaft.
2. Krankengeld wird bei Arbeitsunfähigkeit infolge derselben Krankheit höchstens für 78 Wochen innerhalb von drei Jahren gezahlt.
3. Nach dem Tod eines Versicherten haben die Hinterbliebenen Anspruch auf Sterbegeld.
4. Kosten für Zahnersatz werden in voller Höhe erstattet.
5. Arzneimittelkosten werden immer in voller Höhe übernommen.

13

Wie finanzieren die Berufsgenossenschaften ihre Leistungen?

1. Ausschließlich aus Beiträgen der Unternehmer
2. Aus Beiträgen der Arbeitnehmer und der Unternehmer
3. Aus Beiträgen der Unternehmer und Zuschüssen des Bundes
4. Ausschließlich aus dem Sozialhaushalt des Bundes
5. Aus Beiträgen der Arbeitnehmer und der Unternehmer sowie Bundeszuschüssen

14

Bei Erwerbsminderung infolge Krankheit oder Behinderung zahlt die gesetzliche Rentenversicherung unter bestimmten Voraussetzungen Rente wegen Erwerbsminderung.
Eine Erwerbsminderung liegt vor, wenn der Versicherte unter den üblichen Bedingungen des Arbeitmarkts weniger als …

1. die Hälfte des früheren Arbeitsentgelts verdienen kann.
2. drei Tage pro Woche erwerbstätig sein kann.
3. sechs Stunden pro Arbeitstag erwerbstätig sein kann.
4. drei Stunden ohne Erholungspause arbeiten kann.
5. die Hälfte des Durchschnittsentgelts aller Versicherten verdienen kann.

15

Für welchen Streitgegenstand sind die Sozialgerichte unter anderem zuständig?

1. Wohngeld
2. Kündigung des Arbeitsverhältnisses
3. Mitbestimmung des Betriebsrats in sozialen Angelegenheiten
4. Arbeitslosengeld II
5. Kindergeld

16

Welche Aussage zum progressiven Einkommensteuertarif trifft zu?

1. Der prozentuale Steuersatz ist für alle Steuerpflichtigen gleich.
2. Die Höhe des Grundfreibetrags hängt von der Höhe des steuerpflichtigen Einkommens ab.
3. Höhere Einkommen werden prozentual stärker belastet als geringere.
4. Höhere Einkommen werden absolut etwas stärker, prozentual aber geringer belastet.
5. Je höher das Einkommen, desto geringer ist die steuerliche Belastung.

17

Was ist **keine** Leistung des gesetzlichen Sozialversicherung, sondern eine staatliche Transferleistung?

1. Krankengeld
2. Kurzarbeitergeld
3. Arbeitslosengeld
4. Pflegegeld
5. Elterngeld

18

Wie wird die Wirtschaftlichkeit berechnet?

1. Gewinn : Umsatz · 100 %
2. Gewinn : Eigenkapital · 100 %
3. Ertrag – Aufwand
4. Umsatz – Gewinn
5. Ertrag : Aufwand · 100 %

19

Eine Kraftfahrzeugwerkstatt firmiert als „Schulz, Schultz & Söhne OHG".
Welche Schlussfolgerung ist richtig?

1. Es handelt sich um eine Kapitalgesellschaft.
2. Alle Gesellschafter haften unbeschränkt für Verbindlichkeiten des Unternehmens.
3. Die Söhne von Schulz und Schultz haften nicht für Verbindlichkeiten des Unternehmens.
4. Nur ein Gesellschafter haftet unbeschränkt für Verbindlichkeiten des Unternehmens.
5. Es handelt sich um eine Genossenschaft.

20

Welche Aussage zur Massenproduktion trifft zu?

1. Sie führt zwangsläufig zu Qualitätsmängeln und sollte deshalb vermieden werden.
2. Viele Konsumgüter werden in Massenproduktion hergestellt.
3. Sie verteuert die Produkte.
4. Sie ist nur bei einfachen, technisch völlig anspruchslosen Produkten möglich.
5. Die Arbeitsproduktivität ist in der Regel geringer als bei Einzel- und Kleinserienfertigung.

21

Bei welchem Vertrag haben Verbraucher **kein** gesetzliches Widerrufsrecht?

1. Kauf im Versandhandel
2. Darlehensvertrag
3. Wohnraum-Mietvertrag
4. Vertrag über Abonnement einer Zeitschrift
5. Versicherungsvertrag (Privathaftpflicht)

22

Nach dem Produkthaftungsgesetz haftet der Hersteller für ...

1. Schäden am Produkt, die auf Konstruktions- oder Fabrikationsmängel zurückzuführen sind.
2. alle Personen- und Sachschäden, die bei der Benutzung des Produkts auftreten.
3. alle Personen-, Sach- und Vermögensschäden, die bei bestimmungsgemäßer Verwendung des Produkts auftreten.
4. alle Schäden, zu denen es bei Erwerb, Benutzung und Entsorgung des Produkts kommt.
5. Personen- und Sachschäden, die durch einen Fehler des Produkts verursacht werden.

23

Die Tabelle zeigt arbeitsrechtliche Verträge und die jeweiligen Vertragsparteien.
Tragen Sie die fehlenden Begriffe ein.

Bewertung

Vertrag	Vertragsparteien
Arbeitsvertrag	
Berufsausbildungsvertrag	
	Gewerkschaft und einzelner Arbeitgeber oder Arbeitgeberverband
	Betriebsrat und Arbeitgeber

24

Bewertung

In welchen Gesetzen finden sich die Antworten auf folgende Fragen?
Tragen Sie den Kennbuchstaben des richtigen Gesetzes jeweils in das Kästchen ein.

A Arbeitszeitgesetz
B Berufsbildungsgesetz
C Betriebsverfassungsgesetz
D Bürgerliches Gesetzbuch
E Jugendarbeitsschutzgesetz
F Kündigungsschutzgesetz

Darf die tägliche Pausenzeit eines 17-jährigen Auszubildenden wegen eiliger Arbeit auf 30 Minuten verkürzt werden? ☐

Kann in einem Betrieb mit fünf Auszubildenden eine Jugend- und Auszubildendenvertretung gewählt werden? ☐

Mit welcher Frist kann eine Auszubildende das Ausbildungsverhältnis nach Ablauf der Probezeit kündigen? ☐

Gibt es einen besonderen Kündigungsschutz für Mitglieder der Jugend- und Auszubildendenvertretung? ☐

Welche Kündigungsfrist muss der Arbeitgeber bei der Kündigung eines jugendlichen Arbeitnehmers einhalten? ☐

Muss eine jugendliche Auszubildende im Anschluss an sechsstündigen Berufsschulunterricht noch im Betrieb erscheinen? ☐

25

Bewertung

In Betrieben, die jugendliche Arbeitnehmer(innen) oder Auszubildende beschäftigen, wird eine Jugend- und Auszubildendenvertretung (JAV) gewählt.

1 Welche Voraussetzung muss erfüllt sein, damit eine JAV gewählt wird?

2 Welche Arbeitnehmer(innen) des Betriebs sind bei der Wahl der JAV wahlberechtigt?

3 Welche Arbeitnehmer(innen) des Betriebs sind bei der Wahl der JAV wählbar?

4 Wer bestellt den Wahlvorstand für die Wahl der JAV?

Lösungshilfe: Auszug aus dem Betriebsverfassungsgesetz (www.wiso-training.de)

26

Bewertung

Wovon hängt die Höhe des Arbeitslosengelds nach SGB III ab?
Tragen Sie die entsprechenden Buchstaben in die unten stehenden Kästchen ein.

A Familienstand (ledig, verheiratet, geschieden, verwitwet)

B Höhe des beitragspflichtigen Arbeitsentgelts vor der Arbeitslosigkeit

C Ausmaß der eigenen Anstrengungen zur Vermeidung oder Beendigung der Arbeitslosigkeit

D Dauer der beitragspflichtigen Beschäftigung innerhalb der letzten drei Jahre vor der Arbeitslosigkeit

E Lohnsteuerklasse

F Lebensalter

G Mindestens ein Kind im Sinne des § 32 des Einkommensteuergesetzes oder kein Kind

Lösungshilfe: Auszug aus dem Sozialgesetzbuch, Drittes Buch (www.wiso-training.de)

27

Bewertung

1 Im Zusammenhang mit welchem Zweig der gesetzlichen Sozialversicherung wird vom „Generationenvertrag" gesprochen?

2 Was ist damit gemeint?

28

Bewertung

Jede Aktiengesellschaft (AG) hat einen Vorstand und einen Aufsichtsrat.

1 Welche Hauptaufgabe hat der Vorstand?

2 Nennen Sie vier Aufgaben des Aufsichtsrats.

Lösungshilfe: Auszug aus dem Aktiengesetz (www.wiso-training.de)

Aufgabensatz 02

01

Eine Auszubildende will sich über die Prüfungsanforderungen in der Abschlussprüfung informieren.
Wo sollte sie nachschlagen?

1. In der Prüfungsordnung
2. Im Berufsbildungsgesetz
3. In der Ausbildungsordnung für ihren Beruf
4. Im Rahmenlehrplan für den Berufsschulunterricht
5. In ihrem Berufsausbildungsvertrag

02

Nach Beendigung der Berufsausbildung stellt der Ausbildende dem Auszubildenden ein schriftliches Zeugnis aus.
Welche Angabe enthält es nur auf Verlangen des Auszubildenden?

1. Dauer der Berufsausbildung
2. Ziel der Berufsausbildung
3. Verhalten des Auszubildenden
4. Erworbene berufliche Fähigkeiten
5. Erworbene berufliche Kenntnisse

03

Welche Vereinbarung im Arbeitsvertrag verstößt gegen eine gesetzliche Regelung?

1. Der jährliche Erholungsurlaub beträgt 30 Werktage.
2. Anspruch auf den vollen Jahresurlaub besteht erst nach sechsmonatiger Dauer des Arbeitsverhältnisses.
3. Die Probezeit beträgt drei Monate.
4. Während der Probezeit kann jederzeit mit einer Frist von zwei Wochen gekündigt werden.
5. Bei Verkauf des Betriebs endet das Arbeitsverhältnis automatisch.

04

Wesentliche Rechtsquellen des Arbeitsschutzrechts sind neben Gesetzen und Verordnungen vor allem die Unfallverhütungsvorschriften.
Wer formuliert und erlässt Unfallverhütungsvorschriften?

1. Bundesministerium für Arbeit und Soziales
2. Konferenz der Arbeitsminister der Länder
3. Paritätisch mit Arbeitnehmer- und Arbeitgebervertretern besetzte Fachkommissionen
4. Träger der gesetzlichen Unfallversicherung (Berufsgenossenschaften, Unfallkassen)
5. Vom Bundesministerium für Arbeit und Soziales berufene Expertenkommissionen

05

Für welche Arbeitnehmer sind tägliche Höchstarbeitszeit und Mindestdauer der Erholungspausen **nicht** im Arbeitszeitgesetz, sondern in einem anderen Gesetz geregelt?

1. Jugendliche Arbeitnehmer
2. Arbeitnehmer in der Landwirtschaft
3. Arbeitnehmer im öffentlichen Dienst
4. Arbeitnehmer im Hotel- und Gaststättengewerbe
5. Arbeitnehmer in Krankenhäusern

06

Die Entgeltfortzahlung bei mehr als drei Kalendertage dauernder Arbeitsunfähigkeit ist nach dem Entgeltfortzahlungsgesetz an mehrere Voraussetzungen geknüpft.
An welche aber **nicht**?

1. Arbeitsunfähigkeit infolge Krankheit
2. Vierwöchige ununterbrochene Dauer des Arbeitsverhältnisses
3. Kein Verschulden des Arbeitnehmers
4. Vorlage einer ärztlichen Bescheinigung
5. Regelmäßige Teilnahme an Vorsorgeuntersuchungen und Schutzimpfungen

07

Innerhalb welcher Frist nach Zugang der Kündigung und bei welchem Gericht kann Klage auf Feststellung erhoben werden, dass das Arbeitsverhältnis durch die Kündigung nicht aufgelöst ist?

1. Drei Wochen; Arbeitsgericht
2. Drei Wochen; Sozialgericht
3. Ein Monat; Arbeitsgericht
4. Ein Monat; Landesarbeitsgericht
5. Ein Monat; Sozialgericht

08

Welche Voraussetzung(en) muss (müssen) mindestens erfüllt sein, damit ein Betriebsrat gewählt wird?

1. Mehr als drei ständig beschäftigte wahlberechtigte Arbeitnehmer
2. Mehr als fünf ständig beschäftigte wahlberechtigte und wählbare Arbeitnehmer
3. Mindestens fünf ständig beschäftigte wahlberechtigte Arbeitnehmer, von denen drei wählbar sind
4. Mehr als zehn ständig beschäftigte wahlberechtigte Arbeitnehmer
5. Mindestens 15 ständig beschäftigte wahlberechtigte Arbeitnehmer, von denen 10 wählbar sind

09

Welche Gremien oder Personen können gemeinsam Betriebsvereinbarungen beschließen?

1. Betriebsrat und Arbeitgeberverband
2. Betriebsrat und Arbeitgeber
3. Betriebsrat oder Jugend- und Auszubildendenvertretung und Arbeitgeber
4. Im Betrieb vertretene Gewerkschaft und Arbeitgeber
5. Betriebsratsvorsitzender und Arbeitgeber

10

Welche Voraussetzungen müssen erfüllt sein, damit ein Arbeitnehmer Anspruch auf tariflichen Urlaub nach einem nicht allgemeinverbindlichen Tarifvertrag hat?
Der Arbeitgeber ist Mitglied des tarifschließenden Arbeitgeberverbands und …

1. erkennt den Tarifvertrag an.
2. hat mit dem Betriebsrat eine Betriebsvereinbarung über Anwendung des Tarifvertrags geschlossen.
3. der Arbeitnehmer ist Mitglied der tarifschließenden Gewerkschaft.
4. mindestens 50 % der Arbeitnehmer des Betriebs sind in der tarifschließenden Gewerkschaft organisiert.
5. weiter nichts.

11

Die Berufsberatung gehört zu den gesetzlichen Aufgaben der …

1. Agenturen für Arbeit.
2. Arbeitgeberverbände.
3. Industrie- und Handelskammern.
4. Gewerkschaften.
5. Berufsgenossenschaften.

12

Ziel(e) der Anpassungsfortbildung ist (sind) …

1. beruflicher und sozialer Aufstieg.
2. der Erwerb eines höherwertigen beruflichen Abschlusses.
3. die Beendigung von Arbeitslosigkeit oder unterwertiger Beschäftigung durch Wechsel in einen anderen Beruf.
4. Erhalt und Anpassung der beruflichen Handlungsfähigkeit.
5. der erstmalige Erwerb eines berufsqualifizierenden Abschlusses.

13

Der Europass-Mobilitätsnachweis …

1. dokumentiert organisierte Auslandsaufenthalte im Rahmen von Schulbildung, Berufsausbildung, Studium und Weiterbildung.
2. berechtigt zur Aufnahme von Berufsausbildung und Berufstätigkeit in jedem Land der Europäischen Union.
3. dokumentiert alle beruflichen Qualifikationen, die durch staatliche Prüfungen in EU-Ländern nachgewiesen wurden.
4. ist nach dem Berufsbildungsgesetz erforderlich, wenn Teile der Berufsausbildung im Ausland durchgeführt werden.
5. vereinfacht die Formalitäten im Zusammenhang mit Aufenthalt, Bildung und Arbeit in allen EU-Ländern.

14

Wodurch unterscheiden sich die Zweige der gesetzlichen Sozialversicherung unter anderem von privaten Versicherern mit ähnlichen Leistungsangeboten?

1. Die Beiträge sind für alle Versicherten gleich hoch.
2. Die Beiträge sind in jedem Fall erheblich niedriger.
3. Familienangehörige ohne Einkommen sind in allen Zweigen der gesetzlichen Sozialversicherung beitragsfrei mitversichert.
4. Versicherte mit höheren Risiken zahlen entsprechend höhere Beiträge.
5. Die Beiträge werden im Wesentlichen nach den Arbeitsentgelten der Versicherten bemessen.

15

Vorrangige und wichtigste Aufgabe der Berufsgenossenschaften ist die …

1. Führung der Unfallstatistik.
2. Verhütung von Arbeitsunfällen und Berufskrankheiten.
3. Entschädigung von Unfallopfern und Hinterbliebenen.
4. Erhebung und Beitreibung von Bußgeldern bei Verstößen gegen Unfallverhütungsvorschriften.
5. Verhütung von Sport- und Freizeitunfällen.

16

Welche Aussage zum Kindergeld ist richtig?

1. Es wird ab dem dritten Kind gewährt.
2. Es erhöht sich bei jedem weiteren Kind um jeweils 50 Euro.
3. Es wird grundsätzlich bis zur Vollendung des 18. Lebensjahrs des Kindes gezahlt.
4. Für Kinder in Ausbildung oder Studium wird es auf Antrag bis zur Vollendung des 30. Lebensjahrs gezahlt.
5. Anspruch auf Kindergeld besteht nur, wenn die Eltern bestimmte Einkommensgrenzen nicht überschreiten.

17

Wie wird die durch staatliche Zuschüsse geförderte freiwillige Altersvorsorge umgangssprachlich genannt?

1. Hartz V
2. Riester-Rente
3. Blüm-Pension
4. Mumienfonds
5. Seniorenkasse

18

Welche Aufzählung der drei volkswirtschaftlichen Produktionsfaktoren ist richtig?

1. Natur, Arbeit, Kapital
2. Werkstoff, Betriebsmittel, Arbeit
3. Arbeit, Information, Bildung
4. Boden, Arbeit, Geld
5. Urproduktion, Veredelung, Dienstleistung

19

Aus dem Bericht des Arbeitgebers an die Betriebsversammlung: „Im vergangenen Geschäftsjahr haben wir endlich wieder schwarze Zahlen geschrieben."
Was ist damit gemeint?
Das Unternehmen hat im vergangenen Geschäftsjahr …

1. Gewinn erzielt.
2. die Stückkosten gesenkt.
3. seinen Umsatz gegenüber dem Vorjahr erhöht.
4. seinen Marktanteil gehalten.
5. seine Schulden getilgt.

20

Die Organe der Aktiengesellschaft heißen Hauptversammlung, Aufsichtsrat und …

1. Präsidium.
2. Vorstand.
3. Direktorium.
4. Geschäftsführung.
5. Wirtschaftsausschuss.

21

Eine 16-jährige Schülerin ist nach dem Bürgerlichen Gesetzbuch …

1. bedingt geschäftsfähig.
2. uneingeschränkt geschäftsfähig.
3. beschränkt geschäftsfähig.
4. teilweise geschäftsunfähig.
5. geschäftsunfähig.

22

Welche Aussage entspricht der Idee der sozialen Marktwirtschaft?

1. An die Stelle des Marktmechanismus tritt staatliche Lenkung und Überwachung.
2. Sozialer Ausgleich wird ausschließlich mithilfe von Marktmechanismen realisiert.
3. Freie Märkte ohne staatliche Reglementierung garantieren bestmögliche soziale Verhältnisse.
4. Der Marktmechanismus bleibt im Grundsatz erhalten, der Staat sorgt für sozialen Ausgleich.
5. Sozialpolitische Ziele sind nur durchsetzbar, wenn Märkte streng reglementiert werden.

23

Welche Aufgaben haben die Industrie- und Handelskammern nach dem Berufsbildungsgesetz?
Tragen Sie die entsprechenden Kennbuchstaben in die unten stehenden Kästchen ein.

A Überwachung der Eignung von Ausbildenden und Ausbildern
B Führung von Verzeichnissen der Berufsausbildungsverhältnisse
C Vermittlung von Ausbildungsplätzen
D Festsetzung der Ausbildungsvergütungen
E Entscheidung über Zulassungen zur Abschlussprüfung
F Festlegung der Prüfungsanforderungen für Abschlussprüfungen
G Erlass von Prüfungsordnungen für Abschlussprüfungen
H Berufung der Prüfungsausschussmitglieder
I Erstellen der Prüfungsaufgaben für Abschlussprüfungen
K Entscheidung über Bestehen oder Nichtbestehen der Abschlussprüfung

Bewertung

24

Bewertung

Während einer heftigen verbalen Auseinandersetzung bezeichnet ein Arbeitnehmer seinen Vorgesetzten als „inkompetenten Wichtigtuer". Vier Wochen später wird er deshalb fristlos entlassen. Er geht zur Sprechstunde des Betriebsrats und fragt, ob er sich gegen die Kündigung wehren kann. Die Betriebsratsmitglieder sind überrascht, weil sie von dieser Angelegenheit noch gar nichts gehört haben. Beantworten Sie die folgenden Fragen und begründen Sie Ihre Ergebnisse kurz.

1 Liegt überhaupt ein Grund für eine fristlose Kündigung vor?

2 Ist die fristlose Kündigung zum angegebenen Zeitpunkt möglich?

3 Zu welchem Zeitpunkt muss der Arbeitgeber den Betriebsrat von einer fristlosen Kündigung unterrichten?

4 Welche rechtliche Konsequenz ergibt sich, wenn der Arbeitgeber diesen Zeitpunkt verpasst?

Lösungshilfe: Auszüge aus Betriebsverfassungsgesetz und Bürgerlichem Gesetzbuch (www.wiso-training.de)

25

Bewertung

Ein Arbeitsloser beantragt Arbeitslosengeld und erhält von der Arbeitsagentur einen abschlägigen Bescheid.

1 Welches Rechtsmittel kann er dagegen einlegen?

2 Bei welcher Stelle muss er dieses Rechtsmittel einlegen?

3 Welche Frist muss er dabei einhalten?

4 Welches weitere Rechtsmittel steht ihm zur Verfügung, falls das zuerst eingelegte keinen Erfolg bringt?

26

Bewertung

Eine Arbeitnehmerin denkt darüber nach, ob sie der Gewerkschaft beitreten soll.

Nennen Sie zwei Argumente für die Mitgliedschaft.

27

Bewertung

Die Allgemeinen Geschäftsbedingungen eines Versandhändlers für Kaufverträge mit Verbrauchern enthalten u. a. die folgende Klausel:

Bei preisreduzierter Ware und Restposten ist die Haftung für Sachmängel ausgeschlossen.

Wie beurteilen Sie diese Klausel?

Lösungshilfe: Auszug aus dem Bürgerlichen Gesetzbuch (www.wiso-training.de)

28

Bewertung

Was gehört zu den typischen Kennzeichen des konjunkturellen Abschwungs?
Tragen Sie die Kennbuchstaben in die unten stehenden Kästchen ein.

A Verstärkter Anstieg der Verbraucherpreise
B Sinkende Auftragseingänge der Industrie
C Anstieg der Arbeitslosenquote
D Sinkende Sparneigung der Konsumenten
E Geringes oder negatives Wachstums des Bruttoinlandsprodukts
F Erhöhte Kreditnachfrage von Unternehmen und Verbrauchern
G Zunahme von Unternehmensinsolvenzen
H Verknappung und Verteuerung von Rohstoffen

Aufgabensatz 03

01
Artikel 12 des Grundgesetzes garantiert allen Deutschen das Recht auf …

1. Arbeit unter menschenwürdigen Bedingungen.
2. berufliche Aus- und Fortbildung.
3. kostenlose Berufsberatung und Arbeitsvermittlung.
4. Unterstützung in sozialen Notlagen, insbesondere bei Arbeitslosigkeit.
5. freie Wahl von Beruf, Arbeitsplatz und Ausbildungsstätte.

02
Jede Ausbildungsordnung enthält einen Ausbildungsrahmenplan. Was ist das?

1. Detaillierte Beschreibung von Art und Ziel der Berufsausbildung
2. Knappe Auflistung der in der Berufsschule zu vermittelnden Kenntnisse
3. Verbindlich vorgeschriebener Zeitplan für die Berufsausbildung
4. Anleitung zur sachlichen und zeitlichen Gliederung der Vermittlung der beruflichen Fertigkeiten, Kenntnisse und Fähigkeiten
5. Detaillierte Auflistung der beruflichen Fertigkeiten, Kenntnisse und Fähigkeiten, die in der Ausbildung zu vermitteln sind

03
Was gehört **nicht** zu den Pflichten des Ausbildenden nach dem Berufsbildungsgesetz?
Ausbildende haben …

1. dafür zu sorgen, dass Auszubildenden die erforderliche berufliche Handlungsfähigkeit vermittelt wird.
2. alle Ausbildungsmittel kostenlos zur Verfügung zu stellen.
3. die Auszubildenden zum Besuch der Berufsschule anzuhalten.
4. dafür zu sorgen, dass Auszubildende nicht sittlich oder körperlich gefährdet werden.
5. die Eltern der Auszubildenden regelmäßig unaufgefordert über den Ausbildungsstand zu unterrichten.

04
Was muss der Arbeitgeber beachten, wenn ein Arbeitsvertrag mündlich geschlossen wird?

1. Der Arbeitsvertrag ist nur wirksam, wenn er innerhalb einer Woche von beiden Seiten schriftlich bestätigt wird.
2. Der Arbeitgeber muss dem Arbeitnehmer innerhalb eines Monats nach Beginn des Arbeitsverhältnisses eine Niederschrift der wesentlichen Vertragsbedingungen aushändigen.
3. Bei Vertragsschluss muss ein unabhängiger Zeuge anwesend sein.
4. Er muss dem Arbeitnehmer eine Woche vor Beginn des Arbeitsverhältnisses eine Niederschrift der Vertragsbedingungen aushändigen.
5. Der mündliche Abschluss eines Arbeitsvertrags ist nur im Geltungsbereich eines allgemeinverbindlichen Tarifvertrags möglich.

05
Nach einem heftigen Streit erhält ein Arbeitnehmer eine E-Mail seines Arbeitgebers.
Betreff: „Kündigung" Text: „Sie sind zum 30.06. gefeuert!"
Handelt es sich um eine wirksame Kündigung?

1. Ja, denn Kündigungen sind an keine bestimmte Form gebunden.
2. Ja, denn das Schriftformerfordernis ist erfüllt.
3. Nein, weil das Wort „Kündigung" nur im Betreff, aber nicht im Text vorkommt.
4. Nur wenn die E-Mail digital signiert ist.
5. Nein, Kündigungen bedürfen der Schriftform; die elektronische Form ist ausgeschlossen.

06
Ein Arbeitnehmer ist wegen einer schweren Krankheit 15 Wochen lang arbeitsunfähig.
Für welche Dauer hat er Anspruch auf Entgeltfortzahlung durch den Arbeitgeber?

1. Drei Wochen
2. Sechs Wochen
3. Acht Wochen
4. Drei Monate
5. 15 Wochen

07

Das Betriebsverfassungsgesetz gewährt Betriebsräten unterschiedliche, abgestufte Rechte. Welches greift am stärksten in Entscheidungen des Arbeitgebers ein?

1. Mitbestimmungsrecht
2. Beratungsrecht
3. Unterrichtungsrecht
4. Anhörungsrecht
5. Vorschlagsrecht

08

Welche Aussage über Urabstimmungen ist richtig?

1. Gewerkschaften regeln die Durchführung autonom in ihren Satzungen.
2. Sie werden von den Landeswahlleitern beaufsichtigt.
3. Warnstreiks ohne vorherige Urabstimmung sind illegal.
4. Stimmberechtigt sind alle Beschäftigten im fachlichen und räumlichen Geltungsbereich des umkämpften Tarifvertrags.
5. Sie werden in der Regel von den Betriebsräten geleitet.

09

In welchem Fall geht es um berufliche Umschulung im Sinne des Berufsbildungsgesetzes?

1. Eine Webdesignerin erweitert ihre Kenntnisse über Datenbankanwendungen in einem Abendkurs.
2. Ein Buchbinder nimmt an einem Lehrgang zur Vorbereitung auf die Industriemeisterprüfung teil.
3. Eine Chemielaborantin erlernt jetzt den Beruf IT-System-Elektronikerin.
4. Eine Mechatronikerin studiert an einer Universität, um Gewerbelehrerin zu werden.
5. Ein Student bricht sein Ingenieurstudium ab und beginnt eine Ausbildung zum Industriekaufmann.

10

Der „Bildungsgutschein" ist ein(e) ...

1. Schulzeugnis, das zum Besuch einer weiterführenden Schule oder zur Aufnahme eines Studiums berechtigt.
2. amtliche Bescheinigung, die zum Besuch von Bildungseinrichtungen in allen EU-Ländern berechtigt.
3. behördliche Bescheinigung, die zum Bezug von „Meister-BAföG" berechtigt.
4. Bescheinigung der Arbeitsagentur, dass die Voraussetzungen für die Förderung der beruflichen Weiterbildung vorliegen.
5. berufliches Prüfungszeugnis, das die Teilnahme an Aufstiegsfortbildungen ermöglicht.

11

Welchen Anteil vom Rentenversicherungsbeitrag trägt der Arbeitgeber?

1. 100 %
2. 75 %
3. 50 %
4. 40 %
5. 25 %

12

Ein 28-jähriger Facharbeiter wird nach dreijähriger ununterbrochener Beschäftigung arbeitslos.
Für wie viel Monate hat er Anspruch auf Arbeitslosengeld?

1. Drei Monate
2. Sechs Monate
3. Zwölf Monate
4. 18 Monate
5. 24 Monate

13
Welche staatliche Transferleistung können Arbeitsuchende beantragen, die keinen Anspruch auf Arbeitslosengeld nach SGB III haben?

1. Arbeitslosengeld II
2. Sozialhilfe
3. Übergangsgeld
4. Arbeitslosenhilfe
5. Armenhilfe

14
Welche Aussage entspricht dem Subsidiaritätsprinzip?

1. Staatliche Transferleistungen haben Vorrang vor den Leistungen der Sozialversicherungsträger.
2. Anspruch auf staatliche Hilfe hat nur, wer in der Vergangenheit regelmäßig Steuern gezahlt hat.
3. Wer nicht für Krankheit, Arbeitsunfähigkeit und Alter vorsorgt, darf auch keine staatliche Unterstützung in Notsituationen erwarten.
4. Der Staat unterstützt seine Bürgerinnen und Bürger in allen denkbaren Notlagen.
5. Staatliche Hilfe wird nur gewährt, wenn und soweit Selbsthilfe nicht möglich ist.

15
Welche der folgenden Aussagen über Betriebe und Unternehmen ist **falsch**?

1. Ein Unternehmen kann mehrere Betriebe haben.
2. Mehrere Unternehmen können einen gemeinsamen Betrieb haben.
3. Unternehmen können unterschiedliche Rechtsformen haben.
4. Betriebe sind immer Personengesellschaften.
5. Zweck privatwirtschaftlicher Unternehmen ist die Gewinnerzielung.

16
Welche Aussage über Konsum- oder Produktionsgüter ist richtig?

1. Alle Konsumgüter sind Produkte der Massenfertigung.
2. Produktionsgüter können nur in Einzelfertigung hergestellt werden.
3. Freie Güter sind niemals Produktionsgüter, sondern immer Konsumgüter.
4. Alle Güter, die zur Herstellung neuer Güter verwendet werden, sind Produktionsgüter.
5. Langlebige Gebrauchsgüter sind keine Konsumgüter.

17
Aus dem Wirtschaftsteil einer Tageszeitung: „Nach Schätzung führender Wirtschaftsforschungsinstitute wird die Arbeitsproduktivität im laufenden Jahr um 2,5 % zulegen."
Welche Aussage ist richtig?

1. Das gesamtwirtschaftliche Arbeitsvolumen steigt um 2,5 %.
2. Die durchschnittlich pro Arbeitsstunde produzierte Gütermenge erhöht sich um 2,5 %.
3. Die durchschnittliche effektive Arbeitszeit der Beschäftigten steigt um 2,5 %.
4. Die durchschnittlichen Produktionskosten sinken um 2,5 %.
5. Der Anteil der Lohnkosten an den Gesamtkosten der Unternehmen steigt um durchschnittlich 2,5 %.

18
Wozu ist jeder Unternehmensgründer bei Aufnahme des Gewerbes gesetzlich verpflichtet?

1. Behördliche Erlaubnis zur Ausübung des Gewerbes beantragen
2. Businessplan erstellen und von Steuerberater oder Wirtschaftsprüfer testieren lassen
3. Gewerbe bei der zuständigen Dienststelle der Gemeinde anzeigen
4. Antrag auf Mitgliedschaft in der örtlich zuständigen Industrie- und Handelskammer stellen
5. Eintragung in das Handelsregister beim zuständigen Amtsgericht beantragen

19

Was spricht bei der Gründung eines Unternehmens für die Wahl der Rechtsform GmbH anstelle von OHG oder KG?

1. Höheres Ansehen in der Öffentlichkeit
2. Geringeres Risiko durch Haftungsbeschränkung
3. Höhere Kreditwürdigkeit
4. Geringere Gründungskosten
5. Umfassendere staatliche Gründungsförderung

20

Ein solventes Unternehmen …

1. hat das Potenzial, seinen Marktanteil erheblich zu erhöhen.
2. erzielt regelmäßig hohe Gewinne.
3. hat bereits alle Möglichkeiten zur Kostenreduzierung voll ausgeschöpft.
4. hat eine hohe Eigenkapitalrentabilität.
5. kann seine Zahlungsverpflichtungen vollständig und pünktlich erfüllen.

21

Der Umsatz eines Unternehmens ist …

1. die Menge der in einer Periode abgesetzten Waren oder Dienstleistungen.
2. der Wert der in einer Periode in der Produktion eingesetzten Güter zu Einkaufspreisen.
3. der Wert der in einer Periode abgesetzten Waren oder Dienstleistungen zu Verkaufspreisen.
4. der Bestand an Rohstoffen, Vorprodukten sowie fertigen und halbfertigen Erzeugnissen.
5. das prozentuale Verhältnis der Produktionskosten zu den Verkaufserlösen.

22

Was ist gemeint, wenn von „Schwellenländern" gesprochen wird?

1. Länder mit hohem Wirtschaftswachstum auf dem Weg zum Industriestaat
2. Industrienationen, die sich im Prozess der Wandlung zu Dienstleistungsgesellschaften befinden
3. Industriestaaten, die angesichts der wirtschaftlichen Globalisierung ihre Vormachtstellung verlieren
4. Arme Länder, deren Volkswirtschaften kurz vor dem vollständigen Zusammenbruch stehen
5. Beitrittskandidaten zur Europäischen Union

23

Bewertung

In welchen Gesetzen sind die folgenden Ansprüche geregelt?
Tragen Sie jeweils den Kennbuchstaben des Gesetzes in das Kästchen ein.

A Berufsbildungsgesetz	*E* Gewerbeordnung
B Bürgerliches Gesetzbuch	*F* Jugendarbeitsschutzgesetz
C Bundesurlaubsgesetz	*G* Kündigungsschutzgesetz
D Entgeltfortzahlungsgesetz	*H* Tarifvertragsgesetz

Anspruch auf Arbeitsentgelt für gesetzliche Feiertage, die auf Arbeitstage fallen	☐
Anspruch auf Erholungsurlaub und Urlaubsentgelt	☐
Anspruch auf schriftliches Zeugnis bei Beendigung des Arbeitsverhältnisses	☐
Anspruch von Auszubildenden auf angemessene Vergütung	☐
Anspruch auf Freizeit zur Stellensuche nach Kündigung des Arbeitsverhältnisses	☐
Anspruch auf tarifvertraglich vereinbarte Leistungen	☐

24

Bewertung

Nach dem Berufsbildungsgesetz ist der wesentliche Inhalt des Berufsausbildungsvertrags schriftlich niederzulegen.

1 Wer hat diese Niederschrift anzufertigen?

2 Wann ist die Niederschrift normalerweise anzufertigen, wann spätestens?

3 Nennen Sie vier Angaben, die in der Niederschrift enthalten sein müssen.

4 Besteht bereits ein rechtlich bindender Vertrag, solange die Niederschrift noch nicht erstellt und unterzeichnet ist?

Lösungshilfe: Auszug aus dem Berufsbildungsgesetz (www.wiso-training.de)

25

Bewertung

In Unternehmen mit mehreren Betrieben gibt es Gesamtbetriebsräte, in Konzernen gibt es Konzernbetriebsräte.

1 Wer bestimmt oder wählt die Mitglieder des Gesamtbetriebsrats?

2 Wer bestimmt oder wählt die Mitglieder des Konzernbetriebsrats?

3 Für welche Angelegenheiten ist der Gesamtbetriebsrat zuständig?

4 Für welche Angelegenheiten ist der Konzernbetriebsrat zuständig?

Lösungshilfe: Auszug aus dem Betriebsverfassungsgesetz (www.wiso-training.de)

26

Bewertung

Einer 42-jährigen Arbeitnehmerin in einem Betrieb mit mehr als 500 Beschäftigten wird gekündigt, weil die Abteilung, in der sie arbeitet, verkleinert werden soll. Sie hat ein Kind im schulpflichtigen Alter und ist seit acht Jahren im Betrieb beschäftigt.

Nennen Sie drei mögliche Gründe, aus denen die Kündigung nach dem Kündigungsschutzgesetz (KSchG) rechtsunwirksam sein kann.

Lösungshilfe: Auszug aus dem Kündigungsschutzgesetz (www.wiso-training.de)

27

Bewertung

Bei den Rechtsformen von Unternehmen wird zwischen Personen- und Kapitalgesellschaften unterschieden.

1 Kennzeichnen Sie die Personengesellschaften jeweils mit dem Buchstaben *P* und die Kapitalgesellschaften mit dem Buchstaben *K*.

Aktiengesellschaft	☐
Gesellschaft mit beschränkter Haftung	☐
Kommanditgesellschaft	☐
Offene Handelsgesellschaft	☐
Unternehmergesellschaft (haftungsbeschränkt)	☐

2 Ist die Genossenschaft eine Personen- oder eine Kapitalgesellschaft?

28

Bewertung

Was gehört zum Marketing-Mix eines Unternehmens?
Schreiben Sie die richtigen Kennbuchstaben in die Kästchen.

A Distributionspolitik
B Dividendenpolitik
C Finanzierungspolitik
D Investitionspolitik
E Kommunikationspolitik
F Liquiditätspolitik
G Personalpolitik
H Preispolitik
I Produktpolitik
K Sozialpolitik

☐ ☐ ☐ ☐

Aufgabensatz 04

01

Welche Regelung trifft das Berufsbildungsgesetz (BBiG) zur Probezeit am Beginn des Berufsausbildungsverhältnisses?

1. Sie muss mindestens vier Wochen und darf höchstens acht Wochen dauern.
2. Sie dauert genau drei Monate.
3. Sie muss mindestens einen Monat und darf höchstens vier Monate dauern.
4. Sie dauert genau sechs Monate.
5. Die Dauer der Probezeit ist nicht im BBiG geregelt.

02

Welche Pflicht des Auszubildenden ist **nicht** im Berufsbildungsgesetz genannt?

1. Teilnahme am Berufsschulunterricht
2. Sorgfältige Ausführung der im Rahmen der Ausbildung übertragenen Aufgaben
3. Stillschweigen über Geschäftsgeheimnisse
4. Höflichkeit gegenüber Beschäftigten und Kunden des Ausbildungsbetriebs
5. Pflegliche Behandlung von Werkzeug und Maschinen

03

Laut Niederschrift eines Arbeitsvertrags gelten die gesetzlichen Kündigungsfristen.
Auf welches Gesetz bezieht sich diese Aussage?

1. Kündigungsschutzgesetz
2. Arbeitsplatzschutzgesetz
3. Arbeitnehmerschutzgesetz
4. Bürgerliches Gesetzbuch
5. Handelsgesetzbuch

04

Ein Arbeitnehmer wird vom Arzt für sieben Tage krankgeschrieben. Wann muss er dem Arbeitgeber seine Arbeitsunfähigkeit und die voraussichtliche Dauer mitteilen?

1. Unverzüglich
2. Am nächsten Kalendertag
3. Am nächsten Arbeitstag
4. Am dritten Kalendertag nach Beginn der Arbeitsunfähigkeit
5. Am ersten Arbeitstag, der auf den dritten Krankheitstag folgt

05

Der jährliche Mindesturlaub für erwachsene Arbeitnehmer beträgt nach dem Bundesurlaubsgesetz …

1. 18 Werktage.
2. 18 Arbeitstage.
3. 24 Kalendertage.
4. 24 Werktage.
5. 30 Kalendertage.

06

Welche Klausel im Arbeitsvertrag ist **nichtig**, weil sie gegen ein Grundrecht verstößt?

1. Die wöchentliche Arbeitszeit beträgt 48 Stunden an sechs Tagen.
2. Der Arbeitnehmer darf keine Nebenbeschäftigungen für konkurrierende Unternehmen ausüben.
3. Während der sechsmonatigen Probezeit ist die Kündigungsfrist auf zwei Wochen verkürzt.
4. Der Arbeitnehmer hat alles zu unterlassen, was den Betriebsfrieden ernsthaft gefährdet.
5. Der Arbeitnehmer darf sich im Betrieb nicht gewerkschaftlich betätigen.

07

Welche Aufzählung nennt ausschließlich innerbetrieblich Verantwortliche für den Arbeitsschutz?

1. Berufsgenossenschaft, Gewerbeaufsicht, Feuerwehr
2. Sicherheitsbeauftragter, Betriebsarzt, Arbeitgeber
3. Arbeitgeber, Betriebsrat, Berufsgenossenschaft
4. Sicherheitsbeauftragter, Gewerbeaufsicht, Gewerkschaft
5. Betriebsarzt, Gesundheitsamt, Sicherheitsbeauftragter

08

Welche Aussage entspricht den Vorschriften über das arbeitsgerichtliche Urteilsverfahren?

1. Die Verhandlung ist grundsätzlich nicht öffentlich.
2. Kläger und Beklagte müssen sich durch Anwälte vertreten lassen.
3. Am Beginn des Verfahrens versucht der Vorsitzende, eine gütliche Einigung herbeizuführen.
4. Bei Streitwerten von mehr als 10 000 Euro ist anstelle des Arbeitsgerichts das Landesarbeitsgericht zuständig.
5. Für Arbeitnehmer ist das Verfahren grundsätzlich kostenfrei.

09

Wenn der Betriebsrat die Zustimmung zu einer Einstellung verweigert, kann der Arbeitgeber Antrag auf Ersetzung der Zustimmung stellen. Bei welcher Stelle?

1. Industrie- und Handelskammer
2. Agentur für Arbeit
3. Einigungsstelle
4. Gesamtbetriebsrat
5. Arbeitsgericht

10

Auf einer Betriebsratssitzung werden Fragen der Berufsausbildung beraten. Welche Aussage über die Teilnahme der Jugend- und Auszubildendenvertretung (JAV) ist richtig?

1. Die JAV kann einen Vertreter als Beobachter entsenden.
2. Es liegt im Ermessen des Betriebsrats, ob er Mitglieder der JAV zu dieser Betriebsratssitzung einlädt oder nicht.
3. Alle Mitglieder der JAV können beratend (ohne Stimmrecht) an der Sitzung teilnehmen.
4. Alle Mitglieder der JAV können an der Sitzung teilnehmen und sind stimmberechtigt.
5. Die Teilnahme von JAV-Mitgliedern an Betriebsratssitzungen ist in jedem Fall ausgeschlossen.

11

Der Arbeitgeber spricht am 1. Juli eine fristgerechte Kündigung zum 31. Juli aus und informiert den Betriebsrat am 15. Juli darüber. Welche Aussage ist richtig?

1. Die Kündigung ist unwirksam.
2. Die Kündigungsfrist läuft erst ab dem 15. Juli.
3. Die Klagefrist nach dem Kündigungsschutzgesetz läuft erst ab dem 15. Juli.
4. Der Betriebsrat kann der Kündigung widersprechen, weil er verspätet unterrichtet wurde.
5. Die Kündigung ist uneingeschränkt wirksam.

12

Welche Aussage zur Allgemeinverbindlichkeit von Tarifverträgen trifft **nicht** zu?

1. Tarifverträge können vom Bundesminister für Arbeit und Soziales für allgemeinverbindlich erklärt werden.
2. Tarifverträge können nur für allgemeinverbindlich erklärt werden, wenn eine Tarifvertragspartei das beantragt.
3. Die meisten Tarifverträge sind allgemeinverbindlich.
4. Allgemeinverbindliche Tarifverträge gelten auch für Arbeitgeber, die nicht Mitglieder des tarifschließenden Arbeitgeberverbands sind.
5. Allgemeinverbindliche Tarifverträge gelten auch für Arbeitnehmer, die nicht Mitglieder der tarifschließenden Gewerkschaft sind.

13

Mit dem Europäischen Bildungspass, kurz Europass genannt, soll die grenzüberschreitende berufliche Mobilität gefördert werden. Was gehört **nicht** zum Europass?

1. Europass-Mobilitätsnachweis
2. Europass-Lebenslauf
3. Europass-Diplomzusatz
4. Europass-Zeugniserläuterungen
5. Europass-Sozialversicherungsausweis

14

Welche Aussage über das Sozialgesetzbuch (SGB) trifft **nicht** zu?

1. Es enthält alle wesentlichen Regelungen des Sozial- und Arbeitsrechts.
2. Es hat die frühere Zersplitterung des Sozialrechts weitgehend beseitigt.
3. Es besteht aus zwölf Teilen, die Bücher genannt werden.
4. Es regelt sowohl die Sozialversicherung als auch staatliche Sozialleistungen.
5. Das vierte Buch enthält gemeinsame Vorschriften für die Sozialversicherung.

15

Wie wird der Beitragssatz zur Arbeitslosenversicherung (Arbeitsförderung) festgelegt?

1. Durch Beschluss des Verwaltungsrats der Bundesagentur für Arbeit
2. Durch Dienstanweisung des Bundesarbeitsministers
3. Durch Bundesgesetz (SGB III)
4. Durch Erlass des Vorstands der Bundesagentur für Arbeit
5. Durch automatische Anpassung an die Ausgaben der Bundesagentur für Arbeit

16

In welchem Fall liegt **kein** Versicherungsfall in der gesetzlichen Unfallversicherung vor?
Ein Arbeitnehmer verunglückt …

1. bei der Arbeit im Betrieb.
2. auf dem unmittelbaren Weg von der Wohnung zum Betrieb.
3. während einer Abweichung vom direkten Weg zum Betrieb, die sich aus der Zugehörigkeit zu einer Fahrgemeinschaft ergibt.
4. auf dem direkten Weg vom Betrieb zu einem Kunden.
5. in seiner Wohnung unmittelbar nach der Rückkehr auf direktem Weg vom Betrieb.

17

Welche Aussage zur privaten Altersvorsorge trifft zu?

1. Bestimmte Formen der freiwilligen Altersvorsorge werden vom Staat durch Altersvorsorgezulage oder steuerliche Abzugsfähigkeit gefördert.
2. Renten der privaten Altersvorsorge werden genau so finanziert wie die Renten der gesetzlichen Rentenversicherung, also im Umlageverfahren.
3. Für Pflichtversicherte ist sie überflüssig, da die Renten aus der gesetzlichen Rentenversicherung in jedem Fall den gewohnten Lebensstandard sichern.
4. Wer Arbeitslosengeld II beantragt, muss in jedem Fall seinen Altersvorsorgevertrag auflösen und das Kapital vollständig verbrauchen.
5. Wer als Arbeitnehmer nachweist, dass er in ausreichender Höhe privat für das Alter vorsorgt, wird von der Rentenversicherungspflicht befreit.

18

Welcher Wirtschaftszweig gehört zum tertiären Sektor der Volkswirtschaft?

1. Großhandel
2. Landwirtschaft
3. Energieerzeugung
4. Maschinenbau
5. Erdölförderung

19

In welcher Fallschilderung wird der Produktionsfaktor Arbeit teilweise durch den Produktionsfaktor Kapital ersetzt?

1. Eine Aktiengesellschaft erhöht ihr Eigenkapital durch Ausgabe neuer Aktien.
2. Ein Industriebetrieb ersetzt die manuelle Endmontage durch Montageautomaten.
3. Eine Bank erhöht die Rentabilität durch Personalabbau und Arbeitsverdichtung.
4. Im Montagebereich eines Industriebetriebs wird die Fließbandgeschwindigkeit erhöht.
5. Ein Industriebetrieb führt Schichtarbeit ein, um die Produktionsanlagen besser auszulasten.

20

Welchem übergeordneten Ziel sind normalerweise alle übrigen Ziele privatwirtschaftlicher Unternehmen untergeordnet?

1. Hoher Gewinn
2. Hohe Arbeitsproduktivität
3. Niedrige Lohnkosten
4. Hoher Umsatz
5. Hoher Marktanteil

21

Gibt es eine Unternehmensform, bei der mindestens ein Gesellschafter persönlich für die Verbindlichkeiten der Gesellschaft haftet, während weitere Gesellschafter nur beschränkt haften?

1. Nein
2. Ja, die Aktiengesellschaft
3. Ja, die Gesellschaft mit beschränkter Haftung
4. Ja, die Kommanditgesellschaft
5. Ja, die offene Handelsgesellschaft

22

Hauptaufgaben der Welthandelsorganisation (WTO) sind …

1. Koordination der Wirtschaftspolitik der Mitgliedstaaten und Entscheidung bei Handelsstreitigkeiten.
2. Koordination und Kontrolle der Wirtschafts-, Sozial- und Arbeitsmarktpolitik der Mitgliedstaaten.
3. Schaffung fairer Handelsbedingungen zwischen Industrie-, Schwellen- und Entwicklungsländern und Förderung des Umweltschutzes.
4. Förderung des Wachstums und Sicherung des außenwirtschaftlichen Gleichgewichts der Mitgliedstaaten.
5. Förderung der Vollbeschäftigung und weltweite Durchsetzung fairer Arbeitsbedingungen.

23

Bewertung

1 Nennen Sie drei Voraussetzungen für die Zulassung zur Abschlussprüfung nach dem Berufsbildungsgesetz.

2 Welche Stelle oder welches Gremium entscheidet über die Zulassung zur Abschlussprüfung?

Lösungshilfe: Auszug aus dem Berufsbildungsgesetz (www.wiso-training.de)

24

Bewertung

1 Unter welcher Voraussetzung oder welchen Voraussetzungen haben Arbeitnehmer Anspruch auf das in einem nicht allgemeinverbindlichen Tarifvertrag vereinbarte Arbeitsentgelt?

2 Können Arbeitnehmer auf diesen Anspruch verzichten?
Begründen Sie Ihre Antwort.

Lösungshilfe: Auszug aus dem Tarifvertragsgesetz (www.wiso-training.de)

25

Bewertung

Das Berufsbildungsgesetz regelt auch die berufliche Fortbildung und Umschulung.

1 Nennen Sie zwei mögliche Gründe oder Motive von Arbeitnehmern, sich beruflich fortzubilden.

2 Nennen Sie zwei mögliche Gründe oder Anlässe für eine berufliche Umschulung.

26

Bewertung

Paragraf 1 des Allgemeinen Gleichbehandlungsgesetzes (AGG) lautet:

Ziel des Gesetzes ist es, Benachteiligungen aufgrund ... zu verhindern oder zu beseitigen.

Welche Benachteiligungsgründe stehen anstelle der Auslassungspunkte im Gesetz?
Nennen Sie vier davon.

27

Bewertung

In einem Industriebetrieb ist die Arbeitsproduktivität um mehr als zehn Prozent angestiegen.

1 Erläutern Sie den Begriff *Arbeitsproduktivität.*

2 Nennen Sie zwei mögliche Ursachen für die Produktivitätssteigerung.

28

Bewertung

Nach dem Gesetz gegen Wettbewerbsbeschränkungen (GWB) sind Unternehmenszusammenschlüsse vor dem Vollzug beim Bundeskartellamt anzuzeigen.

1 Wie wird das GWB umgangssprachlich genannt?

2 Das Bundeskartellamt beurteilt geplante Zusammenschlüsse und untersagt sie in bestimmten Fällen. Aus welchem Grund?

3 Unter welchen Voraussetzungen kann ein untersagter Zusammenschluss vom Bundesminister für Wirtschaft und Technologie erlaubt werden?

Lösungshilfe: Auszug aus dem Gesetz gegen Wettbewerbsbeschränkungen (www.wiso-training.de)

Aufgabensatz 05

01

Welche Regelung im Ausbildungsvertrag ist nach dem Berufsbildungsgesetz **nichtig**?

1. Die Probezeit beträgt vier Monate.
2. Der Erholungsurlaub beträgt 30 Arbeitstage.
3. Die tägliche Ausbildungszeit beträgt acht Stunden.
4. Das Ausbildungsverhältnis kann während der Probezeit jederzeit gekündigt werden.
5. Der Auszubildende beteiligt sich mit 50 Euro monatlich an den Kosten der Ausbildungsmittel.

02

Zu den arbeitsvertraglichen Nebenpflichten des Arbeitnehmers gehört …

1. das Unterlassen kritischer Äußerungen über den Arbeitgeber.
2. die unverzügliche Meldung drohender Schäden.
3. die Ausübung das Wahlrechts bei Betriebsratswahlen.
4. der Verzicht auf gewerkschaftlicher Betätigung im Betrieb.
5. regelmäßiger Besuch der Betriebsratssprechstunde.

03

Was unterscheidet das einfache Arbeitszeugnis vom qualifizierten Arbeitszeugnis?

1. Es ist leicht verständlich formuliert.
2. Es enthält keine Angaben zu Leistung und Verhalten des Arbeitnehmers.
3. Es enthält keine Angaben zur Art der ausgeübten Tätigkeit.
4. Es kann auch in elektronischer Form erteilt werden.
5. Es wird nur Arbeitnehmern mit geringer beruflicher Qualifikation ausgestellt.

04

Welche Aussage zum Prüfungsausschuss in der Berufsausbildung ist **falsch**?

1. Der Prüfungsausschuss besteht aus mindestens drei Mitgliedern.
2. Er fasst seine Beschlüsse mit der Mehrheit der abgegebenen Stimmen.
3. Er entscheidet über das Bestehen und Nichtbestehen der Abschlussprüfung.
4. Er entscheidet in bestimmten Einzelfällen über die Zulassung zur Abschlussprüfung.
5. Er entscheidet in Zweifelsfällen über die fachliche Eignung von Ausbildern.

05

Worüber beschließt die Kultusministerkonferenz (KMK) unter anderem?

1. Prüfungsordnungen für berufliche Prüfungen
2. Prüfungsaufgaben für berufliche Prüfungen
3. Ausbildungsrahmenpläne für anerkannte Ausbildungsberufe
4. Rahmenlehrpläne für den Berufsschulunterricht
5. Ausbildungsberufsbilder für anerkannte Ausbildungsberufe

06

Unter welcher Voraussetzung darf die werktägliche Höchstarbeitszeit erwachsener Arbeitnehmer(innen) von acht Stunden um bis zu zwei Stunden überschritten werden?

1. Wenn die/der Arbeitnehmer(in) einverstanden ist
2. Wenn die zusätzlichen Stunden als Mehrarbeit mit angemessenem Zuschlag vergütet werden
3. Wenn die zusätzlichen Stunden innerhalb eines Jahres durch Freizeit ausgeglichen werden
4. Wenn dringende betriebliche Belange es erfordern
5. Wenn im Durchschnitt von sechs Kalendermonaten acht Stunden pro Werktag nicht überschritten werden

07

In welchem Fall wird Urlaub nach dem Bundesurlaubsgesetz durch Geldzahlung abgegolten?

1. In keinem Fall; Urlaub muss in jedem Fall gewährt und genommen werden.
2. Wenn er wegen dringender betrieblicher Belange nicht gewährt werden kann
3. Wenn er wegen Beendigung des Arbeitsverhältnisses nicht mehr gewährt werden kann
4. Wenn ein Restanspruch von weniger als sechs Werktagen besteht
5. Wenn sich Arbeitnehmer und Arbeitgeber darauf einigen

08

Welche Aussage zur Wahl des Betriebsrats ist **falsch**?

1. Der Arbeitgeber trägt die Kosten der Wahl.
2. Leitende Angestellte sind nicht wahlberechtigt.
3. Der Arbeitgeber ist verpflichtet, Wahlbewerber auf mögliche Nachteile hinzuweisen, die mit der Kandidatur verbunden sein können.
4. Die Wahl des Betriebsrats darf nicht behindert werden.
5. Arbeitszeitversäumnis aufgrund der Betriebsratswahl berechtigt den Arbeitgeber nicht zur Minderung des Arbeitsentgelts.

09

Wenn ein Betrieb oder wesentliche Betriebsteile eingeschränkt oder stillgelegt werden, ist nach dem Betriebsverfassungsgesetz ein Sozialplan zu erstellen.
Diese Vorschrift gilt aber nur für Unternehmen mit …

1. mehr als 500 wahlberechtigten Arbeitnehmern.
2. mindestens 50 Millionen Euro Jahresumsatz.
3. mehr als 200 wahlberechtigten Arbeitnehmern.
4. mindestens zehn Millionen Euro Jahresumsatz..
5. mehr als 20 wahlberechtigten Arbeitnehmern.

10

Welche Aussage über den Deutschen Gewerkschaftsbund ist richtig?
Der DGB …

1. schließt alle Tarifverträge ab.
2. ist nicht für Angestellte und Beamte zuständig.
3. vertritt die gemeinsamen Interessen seiner 137 Mitgliedsgewerkschaften.
4. ist der größte gewerkschaftliche Dachverband in der Bundesrepublik Deutschland.
5. ist nicht berechtigt, sich zu politischen Fragen zu äußern.

11

Was gehört **nicht** zu den vom Bundesarbeitsgericht entwickelten Rechtmäßigkeitsvoraussetzungen des Streiks?
Streiks müssen …

1. verhältnismäßig sein.
2. von einer Gewerkschaft getragen werden.
3. auf die Durchsetzung eines tarifvertraglich regelbaren Ziels gerichtet sein.
4. nach Regeln des fairen Kampfs geführt werden.
5. beendet werden, sobald der Gegenseite wirtschaftliche Schäden drohen.

12

Auf welche Weise wird die berufliche Aufstiegsfortbildung in der Bundesrepublik Deutschland gefördert?

1. Durch Zuschüsse und Darlehen nach dem Aufstiegsfortbildungsförderungsgesetz (AFBG)
2. Nur durch steuerliche Absetzbarkeit der Fortbildungsaufwendungen
3. Durch Leistungen der Arbeitsförderung nach dem Dritten Buch des Sozialgesetzbuchs (SGB III)
4. Nur durch öffentliche Appelle an die Arbeitgeber, Arbeitnehmern die Fortbildung zu ermöglichen
5. Durch Subventionierung von Unternehmen, die ihren Beschäftigten Aufstiegsfortbildung ermöglichen.

13

Anspruch auf Leistungen nach dem Bundesausbildungsförderungsgesetz (BAföG) haben u.a. …

1. Teilnehmer(innen) an Meisterkursen.
2. Alle Schüler(innen) ab Klasse 10.
3. Fach- und Berufsfachschüler(innen).
4. Auszubildende und Umschüler(innen).
5. Arbeitgeber, die Ausbildungsplätze schaffen.

14

Ziel des EU-Programms *Leonardo da Vinci* ist die Förderung der …

1. EU-weiten Mobilität von Arbeitnehmer(innen)n.
2. Natur- und Wirtschaftswissenschaften.
3. politischen Bildung.
4. Weiterbildung älterer Arbeitnehmer(innen).
5. beruflichen Bildung.

15

Welche Aufzählung nennt ausschließlich Leistungen der gesetzlichen Rentenversicherung?

1. Altersrente, Rente wegen Erwerbsminderung, Waisenrente
2. Rente wegen Erwerbsminderung, Verletztengeld, Krankengeld
3. Pflegegeld, Krankengeld, Schmerzensgeld
4. Rente wegen Erwerbsminderung, Unfallrente, Sterbegeld
5. Krankengeld, Übergangsgeld, Arbeitslosengeld

16

In welchem Zweig der gesetzlichen Sozialversicherung zahlen kinderlose Versicherte ab dem vollendeten 23. Lebensjahr höhere Beiträge als Eltern?

1. Rentenversicherung
2. Krankenversicherung
3. Pflegeversicherung
4. Unfallversicherung
5. Arbeitslosenversicherung

17

In welchem Fall sind Streitgegenstand und Gericht **nicht** richtig zugeordnet?

1. Kündigung des Arbeitsverhältnisses – Arbeitsgericht
2. Steuerfestsetzung des Finanzamts – Finanzgericht
3. Anspruch auf Rente wegen Erwerbsminderung – Sozialgericht
4. Sperrzeit beim Arbeitslosengeld – Arbeitsgericht
5. Geltung eines Tarifvertrags – Arbeitsgericht

18

Welche der folgenden Steuern ist eine Verkehrsteuer?

1. Branntweinsteuer
2. Einkommensteuer
3. Grundsteuer
4. Körperschaftsteuer
5. Mehrwertsteuer

19

Was ist gemeint, wenn Arbeitnehmern oder Arbeitslosen Mobilität abverlangt wird?

1. Streben nach höherem Einkommen und höherem sozialen Status
2. Fähigkeit und Bereitschaft zur Anpassung an neue berufliche Anforderungen
3. Bereitschaft zum Wechsel in eine andere Tätigkeit oder einen anderen Beruf als den bisher ausgeübten
4. Bereitschaft, persönliche Interessen im Arbeitsleben zurückzustellen
5. Bereitschaft zum beruflich bedingten Wohnortwechsel

20

Die drei wesentlichen betrieblichen Hauptfunktionen von Fertigungsbetrieben sind Beschaffung, Produktion und …

1. Absatz.
2. Logistik.
3. Marketing.
4. Rechnungswesen.
5. Verwaltung.

21

Welche Aussage zur Aktiengesellschaft (AG) ist richtig?

1. Das Grundkapital der AG wird von den Aktionären aufgebracht.
2. Die AG ist eine Personengesellschaft.
3. Gesellschafter der AG haften unbeschränkt persönlich.
4. Die Geschäfte der AG werden vom Aufsichtsrat geführt.
5. Die Rechtsform AG eignet sich nur für Industrieunternehmen.

22

In Industriegesellschaften stellt niemand alle zum Leben benötigten Güter selbst her.
Welches Stichwort kennzeichnet diese Tatsache?

1. Mechanisierung
2. Arbeitsteilung
3. Sozialisierung
4. Arbeitsverdichtung
5. Tertiarisierung

23

Bewertung ☺ 😐 ☹

Ordnen Sie den unten stehenden Sachverhalten jeweils die richtige Rechtsquelle zu, indem Sie die Kennbuchstaben in die Kästchen eintragen.

A Ausbildungsordnung
B Berufsbildungsgesetz/Handwerksordnung
C Prüfungsordnung

Verfahren der staatlichen Anerkennung von Ausbildungsberufen	☐
Prüfungsanforderungen im jeweiligen Ausbildungsberuf	☐
Zusammensetzung der Prüfungsausschüsse für Abschlussprüfungen	☐
Konsequenzen von Täuschungsversuchen in Abschlussprüfungen	☐
Voraussetzungen für die Zulassung zur Abschlussprüfung	☐

24

Bewertung

In einem metallverarbeitenden Betrieb wurden erstmals Fertigungsroboter installiert. Der Betriebsleiter fordert die Beschäftigten auf, nach dem Ende der regulären Arbeitszeit an einer zweistündigen Sicherheitsunterweisung teilzunehmen.

1 Ist der Arbeitgeber zur Durchführung der Sicherheitsunterweisung verpflichtet, oder handelt es sich um eine freiwillige Leistung? Begründen Sie Ihre Antwort kurz.

2 Ist der Arbeitgeber berechtigt, die Sicherheitsunterweisung nach dem Ende der regulären Arbeitszeit durchzuführen? Begründen Sie Ihre Antwort kurz.

Lösungshilfe: Auszug aus dem Arbeitsschutzgesetz (www.wiso-training.de)

25

Bewertung

Ein tarifgebundener selbständiger Handwerksmeister ärgert sich über die „Schmutzkonkurrenz" von nicht tarifgebundenen Unternehmen, die untertarifliche Löhne zahlen und ihn bei Ausschreibungen häufig unterbieten. Er beantragt bei der Handwerkskammer, den Tarifvertrag für allgemeinverbindlich zu erklären.

Hat der Antrag Aussicht auf Erfolg? Begründen Sie Ihre Antwort.

Lösungshilfe: Auszug aus dem Tarifvertragsgesetz (www.wiso-training.de)

26

Bewertung

In einem Maschinenbauunternehmen wird der Gewinn des abgelaufenen Geschäftsjahrs nicht an die Anteilseigner ausgeschüttet, sondern vollständig für Investitionen im Produktionsbereich einbehalten.

Nennen Sie zwei mögliche Ziele, die damit verwirklicht werden sollen.

27

Bewertung

Die Durchsetzungsfähigkeit von Gewerkschaften in Tarifauseinandersetzungen hängt u.a. vom Organisationsgrad ab.

1 Erläutern Sie den Begriff *Organisationsgrad.*

2 Ein gewerkschaftlich organisierter Arbeitnehmer spricht in den Mittagspausen regelmäßig unorganisierte Kolleginnen und Kollegen an, um sie als Gewerkschaftsmitglieder zu gewinnen. Auf welches Grundrecht kann er sich berufen, wenn ihm der Arbeitgeber das untersagen will?

3 Gewerkschaften sind auch daran interessiert, dass möglichst viele Arbeitgeber in Arbeitgeberverbänden organisiert sind. Aus welchem Grund?

28

Bewertung

Zum Europäischen Bildungspass gehören fünf Dokumente: *Europass-Diplomzusatz, Europass-Lebenslauf, Europass-Mobilität, Europass-Sprachenpass, Europass-Zeugniserläuterungen.*

1 Ordnen Sie die fünf Dokumente den rechts in der Tabelle stehenden Beschreibungen zu.

Europass-...	Beschreibung
	Wirksame und klare Darstellung der persönlichen Fähigkeiten, Kompetenzen und Qualifikationen.
	Werkzeug zur Selbsteinschätzung der Sprachkenntnisse und -qualifikationen.
	Bescheinigung von Kenntnissen, Fähigkeiten und Kompetenzen, die während eines Lernaufenthaltes im europäischen Ausland erworben wurden.
	Beschreibung von Kenntnissen, Fähigkeiten und Kompetenzen, die Inhaberinnen und Inhaber beruflicher Abschlusszeugnisse erworben haben. Das Dokument ergänzt die Angaben im Originalzeugnis und hilft, diese insbesondere im Ausland besser nachzuvollziehen.
	Beschreibung von Kenntnissen, Fähigkeiten und Kompetenzen, die Inhaberinnen und Inhaber von Hochschulabschlüssen erworben haben. Das Dokument ergänzt die Angaben des offiziellen Zeugnisses und hilft, diese insbesondere im Ausland besser nachzuvollziehen.

2 Welche der genannten Dokumente werden von den Inhaber(inne)n selbst ausgefüllt?

Aufgabensatz 06

01
Welche Definition des Arbeitnehmerbegriffs ist richtig?
Arbeitnehmer ist, wer …

1. regelmäßig gegen Bezahlung für andere arbeitet.
2. der Versicherungspflicht in der gesetzlichen Kranken- und Rentenversicherung unterliegt.
3. seine Arbeit gemeinsam mit anderen ausübt.
4. fremdbestimmte Arbeit gegen Entgelt in persönlicher Abhängigkeit von einem anderen leistet.
5. ortsgebunden in einem Betrieb arbeitet.

02
Welche Aussage über die gesetzlichen Kündigungsfristen ist richtig?

1. Sie können im Arbeitsvertrag beliebig verkürzt oder verlängert werden.
2. Bei arbeitgeberseitiger Kündigung hängen sie von der Dauer des Arbeitsverhältnisses ab.
3. Sie sind im Kündigungsschutzgesetz festgelegt.
4. Sie sind für alle Arbeitnehmer gleich lang.
5. Sie sind für beide Parteien immer gleich lang.

03
Wegen verschlechterter Absatzbedingungen reduziert ein Arbeitgeber die Produktion und entlässt acht der 120 beschäftigten Arbeitnehmer. Welche Pflicht hat er nach dem Kündigungsschutzgesetz in jedem Fall?

1. Beachtung sozialer Gesichtspunkte bei der Auswahl der zu kündigenden Arbeitnehmer
2. Zahlung von angemessenen Abfindungen
3. Einhaltung verlängerter Kündigungsfristen
4. Abschluss eines Sozialplans
5. Anzeige der Entlassungen bei der Agentur für Arbeit

04
Auf welche Prüfung ist das Berufsbildungsgesetz anzuwenden?

1. Fachabitur
2. Führerscheinprüfung
3. Industriemeisterprüfung
4. Masterprüfung
5. Juristisches Staatsexamen

05
Welche Aufgabe(n) hat die Berufsschule im dualen System der Berufsausbildung?

1. Abnahme der Zwischen- und Abschlussprüfungen
2. Vermittlung aller Kenntnisse, Fertigkeiten und Fähigkeiten laut Ausbildungsrahmenplan
3. Überwachung der betrieblichen Berufsausbildung
4. Vermittlung fachtheoretischer Kenntnisse und Erweiterung der allgemeinen Bildung
5. Vorbereitung auf allgemeine schulische Abschlüsse

06
Die wöchentliche Arbeitszeit jugendlicher Arbeitnehmer beträgt nach dem Jugendarbeitsschutzgesetz höchstens …

1. 35 Stunden.
2. 40 Stunden.
3. 42 Stunden.
4. 48 Stunden.
5. 54 Stunden.

07

Bei Arbeitsunfähigkeit während des Erholungsurlaubs, die durch ärztliches Zeugnis nachgewiesen ist, werden die Tage der Arbeitsunfähigkeit ...

1. nur zur Hälfte auf den Urlaub angerechnet.
2. nur dann nicht auf den Urlaub angerechnet, wenn sich der Arbeitnehmer im Inland aufhält.
3. nicht auf den Urlaub angerechnet.
4. im vollen Umfang auf den Urlaub angerechnet.
5. nur dann nicht auf den Urlaub angerechnet, wenn die Arbeitsunfähigkeit länger als zwei Wochen dauert.

08

Welche Aussage entspricht § 1 Abs. 1 des Betriebsverfassungsgesetzes?
In Betrieben mit mindestens ...

1. fünf wahlberechtigten Arbeitnehmern dürfen Betriebsräte gewählt werden.
2. fünf wahlberechtigten und wählbaren Arbeitnehmern können Betriebsräte gewählt werden.
3. fünf wahlberechtigten Arbeitnehmern, von denen drei wählbar sind, werden Betriebsräte gewählt.
4. zehn Wahlberechtigten sind Betriebsräte zu wählen.
5. zehn wahlberechtigten Arbeitnehmern, von denen sechs wählbar sind, werden Betriebsräte gewählt.

09

Wer ist bei der Wahl der Jugend- und Auszubildendenvertretung **nicht** wählbar?

1. 17-jährige Auszubildende
2. 18-jähriger Werkstatthelfer
3. 20-jährige Facharbeiterin
4. 24-jährige Industriekauffrau
5. 25-jähriger Auszubildender

10

Welche Aufgabe(n) nimmt die Bundesvereinigung der Deutschen Arbeitgeberverbände (BDA) als Dachorganisation der Arbeitgeberverbände wahr?

1. Vertretung der gemeinsamen Interessen der organisierten Arbeitgeber gegenüber Regierung und Parlament
2. Rechtsschutz für Arbeitgeber in allen Instanzen der Arbeitsgerichtsbarkeit
3. Beratung von Arbeitgebern in allen wirtschaftlichen und rechtlichen Fragen
4. Führung der Tarifverhandlungen und Abschluss der Verbandstarifverträge
5. Organisation von Arbeitskämpfen und finanzielle Unterstützung bestreikter Arbeitgeber

11

Wie wird die speziell auf Gewerkschaften und Arbeitgeberverbände bezogene Freiheitsgarantie nach Artikel 9 Absatz 3 des Grundgesetzes kurz genannt?

1. Vereinigungsfreiheit
2. Meinungsfreiheit
3. Unionsfreiheit
4. Koalitionsfreiheit
5. Berufsfreiheit

12

Welche Aussage über Auslandsaufenthalte im Rahmen der Berufsausbildung entspricht dem Berufsbildungsgesetz?

1. Die Ausbildung darf teilweise im Ausland stattfinden, die Ausbildungsdauer verlängert sich entsprechend.
2. Berufsausbildungen aufgrund in Deutschland geschlossener Ausbildungsverträge dürfen ausschließlich im Inland durchgeführt werden.
3. Teile der Berufsausbildung können im Ausland durchgeführt werden, wenn es dem Ausbildungsziel dient.
4. Die Berufsausbildung darf nur dann im Ausland stattfinden, wenn der Auszubildende die Sprache des jeweiligen Landes sehr gut beherrscht.
5. Teile der Berufsausbildung können im Ausland durchgeführt werden, wenn das jeweilige Land Mitglied der Europäischen Union ist.

13

Eine Auszubildende will nach der Ausbildung im Ausland arbeiten und benötigt dazu ein Prüfungszeugnis in englischer Sprache. Welche Aussage ist richtig?

1. Das Berufsbildungsgesetz erlaubt keine fremdsprachigen Zeugnisse.
2. Berufliche Prüfungszeugnisse werden immer zweisprachig in deutscher und englischer Sprache ausgefertigt.
3. Zusammen mit ihrem Prüfungszeugnis erhält sie auf Antrag eine englisch- und eine französischsprachige Übersetzung.
4. Sie muss ihr Prüfungszeugnis selbst übersetzen und die Übersetzung von der Industrie- und Handelskammer beglaubigen lassen.
5. Nur die diplomatische Vertretung des Landes, in dem sie arbeiten möchte, kann eine beglaubigte Übersetzung ausfertigen.

14

In welchem Fall ist die gesetzliche Unfallversicherung **nicht** zuständig?
Ein Auszubildender erleidet einen Unfall ...

1. auf dem direkten Weg von der Wohnung zum Betrieb.
2. im Betrieb beim fahrlässigen Hantieren an einer Maschine.
3. während des fachpraktischen Unterrichts in der Berufsschule.
4. auf dem direkten Weg von der Wohnung zum Ort der Abschlussprüfung.
5. auf dem direkten Heimweg von einer privaten Feier anlässlich der bestandenen Prüfung.

15

Wie ist die Krankenversicherung von Arbeitslosen geregelt, die Arbeitslosengeld beziehen?

1. Arbeitslose sind nicht krankenversichert.
2. Sie sind kraft Gesetzes versichert; die Bundesagentur für Arbeit zahlt die Beiträge.
3. Die gesetzlichen Krankenkassen sind verpflichtet, Bezieher von Arbeitslosengeld beitragsfrei zu versichern.
4. Sie sind kraft Gesetzes versichert; die Beiträge werden vom Arbeitslosengeld abgezogen.
5. Sie sind nicht versicherungspflichtig, müssen sich also freiwillig versichern.

16

Wer bestimmt oder wählt, in welcher gesetzlichen Krankenkasse ein pflichtversicherter Arbeitnehmer Mitglied ist?

1. Das Fünfte Buch des Sozialgesetzbuchs
2. Der Hausarzt
3. Der pflichtversicherte Arbeitnehmer
4. Die Berufsgenossenschaft
5. Der Arbeitgeber

17

Auf welche Einkünfte wird Abgeltungsteuer erhoben?

1. Nur auf Wertpapiererträge
2. Auf alle Kapitalerträge mit Ausnahme von Zinsen auf Spar- und Girokonten
3. Nur auf Gewinne aus Wertpapier-Spekulationsgeschäften
4. Auf alle Kapitalerträge
5. Auf alle Einkünfte mit Ausnahme von Arbeitsentgelten

18

Die Höhe der vom Arbeitgeber einzubehaltenden und an das Finanzamt abzuführenden Lohnsteuer hängt wesentlich von der Lohnsteuerklasse ab, in die der Steuerpflichtige eingeordnet ist.
Welche Lohnsteuerklasse gilt für die meisten unverheirateten Arbeitnehmer(innen)?

1. Steuerklasse I
2. Steuerklasse II
3. Steuerklasse III
4. Steuerklasse IV
5. Steuerklasse V

19

Bei welcher Produktion oder Dienstleistung spielt der Produktionsfaktor Kapital die geringste Rolle?

1. Herstellung von PKW in Serienfertigung
2. Kinderbetreuung
3. Schiffbau
4. Industrielle Herstellung von Tiefkühlkost
5. Personennahverkehr

20

Welche Aussage zur Einzelfertigung trifft zu?
Im Vergleich zur Massen- oder Großserienfertigung ist …

1. die Arbeitsproduktivität erheblich höher.
2. die Qualifikation der Arbeitnehmer durchweg geringer.
3. die Arbeitsteilung erheblich stärker ausgeprägt.
4. die Produktion in höherem Maße mechanisiert und automatisiert.
5. der Lohnkostenanteil an den Fertigungskosten in der Regel höher.

21

Fixkosten sind Kosten, die …

1. unabhängig von der produzierten Stückzahl immer in gleicher Höhe anfallen.
2. selbst bei sehr geringer Erhöhung der produzierten Stückzahl sprunghaft ansteigen können.
3. immer exakt proportional zur produzierten Stückzahl steigen oder sinken.
4. sich kaum beeinflussen lassen, weil ihre Höhe im Wesentlichen von gesetzlichen Vorgaben abhängt.
5. ausschließlich außerhalb des Produktionsbereichs entstehen, also insbesondere in Verwaltung, Beschaffung und Vertrieb.

22

Welche Aussage über Kapitalgesellschaften trifft zu?

1. Die Kapitalgeber haften persönlich.
2. Kapitalgesellschaften sind juristische Personen.
3. Mehr als 95 % der Unternehmen in Deutschland sind Kapitalgesellschaften.
4. Der Erfolg hängt in der Regel von den persönlichen Fähigkeiten der Gesellschafter ab.
5. Wichtige Formen der Kapitalgesellschaft sind OHG und KG.

23

Nach Beendigung der Ausbildung erhält ein Auszubildender ein Zeugnis des Ausbildenden, das nur Art, Dauer und Ziel der Ausbildung beschreibt und keine weiteren Angaben enthält.

Hat der Auszubildende Anspruch auf ein Zeugnis, das auch erworbenen Fertigkeiten, Kenntnisse und Fähigkeiten beschreibt und seine anerkannt guten Leistungen bestätigt? Begründen Sie Ihre Antwort.

Bewertung

Lösungshilfe: Auszug aus dem Berufsbildungsgesetz (www.wiso-training.de)

24

Bewertung

1 Sind tarifgebundene Arbeitgeber verpflichtet, auch unorganisierten Arbeitnehmern tarifliche Arbeitsentgelte zu zahlen? Begründen Sie Ihre Antwort.

2 Unter welcher besonderen Voraussetzung sind alle Arbeitgeber verpflichtet, allen Beschäftigten tarifliche Arbeitsentgelte zu zahlen?

3 Ein Arbeitgeber zahlt tarifliche Arbeitsentgelte, obwohl er rechtlich nicht dazu verpflichtet ist. Nennen Sie zwei mögliche Gründe für diese Handlungsweise.

25

Bewertung

Geben Sie jeweils die Höchst- bzw. Mindestdauer nach dem Arbeitszeitgesetz an.

Regelmäßige werktägliche Arbeitszeit:	höchstens		Stunden
Erhöhte werktägliche Arbeitszeit:	höchstens		Stunden
Pausenzeit bei siebenstündiger Arbeitszeit:	mindestens		Minuten
Pausenzeit bei neuneinhalbstündiger Arbeitszeit:	mindestens		Minuten
Ununterbrochene Beschäftigung ohne Ruhepause	höchstens		Stunden
Mindestdauer der einzelnen Ruhepause:	mindestens		Minuten
Ruhezeit nach Beendigung der täglichen Arbeitszeit:	mindestens		Stunden
Verkürzte Ruhezeit, zum Beispiel in Krankenhäusern:	mindestens		Stunden

Lösungshilfe: Auszug aus dem Arbeitszeitgesetz (www.wiso-training.de)

26

Bewertung

Die Höhe von Gerichtskosten ist grundsätzlich im Gerichtskostengesetz geregelt.

1 Welche Besonderheit gilt aber nach dem Sozialgerichtsgesetz für Versicherte und Leistungsempfänger?

2 Nennen Sie einen möglichen Grund für diese besondere Regelung.

27

Bewertung

Beim Kauf in einem Online-Shop hat der Verbraucher das Recht, seine Willenserklärung innerhalb einer gesetzlich festgelegten Frist zu widerrufen.

1 Erläutern Sie den Begriff Fernabsatzvertrag.

2 Wie lang ist die Widerrufsfrist im Normalfall und wann beginnt sie?

3 Wie muss der Widerruf begründet werden, um wirksam zu sein?

Lösungshilfe: Auszug aus dem Bürgerlichen Gesetzbuch (www.wiso-training.de)

28

Bewertung

Kreuzen Sie jeweils an, ob der Betrieb zum primären, sekundären oder tertiären Sektor der Volkswirtschaft gehört.

Betrieb	Primärer Sektor	Sekundärer Sektor	Tertiärer Sektor
Arztpraxis			
Automobilfabrik			
Bäckerei			
Einzelhandelsgeschäft			
Elektrizitätswerk			
Forstwirtschaftlicher Betrieb			
Hotel			
Möbeltischlerei			
Unternehmensberatung			
Werbeagentur			

Aufgabensatz 07

01

Aus dem Arbeitsvertrag ergeben sich für den Arbeitgeber Nebenpflichten, die nicht ausdrücklich in der Vertragsniederschrift aufgeführt sind. Was gehört aber **nicht** dazu?

1. Regelmäßig unaufgeforderte Anpassung des Arbeitsentgelts an gestiegene Lebenshaltungskosten
2. Schutz personenbezogener Daten des Arbeitnehmers
3. Korrekte Berechnung und Abführung von Sozialversicherungsbeiträgen und Lohnsteuer
4. Vorkehrungen gegen Gesundheits- und Unfallgefahren
5. Verzicht auf lückenlose Überwachung des Verhaltens im Betrieb

02

Für welche Arbeitnehmer gibt es einen besonderen, über das Kündigungsschutzgesetz hinausgehenden gesetzlichen Kündigungsschutz?

1. Jugendliche Arbeitnehmer
2. Arbeitnehmer mit mehr als 15-jähriger Betriebszugehörigkeit
3. Ältere Arbeitnehmer ab dem 60. Lebensjahr
4. Arbeitnehmer in Großunternehmen mit mehr als 2000 Beschäftigten
5. Schwerbehinderte Arbeitnehmer

03

Welche Auswirkung hat der Verkauf des Betriebs auf die bestehenden Arbeitsverhältnisse?

1. Der neue Eigentümer tritt in alle Rechte und Pflichten ein.
2. Die Arbeitsverhältnisse sind automatisch beendet.
3. Alter und neuer Inhaber können die Arbeitsverhältnisse wegen des Betriebsübergangs kündigen.
4. Die Arbeitsverhältnisse ruhen bis zum Abschluss neuer Verträge.
5. Arbeitsverträge gelten nur dann weiter, wenn sie von beiden Seiten schriftlich bestätigt werden.

04

Nach welcher Dauer des Arbeitsverhältnisses haben Arbeitnehmer(innen) Anspruch auf Entgeltfortzahlung bei Arbeitsunfähigkeit?

1. Zwei Wochen
2. Vier Wochen
3. Drei Monate
4. Sechs Monate
5. Zwölf Monate

05

Nach dem Bundesurlaubsgesetz haben Arbeitnehmer Anspruch auf mindestens 24 Werktage Erholungsurlaub im Jahr. Welcher Personengruppe wird aber nach einem anderen Gesetz mehr Erholungsurlaub garantiert?

1. Auszubildende
2. Schichtarbeiter
3. Jugendliche Arbeitnehmer
4. Schwangere Arbeitnehmerinnen
5. Akkordarbeiter

06

Was gehört **nicht** zu den gesetzlichen Aufgaben des Betriebsrats?

1. Mitbestimmung in sozialen Angelegenheiten
2. Überwachung der Durchführung von zugunsten der Arbeitnehmer geltenden Gesetzen, Verordnungen, Unfallverhütungsvorschriften, Tarifverträgen und Betriebsvereinbarungen
3. Abschluss von Betriebsvereinbarungen
4. Einberufung von Betriebs- und Abteilungsversammlungen
5. Rechtliche Vertretung von Arbeitnehmern im Kündigungsschutzverfahren vor dem Arbeitsgericht

07

Der Arbeitgeber plant die umfassende Modernisierung des Betriebs mit Neubauten und neuen technischen Anlagen. Was muss er nach dem Betriebsverfassungsgesetz tun?

1. Den Betriebsrat rechtzeitig unterrichten und mit ihm darüber beraten
2. Die Zustimmung des Betriebsrats einholen
3. Den Betriebsrat nur über die Termine von Baubeginn und voraussichtlicher Fertigstellung unterrichten
4. Die Pläne auf der Betriebsversammlung erläutern und zur Abstimmung stellen
5. Nichts

08

Wozu ist die Jugend- und Auszubildendenvertretung nach dem Betriebsverfassungsgesetz **nicht** berechtigt?

1. Einen Vertreter zu jeder Betriebsratssitzung entsenden
2. Im Einvernehmen mit dem Betriebsrat betriebliche Jugend- und Auszubildendenversammlungen einberufen
3. Zur Durchführung ihrer Aufgaben erforderliche Unterlagen vom Betriebsrat verlangen
4. Betriebsvereinbarungen abschließen
5. Aussetzung von Beschlüssen des Betriebsrats beantragen

09

In welcher Aussage geht es um die tarifliche Friedenspflicht?

1. Arbeitskämpfe dürfen nur mit fairen Mitteln geführt werden und sollen die Gegenseite nicht übermäßig stark unter Druck setzen oder schädigen.
2. Während der Laufzeit eines Tarifvertrags darf kein Arbeitskampf zu seiner Änderung geführt werden.
3. Gewerkschaften sollen in wirtschaftlich schwierigen Zeiten auf Streiks verzichten.
4. Arbeitskämpfe dürfen nur geführt werden, wenn alle „friedlichen" Mittel ausgeschöpft sind.
5. Politische Gremien dürfen sich nicht in Tarifverhandlungen und Arbeitskämpfe einmischen.

10

Was steht anstelle der Auslassungspunkte in § 1 Absatz 4 des Berufsbildungsgesetzes?
... soll es ermöglichen, die berufliche Handlungsfähigkeit zu erhalten und anzupassen oder zu erweitern und beruflich aufzusteigen.

1. Die berufliche Umschulung
2. Die Berufsschule
3. Die berufliche Fortbildung
4. Der Besuch einer Berufsfachschule
5. Die Berufsausbildung

11

Welche Aussage zur Europäischen Sozialcharta ist **falsch**?

1. Die Europäische Sozialcharta garantiert u. a. das Recht auf berufliche Ausbildung.
2. Sie garantiert u. a. das Vereinigungsrecht und das Recht auf Kollektivverhandlungen.
3. Die Europäische Sozialcharta wurde 1961 von den Mitgliedern des Europarats beschlossen.
4. Die sozialen Grundrechte der Europäischen Sozialcharta wurden 1965 vollständig in das Grundgesetz der Bundesrepublik Deutschland übernommen.
5. Die Europäische Sozialcharta garantiert u. a. das Recht auf sichere und gesunde Arbeitsbedingungen.

12

Die Berufsgenossenschaften gehören zu den Trägern der gesetzlichen ...

1. Unfallversicherung.
2. Rentenversicherung.
3. Pflegeversicherung.
4. Krankenversicherung.
5. Arbeitslosenversicherung.

13

Welche Aussage zur Beitragsbemessungsgrenze in der gesetzlichen Rentenversicherung ist richtig?

1. Beschäftigte, deren Arbeitsentgelt diese Grenze überschreitet, unterliegen nicht der Versicherungspflicht.
2. Beschäftigte, deren Arbeitsentgelt diese Grenze unterschreitet, unterliegen nicht der Versicherungspflicht.
3. Bei Arbeitsentgelten oberhalb der Beitragsbemessungsgrenze wird der Beitrag nicht nach dem tatsächlichen Arbeitsentgelt bemessen, sondern nach der Beitragsbemessungsgrenze.
4. Bei Arbeitsentgelten unterhalb der Beitragsbemessungsgrenze wird der Beitrag nicht nach dem tatsächlichen Arbeitsentgelt bemessen, sondern nach der Beitragsbemessungsgrenze.
5. Versicherungspflichtig ist nur, wessen Einkommen 450 Euro übersteigt, die Beitragsbemessungsgrenze aber nicht erreicht.

14

Wie sind die Kammern der Arbeitsgerichte und der Sozialgerichte besetzt?

1. Ein Richter und zwei Sachverständige
2. Ein Richter und sieben Geschworene
3. Ein Berufsrichter und drei Schöffen
4. Ein Berufsrichter und zwei ehrenamtliche Richter
5. Drei Berufsrichter und zwei ehrenamtliche Richter

15

Welche Aussage zur beruflichen Umschulung trifft zu?

1. Zur Umschulung wird nur zugelassen, wer das 35. Lebensjahr vollendet hat.
2. Umschulungen werden ausschließlich berufsbegleitend in Abend- oder Wochenendform durchgeführt.
3. Ziel der Umschulung ist in der Regel der Abschluss in einem staatlich anerkannten Ausbildungsberuf.
4. Abschlussprüfungen werden nicht von den Industrie- und Handelskammern, sondern von den Arbeitsagenturen durchgeführt.
5. Sie ist nicht im Berufsbildungsgesetz, sondern im Aufstiegsfortbildungsförderungsgesetz geregelt.

16

In welcher Zeile sind Wirtschaftszweig und Sektor der Volkswirtschaft richtig zugeordnet?

1. Außenhandel – sekundärer Sektor
2. Forstwirtschaft – tertiärer Sektor
3. Fahrzeugbau – primärer Sektor
4. Gesundheitspflege – tertiärer Sektor
5. Güterfernverkehr – sekundärer Sektor

17

Welche Forderung entspricht dem ökonomischen Prinzip?

1. Alle Unternehmensziele sind dem Gewinnziel unterzuordnen.
2. Mit gegebenen Mitteln soll der größtmögliche Erfolg erreicht werden.
3. Die Eigenkapitalrentabilität soll mindestens 20 % betragen.
4. Menschliche Arbeit ist soweit wie möglich durch Kapital zu ersetzen.
5. Erfolgreiches Wirtschaften erfordert gemeinsame Anstrengungen.

18

Was sind Konzerne?

1. Großunternehmen mit marktbeherrschender Stellung
2. Transnationale Unternehmen („Global Players")
3. Zusammenschlüsse rechtlich selbständiger Unternehmen unter einheitlicher Leitung
4. Unerlaubte Absprachen zur Umgehung oder Behinderung des freien Wettbewerbs
5. Unternehmen mit mehr als 10 000 Beschäftigten

19

Welche Aussage über Bedürfnisse ist richtig?

1. Während Bedürfnisse grenzenlos sein können, wird der Bedarf durch die Kaufkraft begrenzt.
2. Die Befriedigung von Bedürfnissen wird in Marktwirtschaften ausschließlich über den Marktmechanismus geregelt.
3. Die Befriedigung kollektiver Bedürfnisse ist in Marktwirtschaften nicht möglich.
4. Immaterielle Bedürfnisse zielen immer auf freie Güter, erfordern zur Befriedigung also keine Kaufkraft.
5. Grundbedürfnisse werden nur durch materielle Güter befriedigt, höhere Bedürfnisse nur durch immaterielle.

20

Es gibt ein- und mehrseitige Rechtsgeschäfte.
Zu den einseitigen gehört zum Beispiel der/die …

1. Kauf.
2. Leihe.
3. Tausch.
4. Kündigung.
5. Schenkung.

21

Welche Aussage über Allgemeine Geschäftsbedingungen (AGB) entspricht **nicht** dem Bürgerlichen Gesetzbuch?

1. Bestimmungen in AGB müssen klar und verständlich sein.
2. AGB dürfen keine Bestimmungen enthalten, die den Vertragspartner des Verwenders unangemessen benachteiligen.
3. Individuelle Vertragsabreden haben Vorrang vor AGB.
4. Zweifel bei der Auslegung von AGB gehen zu Lasten des Verwenders.
5. Bei unzulässigen Bestimmungen in AGB ist der Vertrag unwirksam.

22

Welches *besondere* Recht haben Verbraucher bei Haustürgeschäften und Fernabsatzverträgen?

1. Reklamation
2. Schadensersatz
3. Anfechtung
4. Fristlose Kündigung
5. Widerruf

23

Bewertung

Tragen Sie die folgenden Gesetze in die leeren Tabellenfelder ein:

- AFBG (Aufstiegsfortbildungsförderungsgesetz)
- BAföG (Bundesausbildungsförderungsgesetz)
- SGB III (Sozialgesetzbuch, Drittes Buch)

Sachverhalt	Förderung nach
Besuch einer Berufsfachschule	
Berufliche Anpassungsfortbildung eines Arbeitslosen	
Teilnahme an einem Meisterlehrgang	
Studium an einer Universität	

24

Bewertung

Eine Auszubildende stellt erst nach Ablauf der Probezeit fest, dass sie sich für den falschen Ausbildungsberuf entschieden hat.
Sie will deshalb die Ausbildung abbrechen und so bald wie möglich eine andere Berufsausbildung beginnen.

1 Welche Kündigungsfrist muss sie einhalten?

2 Was ist bei der Form der Kündigung zu beachten?

3 Muss sie dem Ausbildenden den finanziellen Schaden ersetzen, der ihm durch die vorzeitige Lösung des Berufsbildungsvertrags entsteht? Begründen Sie Ihre Antwort.

Lösungshilfe: Auszug aus dem Berufsbildungsgesetz (www.wiso-training.de)

25

Bewertung

Der Arbeitgeber teilt dem Betriebsrat mit, dass er die Errichtung einer neuen Produktionsanlage plane. Er verweigert jedoch weitere Informationen und verweist darauf, dass es sich um Betriebsgeheimnisse handele.

Begründen Sie Ihre Antworten zu den folgenden Fragen.

1 Hat der Betriebsrat Anspruch auf Information und Vorlage von Unterlagen?

2 Hat der Betriebsrat in dieser Angelegenheit Rechte, die über die reine Information hinausgehen?

3 Ist der Verweis auf Betriebsgeheimnisse stichhaltig?

Lösungshilfe: Auszug aus dem Betriebsverfassungsgesetz (www.wiso-training.de)

26

Bewertung

Bei der Verhandlung um einen Entgelttarifvertrag macht die Arbeitgeberseite ein Angebot von 1,2 %. Die Gewerkschaftsvertreter halten dieses Angebot für viel zu niedrig und weisen darauf hin, dass damit die Reallöhne gesenkt würden.

Erläutern Sie diese Aussage.

27

Bewertung

Durch eine Verbesserung des Produktionsverfahrens senkt ein Industriebetrieb die Kosten für Fertigungsmaterial um 10 %.
Untersuchen Sie die Auswirkungen auf Gewinn, Wirtschaftlichkeit und Rentabilität.
Verkaufspreise der produzierten Waren und abgesetzte Menge bleiben unverändert.

28

Bewertung

Importe aus Schwellenländern haben in den Industriestaaten zur Verbilligung vieler Konsumgüter beigetragen.
Die für Verbraucher erfreuliche Entwicklung hat aber auch Schattenseiten.

Nennen Sie drei Probleme oder Nachteile, die mit der Produktion in Schwellenländern oder dem Import dieser Produkte verbunden sind.

Aufgabensatz 08

01

Welche Aussage zur Niederschrift des Berufsausbildungsvertrags entspricht dem Berufsbildungsgesetz?

1. Ausbildende müssen sie unverzüglich nach Abschluss des Berufsausbildungsvertrags anfertigen.
2. Die elektronische Form ist zulässig.
3. Welche Vertragsinhalte schriftlich niedergelegt werden, liegt im Ermessen des Ausbildenden.
4. Sie ist nur vom Ausbildenden zu unterschreiben .
5. Wenn sie unvollständig ist, kommt kein Berufsausbildungsvertrag zustande.

02

Welche Aussage zur fristlosen Kündigung aus wichtigem Grund ist **falsch**?

1. Sie kann nur schriftlich ausgesprochen werden.
2. Vor der arbeitgeberseitigen Kündigung ist der Betriebsrat zu hören.
3. Der Kündigende muss dem anderen Teil den Kündigungsgrund auf Verlangen unverzüglich schriftlich mitteilen.
4. Sie kann nur innerhalb von zwei Wochen nach Kenntnis der für die Kündigung maßgeblichen Tatsachen ausgesprochen werden.
5. Sie kann nur bei wiederholtem Fehlverhalten und nach mindestens zweimaliger schriftlicher Abmahnung ausgesprochen werden.

03

Dürfen Auszubildende im Rahmen ihrer Berufsausbildung mit Akkordarbeit beschäftigt werden?

1. Nein
2. Ja, wenn es zum Erreichen des Ausbildungsziels zwingend erforderlich ist
3. Ja, wenn ihr Schutz durch Anwesenheit eines Fachkundigen gewährleistet ist
4. Ja, wenn sie das 18. Lebensjahr vollendet haben
5. Ja, ohne Einschränkung

04

Was gehört zu den gesetzlichen Aufgaben der Handwerkskammern und der Industrie- und Handelskammern als zuständige Stellen für die Berufsbildung?

1. Vermittlung von Ausbildungsplätzen
2. Neu- und Weiterentwicklung von Ausbildungsberufsbildern für staatlich anerkannte Ausbildungsberufe
3. Berufsberatung
4. Durchführung von Abschlussprüfungen in staatlich anerkannten Ausbildungsberufen
5. Durchführung von Eignungsprüfungen für Ausbildungsplatzbewerber

05

In welchem Fall ist der Arbeitgeber **nicht** zur Zahlung des Arbeitsentgelts verpflichtet?

1. Der Betrieb ruht, weil die Arbeitnehmer an einer regelmäßigen Betriebsversammlung teilnehmen.
2. Alle Betriebsratsmitglieder verlassen ihre Arbeitsplätze und nehmen an der Betriebsratssitzung teil.
3. An einem gesetzlichen Feiertag, der auf einen Montag fällt, ruht die Arbeit.
4. Wegen vollständigen Ausfalls der Stromversorgung steht der Betrieb für mehrere Stunden still.
5. Wegen extremer Schneefälle wird ein regionales Fahrverbot verhängt, sodass es den Arbeitnehmern unmöglich ist, den Betrieb zu erreichen.

06

Ein Betrieb hat im Jahresdurchschnitt 400 Arbeitsplätze. Auf wie viel Arbeitsplätzen muss der Arbeitgeber nach dem Neunten Buch des Sozialgesetzbuchs (SGB IX) schwerbehinderte Menschen beschäftigen?

1. 8
2. 12
3. 20
4. 28
5. 40

07
Nach wie viel Stunden ununterbrochener Arbeit steht erwachsenen Arbeitnehmer(inne)n spätestens eine Ruhepause zu?

1. Drei Stunden
2. Vier Stunden
3. Fünf Stunden
4. Sechs Stunden
5. Sieben Stunden

08
Welche Aussage über die zeitliche Festlegung des Erholungsurlaubs nach dem Bundesurlaubsgesetz ist richtig?

1. Der Urlaubswunsch des Arbeitnehmers hat in jedem Fall Vorrang vor betrieblichen Belangen.
2. Der Urlaub ist normalerweise zusammenhängend zu gewähren.
3. Der Arbeitgeber muss auf Urlaubswünsche des Arbeitnehmers keine Rücksicht nehmen.
4. Der Urlaub kann auf Verlangen des Arbeitgebers vollständig auf das folgende Jahr übertragen werden.
5. Beim gesetzlichen Mindesturlaub gilt der Urlaubswunsch des Arbeitnehmers, beim darüber hinausgehenden tariflichen Urlaub entscheidet der Arbeitgeber.

09
Welche Aussage zur Wahlberechtigung bei Betriebsratswahlen ist richtig?

1. Alle im Betrieb beschäftigten Arbeitnehmer sind wahlberechtigt.
2. Jugendliche und Auszubildende sind nicht wahlberechtigt.
3. Kein Arbeitnehmer ist zugleich bei der Betriebsratswahl und bei der Wahl der Jugend- und Auszubildendenvertretung wahlberechtigt.
4. Wahlberechtigt sind die im Betrieb beschäftigten Arbeitnehmer, soweit sie das 18. Lebensjahr vollendet haben und keine leitenden Angestellten sind.
5. Wahlberechtigt sind alle Arbeitnehmer, die das 18. Lebensjahr vollendet haben und seit mindestens sechs Monaten im Betrieb beschäftigt sind.

10
In welchem Fall hat der Betriebsrat ein Mitbestimmungsrecht?

1. Planung des gegenwärtigen und zukünftigen Personalbedarfs
2. Einführung eines fahrerlosen Transportsystems
3. Planung eines Erweiterungsbaus
4. Einführung eines computergestützten Systems zur Arbeitszeit- und Leistungserfassung
5. Umstellung von Werkstatt- auf Fließfertigung

11
Welche Aussage über Mitglieder von Arbeitgeberverbänden ist richtig?

1. Sie müssen sich im Wettbewerb mit anderen Verbandsmitgliedern zurückhalten.
2. Sie sind an verbandsinterne Preis- und Mengenabsprachen gebunden.
3. Sie sind an Verbandstarifverträge gebunden.
4. Sie verpflichten sich, nur gewerkschaftlich organisierte Arbeitnehmer einzustellen.
5. Sie dürfen ihre Arbeitnehmer bei Tarifauseinandersetzungen nicht aussperren.

12
Was ist gemeint, wenn *berufliche* Flexibilität gefordert wird?

1. Bereitschaft und Fähigkeit zur Anpassung an wechselnde und sich wandelnde berufliche Anforderungen
2. Bereitschaft und Möglichkeit zum beruflich bedingten Wechsel des Wohnorts
3. Bereitschaft, bei Arbeitslosigkeit auch untertariflich entlohnte Arbeit aufzunehmen
4. Bereitschaft zum Lohnverzicht in wirtschaftlichen Krisenzeiten
5. Bereitschaft und Möglichkeit, die individuelle Arbeitszeit an betriebliche Erfordernisse anzupassen

13

Welche Aussage zur beruflichen Fortbildung trifft **nicht** zu?

1. Sie kann zur Beendigung von Arbeitslosigkeit oder unterwertiger Beschäftigung beitragen.
2. Durch den beschleunigten beruflichen Wandel wird Fortbildung in vielen Berufen immer wichtiger.
3. In gewerblich-technischen Berufen kann weitgehend auf Fortbildung verzichtet werden, da sich die beruflichen Anforderungen nur wenig verändern.
4. Berufliche Fortbildung trägt zur Sicherung des Arbeitsplatzes und zum beruflichen Aufstieg bei.
5. Sie kann unter bestimmten Voraussetzungen von den Arbeitsagenturen gefördert werden.

14

Woraus werden die laufenden Rentenzahlungen der gesetzlichen Rentenversicherung im Wesentlichen finanziert?

1. Aus Beiträgen der Arbeitnehmer
2. Aus Beiträgen der Arbeitnehmer und Zuschüssen des Bundes
3. Aus Beiträgen der Arbeitnehmer und der Arbeitgeber
4. Aus Vermögenserträgen der Deutschen Rentenversicherung
5. Aus Beiträgen der Arbeitnehmer und der Arbeitgeber und Zuschüssen des Bundes

15

Welche Erläuterung zur „Riester-Rente" ist richtig?

1. Finanzierung von Renten im Umlageverfahren
2. Förderung der freiwilligen Altersvorsorge durch staatliche Zuschüsse
3. Berücksichtigung des demografischen Faktors bei der Rentenanpassung
4. Festverzinsliche Wertpapiere (Rentenpapiere) mit mindestens zehnjähriger Laufzeit
5. Schrittweise Erhöhung des Renteneintrittalters in der gesetzlichen Rentenversicherung auf 67 Jahre

16

Ein Jugendlicher findet nach Abschluss der Schule keinen Ausbildungsplatz und geht deshalb ein auf sechs Monate befristetes Aushilfs-Arbeitsverhältnis ein.
Hat er danach Anspruch auf Arbeitslosengeld?

1. Nein, die Anwartschaftszeit von zwölf Monaten ist nicht erfüllt.
2. Nein, Jugendliche erhalten kein Arbeitslosengeld.
3. Nein, durch befristete Arbeitsverhältnisse entstehen grundsätzlich keine Ansprüche.
4. Ja, aber nur für die Dauer von drei Monaten.
5. Ja, falls seine Eltern ihn nicht finanziell unterstützen können.

17

Produktionsfaktoren im Sinne der Volkswirtschaftslehre sind Natur, Arbeit und Kapital.
Wofür steht hier der Begriff „Kapital"?

1. Geld und geldwerte Rechte
2. Knappe (wirtschaftliche) Güter
3. Produzierte Güter, die zur Produktion neuer Güter eingesetzt werden
4. Alle Vermögensbestandteile von Unternehmen
5. Rohstoffe und Materialien, soweit sie nicht direkt der Natur entnommen werden

18

In welche Arten lassen sich Investitionen nach ihrem betrieblichen Zweck einteilen?

1. Ersatz-, Erweiterungs- und Rationalisierungsinvestitionen
2. Produktions- und Konsumgüterinvestitionen
3. Eigen- und fremdkapitalfinanzierte Investitionen
4. Gebrauchs- und Verbrauchsgüterinvestitionen
5. Rentabilitäts-, Produktivitäts- und Wirtschaftlichkeitsinvestitionen

19

Welche Aussage zur Europäischen Gesellschaft (Societas Europaea, SE) ist **unzutreffend**?

1. Die SE ist eine Gesellschaftsform nach EU-Recht.
2. Die SE ist eine Kapitalgesellschaft.
3. Sie muss ihren Sitz in einem EU-Staat haben.
4. Die Gesellschafter haften mit ihrem Privatvermögen.
5. Die Rechtsform SE gibt es erst seit dem Jahre 2004.

20

Welche Gesellschafter werden auch „Komplementäre" genannt?

1. Gesellschafter der offenen Handelsgesellschaft
2. Persönlich haftende Gesellschafter von Kommanditgesellschaften
3. Gesellschafter der GmbH
4. Alle persönliche haftenden Gesellschafter von Personengesellschaften
5. Alle Gesellschafter von Kapitalgesellschaften

21

Zu den wichtigsten Exportgütern Deutschlands gehören …

1. landwirtschaftliche Erzeugnisse.
2. Textilien und Lederwaren.
3. Erdöl und Erdgas.
4. Kraftfahrzeuge und Kraftfahrzeugteile.
5. Computerchips und Datenspeicher.

22

Welche statistische Größe wird zur Berechnung des wirtschaftlichen Wachstums verwendet?

1. Volkseinkommen
2. Saldo der Handelsbilanz
3. Bruttowertschöpfung
4. Erwerbslosenquote
5. Bruttoinlandsprodukt

23

Bewertung

Ordnen Sie den unten formulierten Fragen jeweils das Gesetz zu, in dem die Antwort zu finden ist. Schreiben Sie die jeweiligen Kennbuchstaben in die Kästchen.

Frage	Kennbuchstabe
Unter welchen Voraussetzungen kann das Arbeitsverhältnis fristlos gekündigt werden?	
Kann der Arbeitgeber das Arbeitsverhältnis eines Betriebsratsmitglieds kündigen?	
Kann der Arbeitgeber das Arbeitsverhältnis einer schwangeren Arbeitnehmerin kündigen?	
Welche Fristen muss der Arbeitgeber bei der Kündigung langjährig beschäftigter Arbeitnehmer einhalten?	

A Arbeitsschutzgesetz
B Betriebsverfassungsgesetz
C Bürgerliches Gesetzbuch
D Gewerbeordnung
E Kündigungsschutzgesetz
F Mutterschutzgesetz

24

Bewertung

In sozialen Angelegenheiten bestimmt der Betriebsrat nach § 87 BetrVG mit.

1 Prüfen Sie, ob es sich in den folgenden Fällen um soziale Angelegenheiten im Sinne des Betriebsverfassungsgesetzes handelt und tragen Sie die entsprechenden Kennbuchstaben in die unten stehenden Kästchen ein.

A Aufstellung des Urlaubsplans
B Betrieblicher Umweltschutz
C Festsetzung von Akkordsätzen
D Personalplanung
E Planung neuer Produktionsanlagen
F Regelungen über die Verhütung von Arbeitsunfällen
G Vergabe von Arbeiten an andere Unternehmen
H Vorübergehende Verlängerung der Arbeitszeit

2 Welches Gremium entscheidet verbindlich über eine soziale Angelegenheit, falls Betriebsrat und Arbeitgeber zu keiner Einigung kommen?

3 Wie ist dieses Gremium zusammengesetzt? Wer beruft seine Mitglieder?

Lösungshilfe: Auszug aus dem Betriebsverfassungsgesetz (www.wiso-training.de)

25

Bewertung

Das Bürgerliche Gesetzbuch unterscheidet zwischen geschäftsfähigen, beschränkt geschäftsfähigen und geschäftsunfähigen Personen.

1 Ab welchem bis zu welchem Lebensalter sind Personen beschränkt geschäftsfähig?

2 Welche Voraussetzung muss grundsätzlich erfüllt sein, damit der von einer beschränkt geschäftsfähigen Person geschlossene Vertrag wirksam ist?

3 Welche Bedeutung hat der „Taschengeldparagraf" für beschränkt geschäftsfähige Personen?

Lösungshilfe: Auszug aus dem Bürgerlichen Gesetzbuch (www.wiso-training.de)

26

Bewertung

Mitbestimmungsgesetz und Drittelbeteiligungsgesetz regeln die Mitbestimmung der Arbeitnehmer in den Aufsichtsräten.

1 Aus wie vielen Vertretern der Arbeitnehmer und der Anteilseigner setzt sich der Aufsichtsrat einer Aktiengesellschaft mit 15 000 Arbeitnehmern normalerweise zusammen?

2 Der Aufsichtsrat einer Aktiengesellschaft mit 800 Arbeitnehmern besteht aus sechs Mitgliedern. Wie viele davon sind Arbeitnehmervertreter?

Lösungshilfe: Auszüge aus Mitbestimmungsgesetz und Drittelbeteiligungsgesetz (www.wiso-training.de)

27

Bewertung

1 Was ist gemeint, wenn von „Koalitionsfreiheit" gesprochen wird?

2 Welches Gesetz garantiert die Koalitionsfreiheit?

28

Bewertung

Geben Sie jeweils an, ob die Arbeits-, Sozial- oder Verwaltungsgerichtsbarkeit zuständig ist, indem Sie den Buchstaben *A*, *S* bzw. *V* in das Kästchen schreiben.

Klage auf Zahlung von Rente wegen Erwerbsminderung	☐
Kündigungsschutzklage	☐
Klage auf Zahlung von Wohngeld	☐
Klage auf Zahlung von Arbeitslosengeld II	☐
Klage auf Zahlung der tariflichen Ausbildungsvergütung	☐
Anfechtung der Betriebsratswahl	☐
Klage auf Zahlung von Krankengeld	☐

Aufgabensatz 09

01

Welche Aussage zur beruflichen Abschlussprüfung entspricht dem Berufsbildungsgesetz?

1. Die örtliche Berufsschule ernennt die Mitglieder der Prüfungsausschüsse.
2. Die Prüfungsaufgaben werden von den Kultusministerien der Bundesländer entwickelt und beschlossen.
3. Die Prüflinge zahlen Prüfungsgebühren und weitere Prüfungskosten.
4. Über die Bewertung der Prüfungsleistungen und das Bestehen oder Nichtbestehen entscheiden Prüfungsausschüsse.
5. Bei Nichtbestehen kann die Abschlussprüfung nur in Ausnahmefällen einmal wiederholt werden.

02

Welche Stelle(n) oder Einrichtung(en) ist (sind) nach dem Berufsbildungsgesetz für die staatliche Anerkennung von Ausbildungsberufen und den Erlass von Ausbildungsordnungen zuständig?

1. Bundesinstitut für Berufsbildung
2. Die für die Berufsbildung zuständigen Stellen, also u. a. die Industrie- und Handelskammern
3. Bundesministerium für Wirtschaft und Technologie
4. Ständige Konferenz der Kultusminister
5. Die für Berufsbildung zuständigen Landesbehörden

03

Welches Gesetz oder welche Verordnung verpflichtet Arbeitgeber zur Bestellung von Betriebsärzten und Fachkräften für Arbeitssicherheit?

1. Arbeitsschutzgesetz (ArbSchG)
2. Arbeitssicherheitsgesetz (ASiG)
3. Arbeitsstättenverordnung (ArbStättV)
4. Betriebssicherheitsverordnung (BetrSichV)
5. Betriebsverfassungsgesetz (BetrVG)

04

Was ist **nicht** im Betriebsverfassungsgesetz, sondern in einem anderen Gesetz geregelt?

1. Aufgaben von Gesamt- und Konzernbetriebsrat
2. Abschluss von Betriebsvereinbarungen
3. Mitbestimmung der Arbeitnehmer in den Aufsichtsräten großer Kapitalgesellschaften
4. Aufgaben des Wirtschaftsausschusses
5. Wahl und Aufgaben der Jugend- und Auszubildendenvertretung

05

Eine Jugend- und Auszubildendenvertreterin vollendet das 25. Lebensjahr. Welche Aussage ist richtig?

1. Sie bleibt bis zum Ende der Amtszeit Mitglied der JAV.
2. Sie scheidet an ihrem Geburtstag aus der JAV aus, ein Ersatzmitglied rückt nach.
3. Sie bleibt noch bis zur Nachwahl eines neuen JAV-Mitglieds im Amt, höchstens aber drei Monate.
4. Sie nimmt bis zum Ende der Amtszeit nur noch beratend, also ohne Stimmrecht, an JAV-Sitzungen teil.
5. Sie bleibt zwar bis zum Ende der Amtszeit Mitglied der JAV, kann aber nicht mehr Vorsitzende oder stellvertretende Vorsitzende sein.

06

Was ist eine Betriebsversammlung im Sinne des Betriebsverfassungsgesetzes?

1. Gemeinsame Sitzung von Betriebsrat, Jugend- und Auszubildendenvertretung, Schwerbehindertenvertretung und Sprecherausschuss
2. Vom Betriebsrat einberufene Versammlung der Arbeitnehmer des Betriebs
3. Vom Arbeitgeber einberufene Versammlung der Arbeitnehmer des Unternehmens
4. Von einer im Betrieb vertretenen Gewerkschaft einberufene Versammlung der organisierten Arbeitnehmer des Betriebs
5. Gemeinsame öffentliche Sitzung der Betriebsräte aus Betrieben in einer Stadt oder Region

07

Der Betriebsrat hat der ordentlichen Kündigung eines Arbeitsverhältnisses fristgerecht unter Angabe der Gründe widersprochen. Welche Aussage ist richtig?

1. Falls der Arbeitgeber die Kündigung dennoch ausspricht, ist sie unwirksam.
2. Der Arbeitgeber darf die Kündigung erst nach einer Wartefrist von drei Wochen aussprechen.
3. Der Arbeitgeber kann trotz des Widerspruchs wirksam kündigen.
4. Der Arbeitgeber kann beim Arbeitsgericht Antrag auf Ersetzung der Zustimmung stellen.
5. Der Arbeitgeber ist verpflichtet, eine Einigung mit dem Betriebsrat herbeizuführen.

08

Darf ein Arbeitgeber gewerkschaftlich organisierten Arbeitnehmern unter bestimmten Voraussetzungen untertarifliche Löhne zahlen?

1. Ja, soweit die wirtschaftliche Situation des Unternehmens es erfordert
2. Ja, wenn er nicht dem tarifschließenden Arbeitgeberverband angehört und der Tarifvertrag nicht für allgemeinverbindlich erklärt wurde
3. Ja, falls die Mehrheit der organisierten Arbeitnehmer zustimmt
4. Nein, jeder Arbeitgeber ist an den fachlich und örtlich geltenden Tarifvertrag gebunden.
5. Ja, denn Tarifverträge sind keine Gesetze, sondern unverbindliche Vereinbarungen.

09

Welche Aussage zur Aussperrung ist richtig?

1. Die Aussperrung ist in der Bundesrepublik Deutschland verboten.
2. Sie ist nur zulässig, wenn sie von einem Arbeitgeberverband getragen wird.
3. Arbeitnehmer, die nicht in einer Gewerkschaft organisiert sind, dürfen nicht ausgesperrt werden.
4. Solange tarifliche Friedenpflicht besteht, ist die Aussperrung unzulässig.
5. Die Arbeitsverhältnisse der ausgesperrten Arbeitnehmer sind mit Beginn der Aussperrung beendet.

10

Welche Institutionen oder Vereinigungen sind gesetzlich zur Beratung von Arbeitnehmern und Arbeitslosen verpflichtet, die in einen anderen Beruf umschulen wollen?

1. Arbeitsagenturen
2. Industrie- und Handelskammern
3. Gewerkschaften
4. Berufsschulen
5. Arbeitgeberverbände

11

Was sind Europass-Zeugniserläuterungen?

1. Von den für Berufsbildung zuständigen Stellen ausgefertigte englisch- und französischsprachige Übersetzungen beruflicher Prüfungszeugnisse
2. Kurzbeschreibungen der in einem schulischen Abschluss nachgewiesenen Kenntnisse sowie Informationen über Art, Status und Niveau der Schule
3. Kurzbeschreibungen des Studiengangs und Informationen über Art, Status und Niveau der Hochschule in akademischen Abschlusszeugnissen
4. Kurzbeschreibungen der durch Berufsbildung erworbenen Kenntnisse, Fertigkeiten und Kompetenzen sowie Informationen über Art, Dauer und Niveau der Berufsausbildung
5. Allgemeine Informationen in englischer und französischer Sprache über die duale Berufsausbildung in Deutschland

12

Die gesetzliche Krankenversicherung (GKV) unterscheidet sich erheblich von der privaten Krankenversicherung. Welche Aussage trifft aber **nicht** zu?

1. Die persönliche Beitragshöhe in der GKV richtet sich im Wesentlichen nach dem Arbeitsentgelt.
2. Fast alle Leistungen der GKV sind gesetzlich festgelegt.
3. Versicherte der GKV können den Arzt nicht frei wählen, sondern werden einem Hausarzt zugewiesen.
4. Die meisten Versicherten in der GKV sind pflichtversichert.
5. Nicht erwerbstätige Kinder und Ehegatten sind in der GKV beitragsfrei mitversichert.

13

Welche der Aussagen zu Arbeitslosengeld II und Sozialhilfe ist richtig?

1. Langzeitarbeitslose haben keinen Anspruch auf Arbeitslosengeld II.
2. Arbeitslosengeld II wird allen Arbeitslosen gewährt, Sozialhilfe dagegen nur hilfebedürftigen Personen.
3. Wer hilfebedürftig und nicht arbeitsfähig ist, hat Anspruch auf Sozialhilfe.
4. Arbeitslosengeld II wird aus Beiträgen der Versicherten finanziert, Sozialhilfe aus dem Steueraufkommen
5. Arbeitslosengeld II ist in der Regel erheblich höher als entsprechende Sozialhilfeleistungen.

14

Zur Analyse des persönlichen Potenzials gehört u. a. die Frage nach Reflexionskompetenz. Was ist das?

1. Fähigkeit zu angemessener Reaktion auf ungerechtfertigte Kritik
2. Fähigkeit zu schneller Reaktion auf neue Herausforderungen
3. Umfassende Allgemeinbildung
4. Fähigkeit zu Analyse und Bewertung des eigenen Handelns
5. Kompromissfähigkeit und -bereitschaft

15

Bei welchem Betrieb wirkt sich eine Lohnerhöhung oder -senkung am stärksten auf die Produktionskosten aus?

1. Papierfabrik
2. Handwerksbetrieb im Baugewerbe
3. Erdölraffinerie
4. Kohlekraftwerk
5. Automobilwerk (Großserienfertigung)

16

In welchem Fall kann **nicht** von Rationalisierung gesprochen werden?

1. Die wöchentliche Arbeitszeit wird ohne Lohnausgleich von 35 auf 38 Stunden erhöht.
2. Die bisher rein manuelle Endmontage wird teilweise automatisiert.
3. Der betriebliche Güterfluss wird neu organisiert, um die Durchlaufzeiten zu verkürzen.
4. Innerbetriebliche Mitteilungen werden nicht mehr auf Papier, sondern ausschließlich digital per Intranet verteilt.
5. Die Arbeitszeiterfassung mit Stempelkarten und Tageszetteln wird durch ein computerbasiertes System mit Chipkarten ersetzt.

17

In welcher Weise unterscheiden sich öffentliche Unternehmen von privaten?

1. Bei der Gestaltung von Preisen und Geschäftsbedingungen können sie auch soziale Gesichtspunkte berücksichtigen.
2. Sie dürfen nicht für ihre Leistungen werben.
3. Sie sind von allen direkten und indirekten Steuern befreit.
4. Sie müssen Gewinne immer in voller Höhe an den Staat abführen.
5. Sie werden ausnahmslos in der Rechtsform Genossenschaft betrieben.

18

Was ist bei der Gründung einer Gesellschaft mit beschränkter Haftung gesetzlich vorgeschrieben, **nicht** aber bei der Gründung einer Unternehmergesellschaft (haftungsbeschränkt)?

1. Mindestens sieben Gesellschafter
2. Notarieller Gesellschaftsvertrag
3. Von einem Steuerberater oder Wirtschaftsprüfer geprüfter Geschäftsplan
4. Genehmigung der örtlichen Wirtschaftsbehörde
5. Stammkapital von mindestens 25 000 Euro

19

Konsumgüter sind ...

1. alle Waren, die von Unternehmen und privaten Haushalten zum kurzfristigen Verbrauch erworben werden.
2. ausschließlich langlebige Güter für den Gebrauch in privaten Haushalten.
3. ausschließlich Verbrauchsgüter, die zur Befriedigung von Grundbedürfnissen dienen.
4. alle Güter, die für den Ge- oder Verbrauch in privaten Haushalten hergestellt und gehandelt werden.
5. Roh-, Hilfs- und Betriebsstoffe, die bei der Produktion neuer Güter verbraucht werden.

20

Welche berufliche Qualifikation verlangt die Gewerbeordnung von jedem, der ein gewerbliches Unternehmen gründen will?

- (1) Keine
- (3) Meisterprüfung oder vergleichbare, durch staatliche Prüfung nachgewiesene Qualifikation
- (2) Kaufmännische Grundkenntnisse
- (4) Abschluss einer einschlägigen Berufsausbildung oder vergleichbare praktische Berufserfahrung
- (5) Ausreichende Kenntnisse des Handels- und Steuerrechts sowie der kaufmännischen Buchführung und Bilanzierung

21

Welche Aussage zum Recht des Verbraucherdarlehensvertrags ist **falsch**?

1. Der Darlehensnehmer hat ein Widerrufsrecht.
2. Der Vertrag muss schriftlich geschlossen werden.
3. Neben dem nominellen Zinssatz muss auch der effektive Jahreszins angegeben werden.
4. Wenn der effektive Jahreszins zu niedrig angegeben wird, ermäßigt sich der Zinssatz entsprechend.
5. Darlehensverträge, die den Verbraucher finanziell überfordern, sind unwirksam.

22

In bestimmten Fällen muss nach der Preisangabenverordnung neben dem Endpreis auch der Grundpreis angegeben werden. Was ist das?

1. Ursprünglicher Preis bei preisreduzierter Ware
2. Preis pro Mengeneinheit, zum Beispiel pro Kilogramm
3. Preis ohne Mehrwertsteuer und Verbrauchsteuern
4. Preis der preisgünstigsten vergleichbaren Ware, die im selben Geschäft angeboten wird
5. Endpreis vor der letzten Preisänderung

23

Nach § 10 Absatz 5 des Berufsbildungsgesetzes können mehrere natürliche oder juristische Personen in einem Ausbildungsverbund zusammenwirken, um die vertraglichen Verpflichtungen der Ausbildenden zu erfüllen.

Was wollte der Gesetzgeber mit dieser Regelung wahrscheinlich erreichen?

Bewertung

24

Bewertung

Untersuchen Sie jeweils, ob Kündigungsfrist und -termin den gesetzlichen Vorschriften entsprechen und nennen Sie ggf. die korrekten Fristen und Termine.

1 Ein Arbeitnehmer kündigt das seit zehn Jahren bestehende Arbeitsverhältnis mit vierwöchiger Frist zum 15. des Kalendermonats.

2 Ein Arbeitgeber kündigt das seit sechs Jahren bestehende Arbeitsverhältnis eines Arbeitnehmers mit vierwöchiger Frist zum 15. des Kalendermonats.

Lösungshilfe: Auszug aus dem Bürgerlichen Gesetzbuch (www.wiso-training.de)

25

Bewertung

Eine Fachinformatikerin hat ihre Ausbildung in einem Unternehmen in Norddeutschland abgeschlossen und möchte sich um einen Arbeitsplatz in Dänemark bewerben.

1 Ist sie als deutsche Staatsbürgerin berechtigt, in Dänemark zu arbeiten? Begründen Sie Ihre Antwort.

2 Aus welchem Grund sollten ihre Bewerbungsunterlagen neben dem Prüfungszeugnis auch die Europass-Zeugniserläuterungen enthalten?

26

Bewertung

Welche der folgenden Geldleistungen sind **keine** Leistungen der gesetzlichen Sozialversicherung, sondern staatliche Transferleistungen?

Tragen Sie die Kennbuchstaben in die unten stehenden Kästchen ein.

A Arbeitslosengeld
B Arbeitslosengeld II
C Elterngeld
D Kindergeld
E Krankengeld
F Kurzarbeitergeld
G Pflegegeld
H Rente wegen Erwerbsminderung
I Sozialhilfe
K Waisenrente
L Wohngeld

27

Bewertung

Eltern haben unter bestimmten Voraussetzungen Anspruch auf Kindergeld.

1 Bis zu welchem Alter eines Kindes besteht dieser Anspruch grundsätzlich?

2 Bis zu welchem Alter kann Anspruch auf Kindergeld für ein Kind bestehen, das sich in der Berufsausbildung befindet?

3 Eine 19-jährige Auszubildende erhält eine monatliche Ausbildungsvergütung von 850 Euro. Besteht Anspruch auf Kindergeld? Begründen Sie Ihre Antwort.

Lösungshilfe: Auszug aus dem Einkommensteuergesetz (www.wiso-training.de)

28

Bewertung

Das Bürgerliche Gesetzbuch verwendet u. a. die Begriffe *Rechtsfähigkeit*, *Volljährigkeit* und *Geschäftsfähigkeit*.

1 Erläutern Sie den Begriff *Rechtsfähigkeit*.

2 Ab welchem Alter sind Personen *volljährig*?

3 Welcher Zusammenhang besteht zwischen *Geschäftsfähigkeit* und *Volljährigkeit*?

4 Welche Personen sind *geschäftsunfähig*, welche sind *beschränkt geschäftsfähig*?

Lösungshilfe: Auszug aus dem Bürgerlichen Gesetzbuch (www.wiso-training.de)

Aufgabensatz 10

01
Parteien des Berufsausbildungsvertrags sind …

1. Auszubildender und Ausbildender.
2. Auszubildender und Industrie- und Handelskammer oder Handwerkskammer.
3. Auszubildender und Ausbilder.
4. Auszubildender, Ausbilder und Ausbildender.
5. Auszubildender, Ausbildender und Industrie- und Handelskammer oder Handwerkskammer.

02
In welchem Fall ist das Berufsbildungsgesetz anzuwenden?

1. Albert A. besucht eine Fachschule.
2. Die Studentin Beate B. legt die Bachelor-Prüfung ab.
3. Die Schülerin Carola C. macht ein zweiwöchiges Betriebspraktikum.
4. Dieter D. nimmt an einer betrieblichen Sicherheitsunterweisung teil.
5. Erika E. legt die Prüfung zur Industriefachwirtin ab.

03
Ein Arbeitnehmer kündigt fristgerecht zum 31. Dezember. Am 15. Dezember teilt er dem Arbeitgeber mit, dass er die Kündigung zurückziehe. Welche Aussage ist richtig?

1. Das Arbeitsverhältnis gilt als ungekündigt.
2. Kündigungen können nicht einseitig widerrufen werden.
3. Das Arbeitsverhältnis gilt als ungekündigt, wenn der Arbeitnehmer die Gründe für die Rücknahme überzeugend darlegt.
4. Das Arbeitsverhältnis endet erst am 15. Januar.
5. Die Kündigung wird zwar unwirksam, der Arbeitnehmer verliert aber alle Ansprüche, die sich aus der Dauer der Betriebszugehörigkeit ergeben.

04
In welcher Auswahlantwort ist **nicht** das richtige Gesetz zum Kündigungsschutz angegeben?

1. Allgemeiner Kündigungsschutz für alle Arbeitnehmer – Kündigungsschutzgesetz
2. Kündigungsschutz für werdende Mütter – Mutterschutzgesetz
3. Kündigungsschutz für schwerbehinderte Arbeitnehmer – Sozialgesetzbuch IX
4. Kündigungsschutz für Jugend- und Auszubildendenvertreter – Jugendarbeitsschutzgesetz
5. Kündigungsschutz für Betriebsratsmitglieder – Kündigungsschutzgesetz

05
Ein Arbeitnehmer ist durch Krankheit unverschuldet arbeitsunfähig. Welche Aussage zur Anzeigepflicht gegenüber dem Arbeitgeber nach dem Entgeltfortzahlungsgesetz ist richtig?

1. Der Arbeitnehmer muss Arbeitsunfähigkeit und voraussichtliche Dauer innerhalb von drei Tagen mitteilen.
2. Wenn der Arbeitnehmer im Ausland erkrankt, genügt die Mitteilung nach der Rückkehr.
3. Bei Erkrankung während des Erholungsurlaubs entfällt die Anzeigepflicht.
4. Der Arbeitnehmer muss Arbeitsunfähigkeit und voraussichtliche Dauer unverzüglich mitteilen.
5. Das ist nicht im Entgeltfortzahlungsgesetz geregelt; es gilt die entsprechende Vereinbarung im Arbeitsvertrag.

06
Welche Aussage zur Arbeitsgerichtsbarkeit trifft **nicht** zu?

1. Die Kammern der Arbeitsgerichte sind mit einem Berufsrichter und zwei ehrenamtlichen Richtern besetzt.
2. Die ehrenamtlichen Richter werden aus Kreisen der Arbeitnehmer und der Arbeitgeber berufen.
3. Vorsitzende der Kammern am Arbeitsgericht sind die Berufsrichter.
4. Das Verfahren vor dem Arbeitsgericht ist in jedem Fall kostenfrei.
5. Gegen das Urteil des Arbeitsgerichts kann beim Landesarbeitsgericht Berufung eingelegt werden.

07

Was kann der Arbeitgeber in einem Unternehmen mit mehr als 20 Arbeitnehmer(inne)n **ohne** Zustimmung des Betriebsrats tun?

1. Das Unternehmen verkaufen
2. Personalfragebogen einführen und allgemeine Beurteilungsgrundsätze aufstellen
3. Arbeitnehmer einstellen
4. Richtlinien über die personelle Auswahl bei Einstellungen aufstellen
5. Video-Überwachung in den Arbeitsräumen einrichten

08

Welche Aussage zum Gesamtbetriebsrat ist **falsch**?

1. Er ist für Angelegenheiten zuständig, die das Gesamtunternehmen oder mehrere Betriebe betreffen und von den einzelnen Betriebsräten nicht geregelt werden können.
2. Er ist den einzelnen Betriebsräten übergeordnet.
3. Seine Zuständigkeit erstreckt sich auch auf Betriebe des Unternehmens, die keinen Betriebsrat haben.
4. Die Betriebsräte entsenden Mitglieder in den Gesamtbetriebsrat.
5. Jeder Betriebsrat kann den Gesamtbetriebsrat durch Mehrheitsbeschluss beauftragen, eine Angelegenheit für ihn zu behandeln.

09

Welche Aussage über Einheitsgewerkschaften ist richtig?

1. Sie sind an keine politische Richtung, Weltanschauung oder Religion gebunden.
2. Sie vertreten Arbeitnehmerinteressen gegenüber den Arbeitgebern, nehmen aber zu politischen Fragen keine Stellung.
3. Alle Arbeitnehmer sind in Einheitsgewerkschaften organisiert.
4. Einheitsgewerkschaften sind nicht tariffähig.
5. In der Bundesrepublik Deutschland gibt es keine Einheitsgewerkschaften.

10

Was ist gemeint, wenn von einem „wilden" Streik gesprochen wird?

1. Streik, der nicht von einer Gewerkschaft getragen wird
2. Warnstreik ohne vorherige Urabstimmung
3. Generalstreik mit politischer Zielsetzung
4. Streik unter Verletzung tariflicher Friedenspflicht
5. Unverhältnismäßiger Streik unter Missachtung von Regeln des fairen Kampfes

11

Die Europäische Sozialcharta ...

1. regelt die Zusammenarbeit der Sozialversicherungsträger in Europa.
2. ist das gemeinsame Programm der sozialistischen Parteien im Parlament der Europäischen Union.
3. wurde vom Europarat beschlossen und enthält u. a. die sozialen Grundrechte auf Arbeit und auf gerechte Arbeitsbedingungen.
4. ist eine EU-Richtlinie zur sozialen Sicherung von Arbeitnehmern, die in einem anderen EU-Staat arbeiten.
5. ist das sozialpolitische Programm des Europäischen Gewerkschaftsbunds.

12

Arbeitnehmer haben innerhalb der EU das Recht auf Freizügigkeit und Gleichbehandlung. Welche Aussage ist richtig?

1. Sie haben in allen EU-Staaten uneingeschränkt Zugang zur Beschäftigung sowohl in der privaten Wirtschaft als auch im öffentlichen Dienst.
2. Sie haben das Recht, sich zum Zweck der Arbeit in einem anderen EU-Staat aufzuhalten, öffentliche Ämter zu bekleiden und an Wahlen teilzunehmen.
3. Sie haben das Recht, in einem anderen EU-Staat Arbeit zu suchen und sich dort zum Zweck der Arbeit aufzuhalten.
4. Sie dürfen in einem anderen EU-Staat Arbeit suchen, benötigen dazu aber die Genehmigung der Arbeitsbehörde des jeweiligen Staates.
5. Sie dürfen nur im Rahmen besonderer zwischenstaatlicher Vereinbarungen Arbeit in anderen EU-Staaten suchen und aufnehmen.

13

Zu den Trägern der gesetzlichen Krankenversicherung gehören unter anderem die ...

1. Berufsgenossenschaften.
2. Innungskrankenkassen.
3. Versicherungsvereine auf Gegenseitigkeit.
4. Landesunfallkassen.
5. privaten Krankenversicherer.

14

Wozu sind Bezieher von Arbeitslosengeld **nicht** verpflichtet?

1. Aufforderungen zur Meldung bei der Arbeitsagentur nachkommen
2. Vermittlungsbemühungen der Arbeitsagentur zur Verfügung stehen
3. Jede von der Arbeitsagentur angebotene zumutbare Beschäftigung annehmen
4. Der Arbeitsagentur eigene Bemühungen zur Beendigung der Beschäftigungslosigkeit nachweisen
5. Beschäftigung zu untertariflichen Bedingungen annehmen

15

Welche Aussage zur Lohnsteuer ist richtig?

1. Sie wird vom Arbeitgeber getragen und auch als Lohnsummensteuer bezeichnet.
2. Sie ist die Steuer auf Einkünfte aus abhängiger Arbeit; auf Einkünfte aus selbständiger Arbeit wird stattdessen Einkommensteuer erhoben.
3. Sie ist keine besondere Steuerart, sondern die Erhebungsform der Einkommensteuer auf Einkünfte aus nichtselbständiger Arbeit durch Abzug vom Arbeitsentgelt.
4. Lohnsteuer ist keine Steuerart, sondern ein umgangssprachlicher Begriff für alle gesetzlichen Abzüge vom Arbeitsentgelt.
5. Lohnsteuer ist ein veralteter Begriff, ähnlich wie Lohntüte oder Lohnzettel; die korrekte Bezeichnung lautet heute Arbeitsentgeltsteuer.

16

Für welchen Zeitraum haben Arbeitnehmerinnen und Arbeitnehmer grundsätzlich Anspruch auf Elternzeit nach dem Bundeselterngeld- und Elternzeitgesetz?
Bis zur bis zur Vollendung des ...

1. ersten Lebensjahrs des Kindes.
2. zweiten Lebensjahrs des Kindes.
3. dritten Lebensjahrs des Kindes.
4. vierten Lebensjahrs des Kindes.
5. fünften Lebensjahrs des Kindes.

17

Was ist gemeint, wenn von der sich immer weiter öffnenden Einkommensschere gesprochen wird?

1. Der Abstand zwischen hohen und niedrigen Einkommen wird immer größer.
2. Bei Erreichen des Rentenalters müssen Arbeitnehmer auf einen harten Einkommensschnitt vorbereitet sein.
3. Steuern und Sozialversicherungsbeiträge beschneiden das verfügbare Einkommen immer stärker.
4. Immer mehr Menschen sind auf staatliche Transferleistungen angewiesen.
5. Die Verbraucherpreise steigen erheblich stärker als die verfügbaren Einkommen der Verbraucher.

18

In welcher Auswahlantwort ist der Unternehmensform der richtige Oberbegriff zugeordnet?

1. GmbH – Personengesellschaft
2. Unternehmergesellschaft (haftungsbeschränkt) – Kapitalgesellschaft
3. Offene Handelsgesellschaft – Kapitalgesellschaft
4. Kommanditgesellschaft – Kapitalgesellschaft
5. Genossenschaft – Personengesellschaft

19

Welcher Begriff steht in § 305 BGB anstelle der drei Punkte?
... sind alle für eine Vielzahl von Verträgen vorformulierten Vertragsbedingungen, die eine Vertragspartei (Verwender) der anderen Vertragspartei bei Abschluss eines Vertrags stellt.

1. Standardisierte Vertragsbedingungen
2. Vertragsformulare
3. Einheitliche Abschlussbedingungen
4. Musterverträge
5. Allgemeine Geschäftsbedingungen

20

Welche Aussage zur Herstellergarantie trifft zu?

1. Sie befreit den Verkäufer von der Haftung für Sachmängel.
2. Die Garantieerklärung des Herstellers ist freiwillig, unverbindlich und im Zweifel wertlos.
3. Die gesetzliche Garantiefrist beträgt ein Jahr.
4. Die Garantie des Herstellers darf gesetzliche Rechte des Verbrauchers nicht einschränken.
5. Wenn eine Garantiezusage des Herstellers besteht, muss sich der Verbraucher bei Sachmängeln immer direkt an den Hersteller wenden.

21

Welche Stichwörter beschreiben ein Beispiel horizontaler gesamtwirtschaftlicher Arbeitsteilung?

1. Getreideanbau – Getreidemühlen – Herstellung von Backwaren – Handel mit Backwaren
2. Textilherstellung – Großhandel mit Textilien – Einzelhandel mit Textilien
3. Bergbau – Stahlhütten – Walzwerke
4. Forstwirtschaft – Papierherstellung – Druckereien
5. PKW-Herstellung – Herstellung von LKW und Bussen – Herstellung von Krafträdern

22

Welche der folgenden Herkunftsregionen hat den größten Anteil an den deutschen Importen?

1. Nordamerika
2. Mittel- und Südamerika
3. Australien, Neuseeland, Papua-Neuguinea
4. Afrika und Naher Osten
5. Volksrepublik China, Japan, südostasiatische Staaten

23

Tragen Sie in die leeren Tabellenfelder ein, ob der Arbeitgeber das Arbeits- bzw. Ausbildungsverhältnis mit der genannten Person ordentlich bzw. fristlos aus wichtigem Grund kündigen kann (ja bzw. nein).
Gesetzliche Ausnahmeregelungen sind bei der Lösung nicht zu berücksichtigen.

Bewertung

	Ordentliche Kündigung	Fristlose Kündigung
Mitglied des Betriebsrats		
Auszubildende im zweiten Ausbildungsjahr		
Schwangere Arbeitnehmerin		

Lösungshilfe: Auszüge aus Berufsbildungsgesetz, Kündigungsschutzgesetz und Mutterschutzgesetz (www.wiso-training.de)

24

Bewertung

Arbeitnehmer haben bei Beendigung des Arbeitsverhältnisses Anspruch auf ein schriftliches Zeugnis des Arbeitgebers.

1 Was unterscheidet das qualifizierte Zeugnis vom einfachen Zeugnis?

2 Unter welcher Voraussetzung ist der Arbeitgeber zur Ausstellung eines qualifizierten Zeugnisses verpflichtet?

3 Ein Zeugnis enthält schwer verständliche Formulierungen, die den Eindruck „verschlüsselter Botschaften" erwecken. Erläutern Sie die Rechtslage.

4 Wie beurteilen Sie die folgende Formulierung in einem Zeugnis?
„Er war stets darum bemüht, seine Aufgaben zu unserer Zufriedenheit zu erfüllen."

Lösungshilfe: Auszug aus der Gewerbeordnung (www.wiso-training.de)

25

Bewertung

Bei den von Verbrauchern und Unternehmen zu tragenden Steuern kann zwischen direkten und indirekten Steuern unterschieden werden.

1 Erläutern Sie den wesentlichen Unterschied zwischen direkten und indirekten Steuern.

2 Kennzeichnen Sie die direkten Steuerarten jeweils mit dem Buchstaben *D* und die indirekten mit dem Buchstaben *I*.

Alkopopsteuer		Kaffeesteuer	
Erbschaftsteuer		Körperschaftsteuer	
Einkommensteuer		Kraftfahrzeugsteuer	
Energiesteuer		Mineralölsteuer	
Gewerbesteuer		Umsatzsteuer	
Grunderwerbsteuer		Versicherungsteuer	

26

Bewertung

Die Beiträge zu den unterschiedlichen Zweigen der gesetzlichen Sozialversicherung werden teils von den Arbeitnehmern und teils von den Arbeitgebern getragen. Ergänzen Sie die Tabelle.

Versicherungszweig	Arbeitnehmeranteil	Arbeitgeberanteil
Rentenversicherung		
Arbeitsförderung (Arbeitslosenversicherung)		
	50 % des Grundbeitrags plus Zuschlag für Kinderlose	50 % des Grundbeitrags
	—	Gesamter Beitrag

27

Bewertung

Erläutern Sie wesentliche Unterschiede zwischen Industrie- und Handwerksbetrieben anhand von drei Merkmalen.

28

Bewertung

Zwei Freundinnen wollen gemeinsam ein kleines Unternehmen gründen und diskutieren über die richtige Rechtsform.

1 Erläutern Sie den wesentlichen Unterschied zwischen GmbH und OHG.

2 Nennen Sie einen Vor- und einen Nachteil der GmbH gegenüber der OHG aus Sicht der Gründerinnen.